シバタナオキ著

MBAより簡単で英語より大切な決算を読む習慣

シリコンバレーの起業家が教える
世界で通じる最強の
ビジネス教養

日経BP社

Contents

第1章 決算が読めるようになると何が変わるのか？　003

— 1-1 決算から仕事や転職に役立つ「知識」を得る方法 …………………… 004
— 1-2 会計の素人でも決算を上手に読むための10カ条 ………………… 010
— 1-3 本書の構成と使い方 ……………………………………………………… 014

第2章 ECビジネスの決算　017

— 2-1 ECビジネスの決算を読むコツ ………………………………………… 018
— 2-2 Yahoo!ショッピングの「eコマース革命」に学ぶ、ECの収益モデル……… 021
— 2-3 購買頻度を上げる、「4社＋1」の施策 ……………………………… 034
— 2-4 競合他社の斜め上を行くAmazonという異端児 …………………… 052

第3章 FinTechビジネスの決算　067

— 3-1 FinTechビジネスの決算を読むコツ …………………………………… 068
— 3-2 FinTechビジネス「4つのモデル」と収益性 ………………………… 071
— 3-3 SquareとPayPalに見るスマホ時代の決済・送金ビジネス ………… 083
— 3-4 ECビジネスと相性抜群のFinTech …………………………………… 098
— 3-5 既存産業にFinTechをかけ合わせると未来が拓ける!? …………… 107

第4章 広告ビジネスの決算　121

— 4-1 広告ビジネスの決算を読むコツ ……………………………………… 122
— 4-2 テレビもポータルもSNSも同じ「広告ビジネス」 …………………… 125
— 4-3 広告ビジネスの世界王者Facebookと日本王者ヤフー …………… 132
— 4-4 LINEの将来は広告ビジネスにかかっている!? …………………… 143
— 4-5 「ネット動画配信」でテレビとネットの境界線がなくなる ………… 152

Contents

第5章 個人課金ビジネスの決算　　173

- 5-1 個人課金ビジネスの決算を読むコツ …………………………… 174
- 5-2 Netflixが動画配信の王者になった理由 ………………………… 177
- 5-3 「個人課金vs広告型」のARPU比較 …………………………… 190
- 5-4 「広告」と「課金」のハイブリッドで成長するクックパッドと食べログ …… 196
- 5-5 アプリにおける課金ビジネス …………………………………… 212

第6章 携帯キャリアの決算　　217

- 6-1 携帯キャリアの決算を読むコツ ………………………………… 218
- 6-2 決算から紐解くドコモ、KDDI、ソフトバンクの差別化戦略 ………… 221
- 6-3 参入増えるMVNOのポテンシャル ……………………………… 232
- 6-4 世界一ユーザーに優しい携帯キャリア T-mobile ……………… 243

第7章 企業買収（M&A）と決算　　247

- 7-1 M&Aとその背景を読むコツ ……………………………………… 248
- 7-2 M&Aの現場を実況生中継！ …………………………………… 251
- 7-3 大手とベンチャー、M&Aの背景にある各社の思惑 …………… 265
- 7-4 買収時・買収後の財務・会計ってどうなるの？ ………………… 276

終章 決算を読む習慣をつける方法　　293

あとがき ……………………………………………………………………… 297

第1章

決算が読めるように
なると何が変わるのか？

経理・財務担当者「以外」の人に
教える決算の読み方

本書は経理や財務、会計のプロを目指す人のための本ではありません。
簿記の試験対策のような会計ルールの詳細は一切出てきません。その代
わり、一般のビジネスパーソンやエンジニアは、この本を読むことで仕事
に使える「一生モノの知識」を得ることができるでしょう。

● この章でわかること

　　会計の素人でも決算を上手に読むための10カ条

● この章で紹介する事例

【1】決算分析のコツを駆使してコンペに勝ち続ける営業担当者
【2】競合他社の決算分析をサービス開発に役立てるエンジニア
【3】業界動向を正しく読んで転職に成功したビジネスパーソン

1-1 決算から仕事や転職に役立つ 「知識」を得る方法

「毎週2分半、社員の前で『業界トピックス』を話すから、ネタを集めてくれ」

私がいろんな会社の決算を読むようになったのは、こんなオーダーがきっかけでした。2006年から2009年までいた楽天で、経営企画室に所属して新規事業の創出に関する業務を担当していた時のことです。

私が在籍していた頃の楽天では、毎週月曜の朝、世界中の楽天社員が参加する全体集会が行われていました。そのプログラムの中に、常務以上の役員が持ち回りで「先週の業界トピックス」を解説するコーナーがあり、私はこのコーナーの「ネタ探し」と「台本づくり」を任されたのです。

当時すでに1万人以上いた社員の貴重な時間をもらう以上、毎週タメになるネタを用意しなければなりません。新聞やインターネットメディアで報じられたニュースをなぞる程度では、社員に「それ、もう知ってるし」と思われてしまうのが関の山です。しかも、役員は超がつくほど多忙な方ばかり。一読すれば「何が大事なポイントなのか?」がすぐにわかるような資料を作成する必要がありました。

そこで私が考えたのが、競合他社の決算発表やM&A(企業買収)情報をピックアップし、簡単な分析結果を添えて提出するやり方でした。

上場企業であれば、決算は毎四半期必ず公表されます。それに、楽天はECから金融、広告などさまざまな事業を運営しているので、競合他社は国内外にたくさんあります。ライバルの決算を分析して、そこから読み取ることのできるサービス動向や経営戦略を解説すれば、社員の日常業務にも役立つ情報をネタ切れせずに提供できると考えたわけです。

また、当時の私は楽天で働きながら東京大学大学院に通っていて、MOT(技術経営学)を学んでいたので、企業の財務諸表を見ながら「何が有効な打ち手なのか?」を分析するような勉強もしていました。大学院で学んだ知識を、ビジネスの現場で応用しながら本当に役立つ知識にするという意味でも、毎週の決算分析は良いルーティンワークだったのです。

こうして、本業の傍らでいろんな会社の決算を読むことが私の習慣になり、

今では趣味で決算書を読むくらいのマニアになりました。楽天を辞めた後、シリコンバレーで起業してからも、仕事の空き時間やプライベートな時間を使って決算を読み続けています。

コンペの勝率が劇的に上がった営業担当者のAさん

この本を執筆するきっかけになった、Webマガジン「note(ノート)」で私が連載している「決算が読めるようになるノート」(https://irnote.com/)も、趣味の延長線上で書き始めたものです。

「note」に書く前は、私個人のFacebook(フェイスブック)に決算分析の所感を書いていたのですが、それを見た友人に記事化を勧められ、日本語のリハビリを兼ねて2016年1月から連載を始めました。

趣味で始めた決算分析なので、「読み解き方」は完全に我流です。財務・会計の専門家が私の記事を読んだら、「あなたの決算分析は基本がなってない!」と怒られるかもしれないと自覚しています。

それでも、おかげさまで今では多くの有料会員にご購読いただき、新しい記事を書くたびにさまざまなフィードバックを頂戴するようになりました。

そして、読者からいただく反響を見ているうちに、私はある確信を持つようになったのです。

「決算を読む習慣は、財務・会計担当者以外の人たちのスキルアップやキャリアアップにも役立つんじゃないか!?」

この思いを強く抱くようになった印象的な読者事例を、3つほど紹介しましょう。最初に紹介するのは、私の知人であり、「決算が読めるようになるノート」を連載初期から購読している広告代理店の営業担当者Aさんです。

Aさんは、「決算を通じて同業界の企業を比較する方法を教えてほしい」と熱心に質問してくるので、私なりの分析手法を説明していました。

何度かやりとりを続ける中で、「どんなシチュエーションで決算分析を活用しているの?」と聞いてみたところ、コンペで競合する他の営業担当者に勝つためだと言うのです。実際、Aさんはコンペの勝率が非常に高く、どうやって提案しているのかを教えてもらうことにしました。

彼は、コンペの前にクライアントの決算を読み込み、同業他社の決算と比較しながら好調な指標とそうでない指標、ユニットエコノミクス（顧客1人あたりの平均の経済性）などを分析していました。

「御社の決算を拝見すると、●●社に比べてこの指標が芳しくないので、こういう広告戦略で数値を改善しましょう」

こんなふうに提案されたら、クライアントがAさんにどんな印象を持つかは想像に難くありません。ブランディングのような計測しづらい広告効果をアピールするだけの営業担当者に比べて、明らかに「この人はわが社のことを理解している」となるでしょう。

つまり、Aさんは決算の読み方を学ぶことで、自らの営業成績アップにつなげていたわけです。

シリコンバレーで信頼されるエンジニアに変身したBさん

次に紹介するのは、私がシリコンバレーで出会った若手エンジニアのBさんです。

彼はとても優秀なエンジニアで、突出したギーク（技術オタク、開発オタクのことで、シリコンバレーでは褒め言葉になります）でもありました。最新技術に詳しいのはもちろんのこと、「あの競合サービスは■■の機能を追加してからアクティブユーザーが▲▲％くらい増えた」などと、細かな数字まで把握していたのです。

理由を尋ねると、自分の手掛けるサービスをより多くのユーザーに使われるものにしたい一心で、事業の成長につながる打ち手をいろいろと学んでいるのだと話していました。その延長線上で、私の決算分析のやり方にも興味を持つようになり、次第に「あの会社は直近の決算でユーザー数が●●％増えたと発表していたが、何の打ち手が奏功したと思う？」などと突っ込んだ会話をするようになっていました。

こうして何度か意見交換をするうちに、Bさんは仕事上の変化を実感するようになります。「ビジネスサイドの社員が、上司ではなく僕に直接相談をしてくるようになった」と言うのです。

エンジニアの間では、古くから「スーツとギークは犬猿の仲」だといわれています。

「スーツ」とは、営業担当者やディレクターなど、普段スーツを着て仕事をしているビジネスサイドの人たちのこと。彼らは技術に精通しておらず、開発にかかる工数や実現可能性を無視していろんなリクエストをしてきます。「ギーク」であるエンジニアの多くは、そんな態度をやっかいなものだと感じている、という意味です。

逆に、スーツ側の人間は、エンジニアを「ビジネス面で融通の利かない人たち」と見ていたりするのですが、Bさんは決算分析を繰り返しているうちに「ビジネスにも理解のある頼れるエンジニア」だと認識されるようになったのです。別の見方をすれば、Bさんは決算を読むことでビジネスの勘所を学び、サービス開発だけでなく事業そのものをコントロールできるエンジニアに近づいたのだといえるでしょう。

シリコンバレーでは、日々新しいサービスが生まれています。そして、誰もが画期的なテクノロジーとビジネスモデルで既存産業をDisrupt（破壊）してやろうともくろんでいます。そんな「成長こそすべて」な環境で働くには、エンジニアもビジネスに対する感度を高く持っていなければなりません。

Bさんの場合、この高度なビジネスセンスを、決算を読み続けることで身につけたのです。

より成長性の高い会社に転職できたCさん

最後に紹介するのは、「決算が読めるようになるノート」の愛読者であるCさんです。

結論から言うと、Cさんは私の記事を読むことで業界トレンドや勤め先の現状を客観的に分析できるようになり、「急成長しているスマートフォン動画広告の会社に転職することができた」という報告をくれました。

もともとCさんが勤めていた会社は業績が安定していて、目先の雇用に不安があったわけではないと言います。しかし、安定志向の経営方針ゆえに新しい事業に挑戦する機会が少なく、「このまま今の会社に居続けて大丈夫なのだろうか？」と不安に思っていたそうです。

そこで自社の決算を分析してみたところ、同業界でスマートフォン分野の事業

に多くの投資をしていた他社に比べて、成長率が低いということがはっきり理解できた。結果、中長期的に見てダウントレンドになるかもしれない会社に居続けるより、現時点で高い成長率を誇る他社へ転職した方が自身の成長につながると考えたのです。

成長率の高い会社は往々にして変化のスピードが速く、手掛ける仕事内容もめまぐるしく変わっていきます。安定した環境で粛々と仕事をしたいというタイプの人には、合わない職場かもしれません。それでもCさんは、自己成長を最優先に考えて、転職を決意しました。

私は「どちらが幸せな働き方か?」を決める立場にありませんが、少なくともCさんは、決算分析を通じて望む将来を自ら選び取ることができたのです。

「決算＝難しい」という誤解

さて、「決算が読めるようになると何が変わるのか」というテーマで3人の事例を紹介してきましたが、大事なポイントはたった一つ。AさんもBさんもCさんも、決算を財務・会計の専門知識なしで分析できるようになったということです。

私が「決算を読んだ方がいいですよ」と言うと、「簿記が苦手で……」という反応をされる方が少なからずいます。

誤解のないように書いておくと、決算書を「作る」のは、財務・会計の専門知識がなければできません。しかし、（財務・会計のプロが作成した）決算を「読む」ことに関して言えば、コツさえ学べば誰でもできるようになります。そして、決算が読めるようになることで得られるメリットは、上述した3人のケースのように、非常に大きいのです。

現代のビジネスパーソンは、いや応なしに多くの「数字」と日々格闘せざるを得ません。仕事を離れても、インターネットやスマートフォンを通じて毎日膨大な量の情報に触れています。ただ、日常的に触れる「数字」を自分なりに再利用できる「知識」に変換できる人は非常に少数です。この「情報（数字）を知識に変換するスキル」のことをファイナンス・リテラシーと呼びましょう。

私の感覚値でしかありませんが、日本人の数学力は非常に高い、つまり数字にはとても強いはずなのに、ファイナンス・リテラシーに欠ける人が少なくありませ

ん。野球にたとえるならば、練習中のキャッチボールでは豪速球を投げていたのに、いざ試合になると全くストライクが取れないピッチャーのようです。

そんな中、皆さんがすでに身につけている「数字を読む力」に少しだけコツをプラスすれば、一生モノのビジネススキルを身につけることができます。決算から各社の状況や事業戦略の変遷を読み取ることができれば、たくさんある関連ニュースがどんな因果関係にあるのかを正しく理解できるようになるからです。

ファイナンス・リテラシーはあらゆる仕事の役に立つ

洋の東西を問わず、かつてはビジネススクールに通ってMBA（経営学修士）を取得することが出世の近道だとされていました。現代のような国際化社会では、英語を話せないとダメだという意見も多いです。

どちらも重要なスキルであることに違いはありませんが、一部のエグゼクティブや専門職を除いて、日々の仕事でMBA仕込みの分析や英語でのコミュニケーションがどうしても必要だ！という人は今の日本にどれだけいるでしょう？

日本とシリコンバレーの両方で仕事をしてきた私の実感だと、日本のビジネスパーソンはこれらを習得するより、ファイナンス・リテラシーを身につける方が有益だと思います。数字は万国共通で、業界・業種の違いを超えてあらゆるビジネスで使われます。そこから戦略を読み取る力は、どんな職業の人も「すぐに実務で使えるスキル」になるでしょう。AさんやBさんの経験談が、その証拠です。

また、上述したように、決算を「読む」行為は無料で今すぐ誰にでもできます。経理や経営企画の仕事で必要になる簿記の勉強や、MBAなり英語をイチから学ぶ際には、時間的・金銭的なコストがそれなりに高くつきますが、決算を読み解くコツはより安価で効率的に身につけることができます。

この本では、「決算が読めるようになるノート」の内容を再編集しながら、私が日頃やっている決算分析のやり方を説明しています。ぜひ、参考にしていただけたらうれしく思います。

1-2 会計の素人でも 決算を上手に読むための10カ条

はじめに：「決算は難しい」という思い込みを捨てよう

1. 他人の家庭の「家計簿」を覗くつもりで読む

決算とはいわば「会社の家計簿」。まずは他人の家の家計簿を覗いてみるような軽い気持ちで、決算書を見てみましょう。決算には、大きく分けて

- P&L（損益計算書）
- BS（バランスシート／貸借対照表）
- CFS（キャッシュフロー計算書）

の3つがありますが、家計簿になぞらえて言うなら、毎月の収入と支出が書いてあるのがP&LとCFS。家や車などの資産や、ローンなどの負債について書いてあるのがBSです。これらが「決算短信」や「決算説明会資料」としてまとまっていると思えばいいのです。

2. 必要なのは四則演算のみ

財務・会計のプロを目指すのでないなら、決算を読むために必要なのは四則演算だけです。中学生レベルの算数がわかれば誰でも読めます。

3. 決算短信ではなく、決算説明会資料から読む

上場取引所に提出する「決算短信」は、非常に専門的で読みにくく、とにかく文字が多いです。そこで、個人的には「決算説明会資料」を読むことをお勧めします。

決算説明会で配布される資料は、通常パワーポイントなどで作成されており、いろんな立場の株主が読んでも理解できるように文字も少なめになっています。パワーポイントはスマートフォンやタブレット端末で閲覧することもできますから、

通勤中の電車内や、寝る前のベッドでも読めます。

4. 企業の「将来」を予測しようとする前に「過去」を正確に理解する

「決算が読めるようになるノート」の読者から、よく「あの会社の将来はどうなるのでしょう?」という質問をいただくのですが、私はいつも「わかりません」と答えています。

決算とは当該期間の「過去」の数字をまとめたもので、「未来」のことは書いていないからです。仮に、決算を読むことで誰もが会社の未来を正確に読み取れるなら、株式売買を商売にしている人全員が利益を得ているでしょう。現実がそうなっていない理由は、同じ決算を見ても「未来が明るいのか暗いのか」の判断が人それぞれ異なるからです。

ただし、「過去」の情報を圧倒的な量で集め続けると、経営や各事業の行く末がぼんやりとですが読み取れるようになります。

ここで大事なのは、決算を読む「量」を増やすこと。そして、時系列で同じ会社の決算書を読み続けることです。ある会社の四半期決算を1時間かけて分析するより、同じ時間で1年分の決算を流し読みする方が、発見が多いのです。

また、同じ企業の決算を時系列で流し読みしていると、ある四半期の決算説明会資料では開示されていなかった数字が出てきたり、逆に開示されていた数字が資料からなくなっていたり、という変化にも気づくようになります。これは、決算を発表した企業が「強調したい数字」か「隠したい数字」であることが多いので、いずれにせよ要注目だということがわかります。

初級者編:ビジネスモデルごとに「方程式」を覚える

5. 各ビジネスの構造を数式で理解する

これから展開する各章の冒頭には、ビジネスモデルごとに異なる「押さえておきたい方程式」が載っています。私が決算を読む際は、売上向上で重要になる指標を数式化しています。

前述のように、財務・会計の専門家からすると「正しい読み方」とは言えないものもあるかもしれませんが、さまざまなビジネスの「構造」を手っ取り早く知ると

いう意味では役に立つ公式ですので、ぜひチェックしてみてください。

6. 各ビジネスの主要な数字を暗記する

　ビジネスモデルごとに異なる「方程式」を把握したら、次はその数式を埋めるのに必要な数字がどれなのかを理解しましょう。

　例えばサービスの「アクティブユーザー数」が重要な指標になるビジネスならば、時系列でどう変化しているのかを四半期ごとにチェックして覚えてみてください。

中級者編：因数分解しながら過去の決算と比較してみよう

7. 徹底的な因数分解で「ユニットエコノミクス」を計算する

　初級編で書いた「方程式」を使うために、「ユニットエコノミクス」と呼ばれる「顧客1人あたりの平均の経済性」を先に計算しなければならないケースがあります。

　ユニットエコノミクスとは各企業のオリジナリティそのものです。これを同業界の競合他社と比較することで、各社の強み・弱みや業界構造が見えてきます。

　しかし、ユニットエコノミクスは決算資料に直接書いていないことも多いです。例えば「売上とユーザー数しか決算資料に書いていない」という場合は、因数分解してARPU（アープ）と呼ばれる「ユーザーあたりの売上」を計算する必要があります。

　数字が苦手な人は、因数分解と聞くだけで敬遠したくなるかもしれませんが、6. で挙げた重要指標さえ押さえれば、誰でも計算はできます。

　この後に続く各章でも、ユニットエコノミクスの算出法を解説しているので参考にしてみてください。

8. 成長率（対前年比 / YoY）を必ず確認する

　合わせて、過去の決算を比較対象にして「成長率」を確認してみてください。成長率は「対前年比」、英語表記だと「YoY」（Year over Year、あるいはYear on Year）を見ればわかります。

　株式市場では成長率がすべて。例えばA社とB社が同じ売上額・利益額だったとしても、成長率の違いで株価に大きな違いが出るのです。

成長率は、各社の経営が「追い風状態にあるのか、向かい風なのか」を示す数字です。4. で「決算に未来のことは書いていない」と説明しましたが、成長率を見れば「どの向きに」、「どのくらいの強さの風」が吹いているのか?までは理解できるようになります。

上級者編：競合他社との「横比較」で違いをあぶり出す

9. 1社だけではなく、類似企業の決算も分析・比較する

特定企業の決算をひと通り読み解けるようになった後は、同業界の競合やビジネスモデルが似ている企業の決算も分析してみましょう。

決算から業界や企業の「今」を推し量るには、1社分の決算だけを読んでもダメです。比較対象を定めることで、違いが浮き彫りになり、初めて意味のある「知識」が見いだせるようになります。

各種の調査会社が、決算比較や成長率の推移を出している場合もあるのでチェックしてみてください。

最初から複数社分の決算を読むのが大変だ、という人は、同僚や友人と分担して分析した後「決算勉強会」を開催してみましょう。比較材料を効率的に集めるだけでなく、分析結果に対する各人の見方を知る機会にもなるので、お勧めです。

10. 類似企業間の違いを説明できるようになる

例えば、同じような事業内容にもかかわらず、ある会社と競合他社で成長率が大きく異なっていたとします。最後は、その原因はどこにあるのか?を自分なりに調べてみてください。9. に書いた決算勉強会で、参加者同士、意見し合うのも非常に有効です。

その答えは、必ずしも決算資料に書いてあるとは限りません。どんな打ち手が違いを生んでいるのか、リリース情報や報道機関の取材記事なども参考にして推測してみましょう。

ここまでできるようになれば、あなたもAさん、Bさん、Cさんのように仕事やキャリアに役立つ決算分析ができるようになっているはずです。

1-3 本書の構成と使い方

本書のゴールと構成

　冒頭に書いた通り、本書は、読者の皆さんが自ら決算を読む「習慣」をつけるようになることをゴールにしています。「決算＝数字ばかりで難しい・退屈」という「恐怖」を取り除くためにも、業界・ビジネスモデルごとに分類し、可能な限り具体事例をわかりやすく解説し、方程式化・公式化できるように構成しました。

　本書では、インターネット・ソフトウェア業界のほとんどをカバーし、以下のように業界やビジネスモデルで章を分類してあります。

　第2章：ECビジネスの決算
　第3章：FinTechビジネスの決算
　第4章：広告ビジネスの決算
　第5章：個人課金ビジネスの決算
　第6章：携帯キャリアの決算

　また、インターネット・ソフトウェア業界は「ドッグイヤー」と呼ばれるように急速な変化が起こりやすい業界でもあり、企業買収（M&A）が頻繁に起こります。

　そこで、最後に

　第7章：企業買収（M&A）と決算

　として、M&Aに関連する決算の読み方も解説してあります。

本書の使い方

　各章ごとに、以下の3つで構成されています。

> 扉ページ：各ビジネスモデルの「方程式」と「決算を読み解く3Step」
> 最初の節：各ビジネスモデルの「決算を読むコツ」
> 残りの節：コツに則った具体的な決算読解の「実演」

例えば、「2章」の構成は以下のようになっています。

扉：ECビジネスの決算

ECビジネスを読み解く上で欠かせない「方程式」と、「決算を読み解く3Step」を紹介しています。

2-1：ECビジネスの決算を読むコツ

ECビジネスの決算を読む上で重要な「2つの指標」について説明しながら、「直販型」「マーケットプレイス型」それぞれのビジネスモデルに因数分解しながら解説しています。

2-2：Yahoo!ショッピングの「eコマース革命」に学ぶ、ECの収益モデル
2-3：購買頻度を上げる、「4社＋1」の施策

この章の「企業事例」として、楽天市場やAmazon(アマゾン)、Yahoo!ショッピング、eBay(イーベイ)など複数企業の決算を紹介しながら、各社の戦略や業界トレンドを解説しています。

2-4：競合他社の斜め上を行くAmazonという異端児

この章の「応用事例」として、いまやECという枠に収まらない「非連続なイノベーションを続ける会社」に進化したAmazonの決算から、同社を支えるユニークな経営戦略を読み解きます。

この構成を念頭に置いて、各章を読み進めてください。

なお、本書は、どの章から読んでもいいように構成したつもりです。読者の皆さんが関心のある章、ご自身がお仕事で直接携わっている章から先に読んで

みるのもいいでしょう。

　決算書にある数字から、その数字が意味すること、背景にあるストーリーを読み解けるようになれば、決算を読むことが楽しくなり、習慣化され、きっと読者の皆さんの視野が広がるはずです。

　そんなビジネスパーソンになった自分を思い浮かべながら、本書を読み進めてみてください。

　ようこそ、決算の世界へ。

第2章

ECビジネス
の決算

競争が激化する市場で
何が勝敗を分けるのか

今では人々の生活に欠かせないものになりつつある各種ECサービス。
その形態やサービス内容は日々進化をしていますが、このマーケットで
戦っている企業は一体何を重要視して利益を出しているのでしょうか。
この章では、ECビジネスの決算を通じて各社の戦略を見ていきます。

● ECビジネスで押さえておきたい方程式

ネット売上＝取扱高×テイクレート（Take Rate）

● ECビジネスの決算を読み解く3Step

【1】各サービスの「取扱高」をチェック
【2】取扱高とネット売上から「テイクレート」を算出
【3】取扱高とテイクレート改善のための打ち手を確認

2-1 ECビジネスの決算を読むコツ

eコマース(EC)には、大きく分けて2つのビジネスモデルが存在します。

一つ目は、Amazon(アマゾン)に代表されるような「直販型」です。直販型のECビジネスは、自社で商品を仕入れ(買い取り)、それを販売します。

二つ目は、「マーケットプレイス型」です。マーケットプレイス型のECビジネスは、自社で商品を仕入れることはせずに、売り手と買い手のマッチングだけを行います。マーケットプレイス型の中には、楽天市場、Yahoo!ショッピングのような「店舗出店型」(売り手=店舗)のモデルと、ヤフオク!、メルカリといった「フリマ型」(売り手=個人)と2つのモデルがあります。

ECビジネスで重要な2つの指標

ECビジネスでは

ネット売上*＝取扱高×テイクレート(Take Rate)

の公式が成り立ちます。テイクレートというのは、取扱高が100あった場合に、いくらの売上になるのかを表す割合のことです。

決算書では、「取扱高」のことを流通総額、GMS(Gross Merchandize Sales)、GMV(Gross Merchandize Volume)などと記す場合があります。「テイクレート」も、決算書ではマネタイゼーションレート(Monetization Rate)と表記されている場合があるので覚えておきましょう。

さて、ECビジネスにおけるネット売上がどう作られるのかを、上述した2つのモデル別に見ていきます。まずは、Amazonのような「直販型」から。例えば、

用語解説

ネット売上……ECで発生する取引の中で「サービス運営側の取り分」を示す言葉。対して、取引総額は「グロス売上」と呼ばれる。

Amazonがある商品を900円で仕入れて、1000円で販売したとすると、

- 取扱高(グロス売上)＝1000円
- ネット売上＝100円
- テイクレート＝10%

となります。この例のように、直販型では

ネット売上＝販売額－仕入れ値

になります。他方で、楽天市場のような「マーケットプレイス型」の場合、ネット売上は

- 出店料
- 売上手数料(通常、取扱高の数パーセント)
- 広告掲載料

の3つで構成されます。こう書くと、「マーケットプレイス型の方が直販型より収入源が多い」と考える方がいるかもしれません。「取扱高もテイクレートも指標になっていないじゃないか!」と思われる方もいるでしょう。それでも、最終的にはどちらも「取扱高」と「テイクレート」の2つを上げていくことが「ネット売上」を上げる重要な指標になるのです。

なぜなら、ECビジネスは他のビジネスに比べてWinner Takes All(強者がより大きな市場シェアを取る)が起こりやすいからです。中でも最も重要な指標を挙げよ、と言われたら「取扱高」になるでしょう。その理由を説明していきます。

「直販型」の成功要素＝規模の経済

直販型は、取扱高(グロス売上)が大きくなればなるほど仕入れ元から大量に仕入れることになるため、ボリュームディスカウントで仕入れ値が下がります。

仕入れ値が下がれば、販売価格を下げることができるので、同じ商品を競合他社より安く販売できて、さらに多くの商品を販売することができます。

　このように、直販型のECビジネスは「規模の経済」で強者が決まっていきます。Amazonはまさにこのパターンで市場シェアを上げ続けてきたといっても過言ではありません。

「マーケットプレイス型」の成功要素＝ネットワーク外部性

　一方でマーケットプレイス型は、少し違った仕組みで競争が起こります。

　出品者が増えると、出品数が増え、ユーザーから見た「場の魅力」も増すため、購買者が増え、取扱高が増えていきます。

　取扱高が増えると、出品者から見てさらに「場の魅力」が増すため、ますます出品者が増えていく、というわけです。

　このように、出品者と購買者の両側が芋づる式に増えていく「ネットワーク外部性（ネットワーク効果）」によって、マーケットプレイスの勝負が決まるのです。

　楽天市場は初期の頃、固定の出店料しか取っておらず、取扱高に比例した手数料を徴収するようになったのは一定の期間がたってからでした。メルカリも同じで、初期は手数料ゼロ円だったのに、あるタイミングから手数料10％を取り始めました。

　両方とも、「場の魅力」が十分高まっていたために「値上げ」できたのです。

この章で紹介する事例と決算

　こうした前提を踏まえて、さっそくEC各社の決算を見ていきましょう。本章では、はじめにヤフーの決算を紹介します。Yahoo!ショッピングによる「eコマース革命」の詳細分析を通じて、ECビジネスの全体像をつかんでみてください。

　次に、競争が激化するECビジネスにおいて、各社が競って注力している「購買頻度」向上施策を整理していきます。

　最後は、ECだけにとどまらない常識破りなイノベーションを続けるAmazonの過去と未来を明らかにしていきます。

2-2 Yahoo!ショッピングの「eコマース革命」に学ぶ、ECの収益モデル

この節でわかること

● 日本のEC最大手である楽天市場や黒船Amazonと戦うために、後発の
Yahoo!ショッピングが始めた「eコマース革命」とは?

● ECビジネスにおける「テイクレート」の算出法と、日米中の違い

● テイクレートが楽天市場並みになるとした場合、Yahoo!ショッピングの伸
びしろはどの程度あるのか?

「テイクレート」から考える、Yahoo!ショッピングのポテンシャル

しばらく硬直していたEC業界ですが、Yahoo!ショッピングが大きな風穴を開
けようとしています。ここでは、ヤフーが2013年に発表した「eコマース革命」以降、
Yahoo!ショッピングがどのように収益を上げているのかを考察していきます。

また、この考察を通じて、ECの基本的なビジネスモデルも解説していきますの
で、本章を読み進める前提知識として参考にしてみてください。

2章の冒頭で、「マーケットプレイス型」のECビジネスにおける「ネット売上」は

・出店料
・売上手数料(通常、取扱高の数パーセント)
・広告掲載料

の3つで構成されます、と書きました。日本における「店舗出店型」(売り手=
店舗)マーケットプレイスの代表格は楽天市場ですので、まずは同社の決算を見
てみましょう。

少々古い資料になりますが、楽天が出した2010年10-12月期決算によると、
楽天市場の売上構成は図2-1のようになっています。

ご覧いただければわかる通り、出店料・売上手数料(楽天の決算では「マージン」と

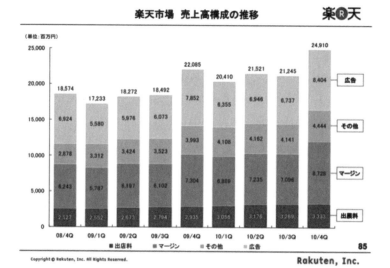

●図2-1：楽天市場の売上高構成（2010年10-12月期決算）

表記しています）・広告掲載料の3つで、バランス良く収益を得ています。

　Yahoo!ショッピングも、長らく楽天市場と同じような料金体系でやっていましたが、サービスの規模が楽天市場より小さかったために「場の魅力」で負けてしまい、思うように取扱高を増やすことができませんでした。

　そこで彼らが始めたのが「eコマース革命」です。それまで有料だった出店料と売上手数料を無料にするという、起死回生の一手に出たのです。

　ヤフーの決算では、「eコマース革命」を謳い始めた時から、図2-2のような「戦略シナリオ」のスライドを使ってビジネスモデルを説明しています。

　要は、出店料と売上手数料を無料化することによって

・ストア数・商品数が増加する
・すると、競争激化＝売り場が魅力的になる
・その影響で、購入者数・流通総額が上がっていく
・結果、「場の魅力」が高まり、出店者による広告出稿が増える

という戦略です。今後はEC店舗が出稿する広告で稼ぐビジネスモデルにシフ

●図2-2：Yahoo!ショッピングの戦略シナリオ（2015年10-12月期決算）

トしますよ、という非常にわかりやすいストーリーですが、3つある収益源のうち2つを無料にしたYahoo!ショッピングは今後どのくらい稼げるのでしょうか。

ECビジネスで押さえておきたい方程式として挙げた

ネット売上＝取扱高×テイクレート（Take Rate）

のうち、特にテイクレートに注目して考察していきましょう。

テイクレートとは「取扱高が100あった場合の売上」をパーセンテージで示した指標で、

テイクレート＝売上÷取扱高

で算出されます。テイクレートはマネタイゼーションレート（Monetization Rate）とも呼ばれるのですが、中国のEC最大手アリババの決算書には、必ずマネタイゼーションレートを説明するスライド（図2-3）が載っています。

実はYahoo!ショッピングの「eコマース革命」はアリババを参考にしていて、同サービスも出店料と取引手数料を（ほぼ）取らず広告で稼ぐビジネスモデルを採用しています。このモデルの場合、決算時に取扱高を開示するだけでは「実際いく

ら稼いでいるのか?」がわからず、投資家が気にするため、マネタイゼーションレートのスライドを載せているのでしょう。

　図2-3を見ると、アリババのマネタイゼーションレート＝テイクレートは約3％になっています。つまり、取扱高が100あった場合3がアリババの売上になっている(取引額の3％分くらい広告出稿される)ということです。

　テイクレートは地域によって差があるものなので、中国以外の地域における主要なマーケットプレイスの数字も確認してみましょう。

　アメリカでマーケットプレイス型のEC最大手はeBay(イーベイ)です。同社の2015年通期決算を見ると、$78 Billion(1ドル100円換算で約7兆8000億円)の取扱高に対して$7.2 Billionの売上(約7200億円)と書いてあるので、テイクレートは9.2％になります。

　eBayに個人として出店すると、取引額の10％が課金されますので、この9.2％というテイクレートはほぼ取引手数料から来ているのではないかと考えられます。eBayはアメリカ外でのビジネス規模も大きいのですが、基本的にはアメリカ

外でもアメリカ内とほぼ同じモデルなので、ここでは「アメリカの数字」として扱います。従って、アメリカにおけるECビジネスのテイクレートは10％弱くらい、となります。

次は日本です。日本のマーケットプレイス型ECは、楽天市場を参考にするのが一番わかりやすいでしょう。楽天の2015年4-6月四半期決算では、楽天市場が5341億円の取扱高に対して380億円の売上だと発表されていました。なので、テイクレートは7.1％です。

ちなみに、同じマーケットプレイスの中でも「フリマ型」（売り手＝個人）のヤフオク!は、8.64％の取引手数料がかかります。この2つのデータから、日本のECビジネスのテイクレートは、だいたい7％〜8.5％くらいだということができるでしょう。

ここで各国のテイクレートをまとめると、

- **アメリカ：10％弱**
- **日本：7％〜8.5％程度**
- **中国：3％程度**

となります。これは非常に大事な数字なので、ぜひ覚えておいてください。

余談ですが、アリババ（中国）はまだまだテイクレートを上げる余地がありそうに見えます。中国で圧倒的な市場シェアを持つアリババですが、今後、取扱高の成長スピードは緩やかになっていくでしょう。その前に、市場シェアを減らさない形でテイクレートを上げる施策を打ち出してくるはずです。単純に、テイクレートが日本並みになるだけで、ネット売上が2倍以上になります。

これも余談ですが、日本のテイクレートがアメリカよりも低いのは、歴史的な経緯があるのかと思います。ECマーケットプレイスで国内最大のプレーヤーである楽天市場は、サービス開始当初、月額の出店料5万円のみでビジネスを展開していました。取引手数料や広告費を一切取らず、上場後の2002年頃から取引手数料を徴収し始めた、という背景があります。初期の楽天市場のテイクレートは、限りなくゼロに近かったのです。

さて、話を本題に戻しましょう。各地域のテイクレートを参考に、「eコマース革命」後のYahoo!ショッピングがどれくらいのポテンシャルを秘めているかを考

●図2-4：ヤフーにおけるEC事業の取扱高（2015年10-12月期決算）

察していきます。図2-4は、ヤフーの2015年10-12月期決算で発表されたデータです。

この四半期におけるショッピング関連の取扱高は1453億円となっています。仮に楽天市場と同じだけのテイクレートだとするなら、「ネット売上」は

　　1453億円×7.1％＝103億円

となります。これは「Yahoo!ショッピングの広告収入は103億円くらいあってもおかしくない」という意味です。

では、実際はこの四半期でどのくらいの広告収入があったのでしょう。同四半期の決算発表では、約30億円でした。つまり、ポテンシャルという意味では

・この四半期で30億円の売上だったけど、103億円くらいになるポテンシャルがある（差し引き73億円くらいは売上が増える余地がある）

あるいは

- **Yahoo!ショッピングのテイクレートが楽天市場と同じ7.1%になれば、年間で400億円くらいの売上貢献をする**

といえます。

　読者の中には、「楽天市場とYahoo!ショッピングはビジネスモデルが違うし、本当にテイクレートが同じくらいになるのか?」と思う方もいるでしょう。が、私は遅かれ早かれ「テイクレートは楽天市場並みになる」と考えています。というのは、出店している店舗のうち、特に売上が大きい店舗は、大部分が重複していくと予想されるからです。

　Yahoo!ショッピングが掲げた「戦略シナリオ」によって取扱高を増やし続け、楽天市場並みに「場の魅力」が高まるなら、店舗は片方だけに出店する理由がなくなります。楽天市場とYahoo!ショッピングの両方で売上が上がるのであれば、両方に出店するでしょう。

　現在のYahoo!ショッピングの勢いを見ていると、まずは広告売上を増やし、その売上をポイント還元などでプロモーションに使う、ということをしかねません。あくまで想像の域を出ませんが、Yahoo!ショッピングのテイクレートが7%になっても、7のうち5くらいをポイント還元しそうな勢いです。

　これは極端な例ですが、市場シェアが1位のプレーヤー、日本では楽天市場に追いつくまで、大胆に投資をし続けるというのは、十分にあり得る戦略です(ポイント還元については3章で詳しく取り上げます)。

　ならば、日本国内の競合である楽天市場やAmazonは、Yahoo!ショッピングの戦略を真似できないのでしょうか?もし簡単に真似できてしまうなら、後発のYahoo!ショッピングは再び厳しい状況に追い込まれてしまうのですが、私は楽天市場やAmazonには簡単に真似できないと見ています。

　理由は、ヤフーがWeb検索事業を持っているからです。逆に、ヤフーがWeb検索事業を持っていなければ、おそらく「eコマース革命」は絵に描いた餅になる可能性が高かったでしょう。

　この考察の正しさを証明するような数字が、ヤフーの2016年10-12月期決算に出ていたので、引き続き同社の決算を見ながら説明していきます。

ついに見えてきたYahoo!ショッピングの「勝ち筋」

　2017年2月3日に発表された2016年10-12月期決算によると、ヤフーのショッピング事業は取扱高が1407億円となり過去最高を記録しました。

　この取扱高は、ヤフーが2013年に「eコマース革命」を発表して以来ずっと右肩上がりで増えています。ECビジネスで押さえておきたい方程式である

ネット売上＝取扱高×テイクレート（Take Rate）

に当てはめてチェックするなら、取扱高が増え続けているのは良いトレンドです。出店料と売上手数料を無料にし、さらにはユーザーへのポイント還元を通じて出店者とユーザーの両方を大量にかき集めるという戦略は、今のところうまくいっているということでしょう。

　そしてこの期の決算には、もう一つの指標であるテイクレートに関して、Yahoo!ショッピングが大きなターニングポイントを迎えたと推察できるスライドが載っていました。

　図2-5のスライドが示しているのは、ヤフー全体でこれまで減収を続けていた**「検索連動型広告*」**の売上が反転し、対前年同期比で増加に転じたという事実です。

　ここで復習です。前の記事で、ECビジネスにおける各地域のテイクレートは2015年時点で以下のような割合になっていると説明しました。

- アメリカ：10％弱
- 日本：7％～8.5％程度
- 中国：3％程度

用語解説

検索連動型広告……インターネット検索でユーザーが入力する「キーワード」に応じて、関連する広告が表示される仕組みのこと。

●図2-5：ヤフーの広告関連売上（2016年10-12月期決算）

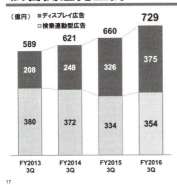

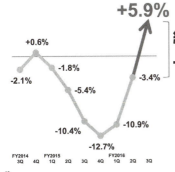

　つまりYahoo!ショッピングの競合である楽天市場などは、取扱高が100あった場合、7〜8.5程度の売上を生んでいるビジネスだというわけです。
　他方、Yahoo!ショッピングが「eコマース革命」で参考にした中国のアリババは、テイクレートが3％と非常に低い数字になっています。
　これまで、Yahoo!ショッピングが中国から輸入したビジネスモデルを日本用にカスタマイズした場合に、本当に3％よりも高いテイクレートになるのか？という点に関しては、何も証明されていませんでした。それがついに、この四半期決算でテイクレートが本家アリババを超え始めたのです。

わかりやすく説明するために、ヤフーの決算からショッピング事業の「取扱高」と「広告売上高」を調べ、時系列でテイクレートを計算してみました。

●図2-6：「eコマース革命」以降のテイクレート一覧

年	2014	2015	2015	2015	2015	2016	2016	2016	2016
四半期	10-12月	1-3月	4-6月	7-9月	10-12月	1-3月	4-6月	7-9月	10-12月
ショッピング事業 取扱高（億円）	769	697	724	791	1140	1128	999	1011	1407
ショッピング広告 売上高（億円）	13	11	13	14	30	26	29	31	58
テイクレート	1.69%	1.58%	1.80%	1.77%	2.63%	2.30%	2.90%	3.07%	4.12%

図2-6を見ればわかる通り、長らく2％以下だったテイクレートが、2015年10-12月期を境に増加を続け、2016年10-12月期には4.12％まで上がっています。これはYahoo!ショッピングにとって歴史的な一歩です。テイクレートを改善し続けることで、本家のアリババを超えられるという点が証明できたということになります。さらに、「右肩上がりの取扱高」と「右肩上がりのテイクレート」の掛け算で、ネット売上を伸ばしていく筋道が立ったのです。

とはいえ、日本のテイクレートの目安となる7％〜8.5％に比べると、まだまだ大きな乖離があります。これからこの溝を埋めていくには、何が鍵を握るのでしょう。

私は検索連動型広告、中でも「商品リスト広告」（Product Listing Ads, 略してPLA）が重要になると考えています。

商品リスト広告とは、ECなどに特化した検索連動型広告だと思ってください。しかも、従来の「テキスト検索連動型広告」とは異なり、商品画像も表示させることができます。

一般に、検索連動型広告は特定のキーワードで検索したユーザーに広告を表示するので投資利益率が高い半面、広告の運用が非常に面倒です。

例えば、あなたがEC店舗を運営しているとして、あなたの店舗の上位100商品に対して、検索連動型広告を購入したいとします。その場合、商品ごとにキーワードを20個ずつ選定すると、100商品×20キーワード＝2000組に対して広告コピーを考え、それぞれのパフォーマンスを管理・運用する必要があります。

考えるだけでお腹が痛くなるような作業量になるのですが、これをほぼ自動化するのが商品リスト広告です。

どういう仕組みかというと、

1. EC店舗が広告プラットフォームに、商品データをフィード
2. 広告プラットフォームは、商品データからキーワード候補を自動抽出
3. 各キーワード候補に検索連動型広告を配信し、パフォーマンスが良いものが多くの検索流入を得られるように自動調整

と、こんな具合です。重要なのは、出店している店舗がすべきことは「商品データをフィードする」ことだけ、という点です。後は、広告プラットフォームがほぼ自動的にやってくれます。

ヤフーの場合、この「商品データをフィード」さえも必要なくなります。というのは、Yahoo!ショッピングは全店舗の商品データを全部持っており、同じヤフーという会社に、検索連動型広告事業があるからです。

この本を書いている2017年6月時点で、Yahoo!ショッピングはまだ自社サービスとしての「商品リスト広告」を提供していませんが、論理的には、

「Yahoo!ショッピングに出店する店舗が、商品A・B・Cに対して**CPC***＝X円、あるいは**CPA***＝Y円で商品リスト広告を買うというボタンを押すだけで、Yahoo!ショッピングからヤフーの検索連動型広告に商品データがフィードされ、広告が勝手に回り始める」

ということが可能です。

ここまでできれば、店舗に労力面での負担を強いることなく広告売上が増え、雪だるま式に大きくなるでしょう。

ちなみに、この商品リスト広告のすごさは、すでにGoogleアドワーズ（Googleが提供している検索連動型広告）が証明しています。

Googleは2012年に商品リスト広告をリリース済みです。調査会社の

用語解説

CPC……Cost Per Click＝クリック単価のこと。
CPA……Cost Per Action＝コンバージョン1件あたりにかかる広告費用のこと。

eMarketerがアメリカの小売りEC店舗における検索連動型広告の出稿種別を調べたところ、2014年第4四半期のアドワーズでは「テキスト検索連動型広告」が66%だったのに対して、「商品リスト広告」が20%となっていました。テキスト検索連動型広告の3分の1くらいが、すでに商品リスト広告に置き換わっている計算になります。

同じくeMarketerが調べた2014年第4四半期のデータとして、小売りEC店舗の商品リスト広告の出稿額は、対前年比で＋45.4％になっているという結果も出ています。他方、従来のテキスト検索連動型広告は対前年比＋10.4％の伸びでした。

さらに、小売りEC店舗が検索連動型広告から得るクリックが100あるとすると、

- **全体平均では、26％のクリックが「商品リスト広告」経由**
- **独立系（Nonbrand）店舗では50％のクリックが「商品リスト広告」経由**

という具合に、商品リスト広告はナショナルブランドよりも中小の独立系店舗と相性が良い、ということも調査を通じてわかっています。

日本でも同じような傾向が出ると仮定するなら、Yahoo!ショッピングに出店している多くの中小店舗にとって、商品リスト広告はとても相性が良い商品になるといえます。

ヤフーの場合、Googleと違ってディスプレイ型広告（PCのポータルサイトやスマートフォンページなどに、ユーザーの検索結果とは関係なく表示される広告）も扱っているので、広告商品のすべてが検索連動型になっているわけではありません。

そこで、仮にショッピング関連事業の広告売上のすべてが検索連動型広告だとして比率を計算してみると、図2-7にある数字になります。

もちろん、この計算で使っている数字はすべてヤフーの決算から引用しています。

図2-7を見ると、今回の四半期では検索連動型広告の16％程度がショッピング事業の広告売上であったという試算になります。

商品リスト広告とECビジネスの相性の良さを考えると、ショッピング事業の広告売上が検索連動型広告の売上に寄与する割合は今後もどんどん大きくなっていくでしょう。

●図2-7：ヤフーの「検索連動型広告売上」に占めるショッピング広告比率（推計）

年	2014	2015	2015	2015	2015	2016	2016	2016	2016
四半期	10-12月	1-3月	4-6月	7-9月	10-12月	1-3月	4-6月	7-9月	10-12月
ショッピング事業取扱高（億円）	769	697	724	791	1140	1128	999	1011	1407
ショッピング広告売上高（億円）	13	11	13	14	30	26	29	31	58
テイクレート	1.69%	1.58%	1.80%	1.77%	2.63%	2.30%	2.90%	3.07%	4.12%
検索連動型広告売上高（億円）	372	397	362	361	334	346	322	348	354
ショッピング広告の割合	3.49%	2.77%	3.59%	3.88%	8.98%	7.51%	9.01%	8.91%	16.38%

　Yahoo!ショッピングのテイクレートが、日本≒楽天市場の7～8.5％に近い水準まで上がるのかどうかを継続調査する意味でも、引き続きヤフーの決算に注目してみてください。

この節のまとめ

- ●Yahoo!ショッピングが始めた「出店料と売上手数料を無料にし、店舗による広告出稿料だけで稼ぐ戦略」は、検索事業を持つヤフーならではの相乗効果も狙ったユニークな取り組みである

- ●ECにおける日米中のテイクレート は、日本が7％～8.5％、アメリカが10％弱、中国が3％程度となっている

- ●Yahoo!ショッピングのテイクレートは、2016年10-12月期決算の時点で4.12％。初めて中国の水準を超えた。ここから日本の水準まで引き上げるための鍵は「商品リスト広告」にある

2-3 購買頻度を上げる、「4社＋1」の施策

この節でわかること

- ECビジネスの重要指標の一つである「取扱高」は、どんな方程式で決まるのか?
- 楽天、Amazon、ヤフー、eBayのようなEC大手が、ユーザーの「購買頻度」を上げるために採っている施策とは?
- 日本のEC事業者が今すぐ取り組むべき「購買頻度」を上げる施策とは何か?

楽天の爽快ドラッグ買収とロハコの急成長に見る、「日用品EC」を抱えるメリット

この章の導入で書いた

ネット売上＝取扱高×テイクレート(Take Rate)

というECビジネスの方程式のうち、「取扱高」はさらに

取扱高＝購買単価×購買頻度

と因数分解できます。競争環境が激化する中、EC各社はこの2つの指標のうち「購買頻度」を上げる施策に力を入れてきました。単価を上げるとユーザーが離れかねないので、今までECで買わなかったものをECで買ってもらえるようにしようというわけです。

そこでこの節では、EC各社が「購買頻度」を上げるためにどんな施策を打っているのかに注目して決算を見ていきます。最初に紹介するのは、「日用品EC」の拡充です。

2016年10月28日、楽天は「爽快ドラッグ」の買収を発表しました。爽快ドラッ

●図2-8：アスクルのロハコ紹介スライド（2017年5月期第1四半期連結業績）

グは、楽天市場にも出店しているECサービスで、食料品から医薬品、美容品、洗面用品など数多くの日用品を取り扱っています。

楽天が爽快ドラッグの買収に投じた金額は約89億円。小さくない額です。なぜこのM&Aが起こったのか、結論を先に書くと、ヤフーがインターネット通販大手のアスクルと共同運営している日用品ECサービス「LOHACO（ロハコ）」への対抗策と考えられます。

ヤフーや楽天にとって、日用品ECが重要である理由の一つは、アスクルの決算資料にあった図2-8のスライドを見れば一目瞭然です。

日用品ECは「利用頻度」と「継続率」が非常に高いので、日用品ECを利用するユーザーが増えれば、それらのユーザーの購買頻度が圧倒的に上がります。読者の中にも、一度ECを使って日用品を購入してみたらやめられなくなった、という経験をしたことのある方は多いのではないでしょうか。

例えば、水やお米といった重たいもの、シャンプー、オムツなどの定期的に必要になるもの。これらをスマートフォンからポチッとするだけで、家まで運んで来てくれるのです。これが病み付きになるユーザーは、非常に多いと考えられます。

ちなみに、米のWebメディアTechCrunchが2016年10月28日に掲載した記

●図2-9：ロハコの四半期別売上高推移（2017年5月期第1四半期連結業績）

事「Wish is raising again, and giving late-stage investors protection」によると、ECユーザーの年間購入回数は**タオバオ***で50回（月間では約4回）、米Amazonでは15回（月間で約1.2回）とのことです。楽天市場とYahoo!ショッピングは、タオバオと同じマーケットプレイス型なので、ユーザーの購買頻度は月4回くらいだと推測するのが妥当でしょう。この回数をもっと増やすために、日用品ECを抱えておきたいのです。

　では、ロハコと爽快ドラッグはどの程度の売上規模になっているのでしょう。はじめにロハコの売上・営業利益から。アスクルが発表した2017年5月期の第1四半期連結業績によると、売上が97億円、営業利益がマイナス7億円、売上成長率が対前年同期比で＋36％でした。四半期別の売上高推移は図2-9のようになっています。

　一方、爽快ドラッグが開示している数字を見てみると（同社の決算期は12月31日の年1回）、買収される前の1年間で売上が311億円、売上成長率は対前年度比＋21％でした。年換算にしてまとめると、

用語解説
タオバオ……中国のアリババが運営するマーケットプレイス型ECサービス。

- ロハコ：約400億円（対前年同期比で成長率＋36％）
- 爽快ドラッグ ：311億円（対前年度比で成長率＋21％）

という具合です。ロハコの方が少し大きく、速く成長しています。

実はここからも、楽天が爽快ドラッグを買収せざるを得なかった理由の一つが垣間見えます。図2-9で紹介したようなロハコの伸び方を見て、日用品ECを持っていなかった楽天としては焦らざるを得なかったというのが正直なところだと思います。

ヤフーとロハコの"連合軍"と戦うために「楽天は自前で日用品ECをやればいいのに」と思う方もいるかもしれませんが、物流事業を断念してしまっているため、自前で直販ECを提供するためのノウハウが十分ではないと考えられます。やればできるのかもしれませんが、競合であるヤフー＆ロハコ連合がこのようなペースで伸びている状態では、「時間を買うためのM&A」をするというのはあり得る話です。

楽天が爽快ドラッグを買収した際のIRリリースでも、

当社にとって、生活用品及び日用品向けECは成長分野として重要視しており、ジャンル戦略強化の一環として本買収を決定しました。これにより、生活用品及び日用品向けECにおける直販モデルを強化し、このジャンルの重要な購買決定要素である商品価格と配送サービスの競争力を高め、更なる顧客満足度の向上に繋げていきます。

とあります。以下では、ロハコの3つの強みを説明することで、楽天がなぜ爽快ドラッグを買収したかったのか？ということをもう少し詳しく説明していきます。

強み1. アスクルが法人用に投資した物流網とノウハウ

ロハコを運営するのは、ヤフーが2015年に連結子会社化したアスクルで、法人向けのオフィス用品通販を行っている会社です。日本中の中小企業に「明日・来る」を提供するために物流投資も積極的に行っており、首都圏の他、福岡や

横浜にも物流センターを追加しています。

　見方によっては、アスクルはAmazonに近い考え方で物流投資を行っているともいえます。ロハコは、アスクルが法人用に投資してきた物流設備・ノウハウをそのまま使って事業ができている、というのがポイントです。

　実際に、アスクルとロハコは「Happy On Time」という施策で、1時間単位の時間指定や、配送状況のリアルタイム通知などを行っています。これはまさに、自社で物流網を持っているからこそできる施策であり、ユーザーにとっては「一度使うとやめられなくなる」サービスになるきっかけとなり得ます。

強み2. プライベートブランド商品の開発力

　通常、日用品ECはどこかのメーカーが作った商品を仕入れて販売する形を想像する方が多いかと思いますが、ロハコはその先に行っています。独自のプライベートブランド商品を作って販売しているからです。これは売れ筋商品が瞬時にわかるECサービスならではの試みといえます。

　プライベートブランドを展開するメリットはいくつかありますが、一番大きいのは、卸に比べてロハコの粗利が増える点です。

　例えば、「LOHACO Water」という商品のWebページでは、「1箱5本で販売する理由」が説明されています。一見ユーザーにメリットがあるような説明ですが、実は「まとめ買い」を前提にすることで送料を削減するテクニックではないかと思ってしまいました。上手なPRです。

　ちなみに、アスクルの2017年5月期第1四半期連結業績の決算資料には、同社のプライベートブランド商品がドイツの権威ある賞「レッドドット・デザイン賞」を獲得したという記載がありました。ロハコがプライベートブランド商品を開発する際も、おそらくアスクルが培ってきたノウハウが活かされているのでしょう。

強み3. ソフトバンク＆ヤフーからの集客

　3つ目は、マーケティングの話です。上述の2つは、アスクルが法人向けに通販を行ってきたノウハウが活かされるという話でしたが、アスクルが単独で「日用

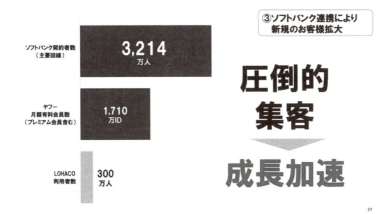

●図2-10:ソフトバンク連携による影響予測（2017年5月期第1四半期連結業績）

品EC」を展開しても、ブランド認知やマーケティングコストの点で限界があったと考えられます。

　マーケティングに関しては、図2-10の決算スライドにある通り、ヤフーとその親会社であるソフトバンク（2016年8月に「ソフトバンクモール」を開設）におんぶに抱っこ状態で、逆にそうすることで急成長できるというシナリオなのです。

　これは非常に正しい戦略で、ソフトバンクやヤフーのマーケティング力を持ってすれば、自前でやるよりも圧倒的に多くのユーザーを安価に獲得できるでしょう。

　この点は、爽快ドラッグと楽天の関係に関しても全く同じことが言えます。ロハコの強みとして挙げた3つのうち、ユーザーの購買頻度を上げるために「爽快ドラッグ＋楽天」が何を真似して、どう差別化していくのか？という視点で今後を見てみましょう。

「物流改善」に莫大な投資をしているAmazonの戦略

　ECビジネスでユーザーの購買頻度を上げる施策として、ロハコの「強み1」では物流網の拡充が挙げられると書きました。この点について、世界で最も力を入れているEC事業者はAmazonでしょう。そこで次は、Amazonの物流への取

り組みについて解説していきます。

　前提として、購買頻度を上げるためになぜ物流の改善が大切なのかを説明しておきます。シンプルな話で、欲しいものができるだけすぐ届くようになれば、ユーザーの利用頻度が上がり、間接的に取扱高も上がるからです。

　日本では2017年にヤマト運輸の値上げがニュースとなりましたが、これにも同社の最大顧客であるAmazonの影響が見え隠れしていました。事情は、Webメディアのアゴラに掲載された記事「アマゾンはヤマト運輸の値上げを断れない」(2017年3月8日)あたりが詳しく取り上げています。ここでは、当該記事に載っていた数字を紹介しておきましょう。

【宅配便市場】
・日本の宅配便は年間37億個(2015年)
・ヤマト運輸が17億個、佐川急便が12億個
【Amazonの宅配便】
・Amazonの宅配便は推定2.5億個(日本の宅配便の6.7%)
【宅配便の単価】
・個人向けは、平均的な段ボールサイズ(80cm)で関東〜関西間980円
・Amazonの宅配便は推計で1個200円程度

　日本の宅配便全体の6.7%ものシェアを持つAmazonに対して、ヤマト運輸は定価の約5分の1の値段でサービスを提供していたわけですから、苦しくなるに決まっています。逆に言えば、Amazonはそれくらい強気に、ヤマト運輸という「物流網」を改善する交渉をしていたわけです。

　ヤマト運輸の話題はこのくらいにして、以降はAmazonの2016年7-9月期決算を通じて、同社がどれくらい本気で「物流改善」に取り組んでいるのかを説明していきます。

　まず、この四半期に発表された基本的な数字を紹介しましょう。理由はこの後の節で述べますが、Amazonが最も重視する指標は売上でも利益でもなく「フリーキャッシュフロー」です。決算資料も毎回フリーキャッシュフローの説明から始まるのですが、**TTM***(直近12カ月分)のネットのフリーキャッシュフローは$3.4

●図2-11：Amazonのフリーキャッシュフロー内訳（2016年7-9月期決算）

Free Cash Flow Less Finance Lease Principal Repayments and Assets Acquired Under Capital Leases Reconciliation – TTM

MM	Q3 2015	Q4 2015	Q1 2016	Q2 2016	Q3 2016
Operating Cash Flow	$9,823	$11,920	$11,258	$12,726	$14,603
Purchases of property and equipment, including internal-use software and website development, net	(4,424)	(4,589)	(4,897)	(5,395)	(6,040)
Property and equipment acquired under capital leases	(4,599)	(4,717)	(4,638)	(4,676)	(4,998)
Principal repayments of finance lease obligations	(163)	(121)	(111)	(108)	(131)
Free Cash Flow Less Finance Lease Principal Repayments and Assets Acquired Under Capital Leases	$637	$2,493	$1,612	$2,547	$3,434

[20]

Billion（1ドル100円換算で約3434億円）とのことでした。内訳は図2-11のようになっています。

数字はすべてTTM（直近12カ月分）で、

オペレーションからのキャッシュフロー：$14.6 Billion（1兆4603億円）

・**設備投資：$6.04 Billion（6040億円）**

・**設備などのリース：$4.998 Billion（4998億円）**

・**金利など：$131 Million（131億円）**

ネットのフリーキャッシュフロー：$3.4 Billion（3434億円）

となっています。「1年あたり約1兆円もの金額を設備投資している」という計算です。決算では何にいくら投資しているのかまでは公開されていませんので、

用語解説

TTM……Trailing Twelve Month (period)の略で、決算では「直近12カ月間の数字」という意味。

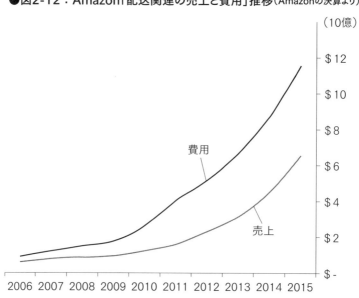

●図2-12：Amazon「配送関連の売上と費用」推移（Amazonの決算より）

今回はECの配送料がどのくらい赤字なのか？を見てみます。

配送関連の売上と費用については決算で公開されており、それをまとめたグラフが図2-12です。赤字が年々大きくなっているのが一目でわかります。

2015年時点では、配送関連の売上は約$7 Billion（約7000億円）、費用が$12 Billion（約1兆2000億円）となっており、約5000億円の赤字です。

続いて、Amazonの配送関連売上と費用を「成長率」に換算した資料を見てみたところ、2012年〜2015年の間は配送関連売上の方が速く成長していましたが、最近では同じくらいの成長率になっていました。この事実からも、Amazonが物流と配送に対していかに巨額の投資をしているのかがよくわかります。

参考までに、アメリカの貨物運送大手であるFedEx（フェデックス）とUPS（ユナイテッド・パーセル・サービス）は、それぞれ年間5000億円、2500億円の物流投資を行っています。Amazonの「年間5000億円の配送関連の赤字」という数字は、FedEx並み、UPS以上の物流投資をしていることの表れです。

実際、Amazonは2016年8月に自社専用の輸送用航空機を40機も導入して

おり、街中ではAmazon専用のバンが配送してくれることもあります。さらに一部のエリアでは生鮮食品の配送も自前で行っており、宅配事業を本業にしている企業と同じような物流を実現しているのです。

日本の感覚で言えば、Amazonたった1社で、ヤマト運輸や佐川急便並みに物流投資をしている、という感覚でしょうか。すごいの一言です。

eBayが採った、地味だけど効果が見込める2つの施策

さて、これまで、購買頻度を上げるやり方として企業買収や物流投資といった「お金のかかる施策」を中心に書いてきたので、この辺で他のEC事業者が参考にしやすい施策も紹介しましょう。アメリカのeBayが進めている、新しい試みについてです。

eBayは世界最大のフリマ型(売り手＝個人)マーケットプレイスとして知られていますが、近年、業績は伸び悩み気味です。特にアメリカのECサービスでは、Amazonの一人勝ちとも言えるような状況が続いています。

米メディアのCNBCが2017年2月1日に掲載した「Amazon captured more than half of all online sales growth last year, new data shows」という記事では、EC全体の成長率のうち半分以上をAmazonが獲得していると報道されていました。

そんな中で、eBayはどのような巻き返し策を打っているのでしょうか。同社の2016年10-12月期決算を見ながら、重要だと思われる2つの戦略をピックアップしていきます。

その前に、この四半期の実績を見てみましょう。

図2-13の取扱高は$2.2 Billion(1ドル100円換算で約2200億円)となっていますが、成長率を為替変動の要因を除いて見てみると、YoY＋5%と順調な成長サイクルにあるとは言えません。

別の決算スライドに載っていた「過去12カ月のアクティブな購買者数」を見ても、増加はしていたものの、YoY＋3%とある意味停滞していると言える数値になっていました。

eBayのこのような状態は今に始まったことではなく、過去数年間、同じような

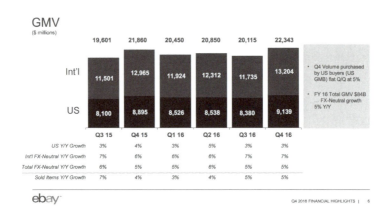

状況でした。そのため株主からのプレッシャーも強くなり、2015年には子会社であった**FinTech*** 企業のPayPal（ペイパル）を分離するという事態にも発展しました。

この窮状を脱するべく、2016年以降、eBayは新しい施策を打ち始めたのです。

施策1. 地道な物流改善

一つ目は、ロハコやAmazonの記事でも触れた「物流改善」に関する施策です。

同社は2017年3月に「Guaranteed Delivery」というサービスを発表しました。これはAmazonプライムと似た仕組みで、eBayに出品されている2000万以上の商品に関して、「3日以内の到着を保証する」という内容です。それだけではなく、翌日あるいは翌々日に到着する商品を検索することもできるといった内容が含まれています。

アメリカの場合、Amazonプライムでさえも配送に「通常2営業日」はかかります。

用語解説

GMV……Gross Merchandize Volumeの略で、「流通総額」すなわち「取扱高」を示す。
FinTech……FinanceとTechnologyをかけ合わせた造語で、金融系ビジネスを最新テクノロジーで改善する取り組みを指す。

eBayとしては、物流面で明らかにAmazonに劣っている状況がしばらく続いていたので、日本で楽天市場が展開している「あす楽」のような仕組みをアメリカで展開して、購入者にストレスがかからないよう配慮していくという戦略です。

アメリカのEC利用者の中には、今まで

「eBayはフリマだから、Amazonよりも安く物が買えるかも」

「でも、Amazonなら2営業日で物が届くな」

「じゃあ、eBayはチェックせずAmazonで買おう」

と考える層が一定数いたはずです。しかし、「Guaranteed Delivery」によって配送が速くなると、

「Amazonより安い値段で買えるのであればeBayで買おう」

というケースも出てくるのではないかと考えられます。よって、購買頻度が上がるというのがeBayの狙いでしょう。

施策2. 商品カタログの整備

2つ目は、eBayに出される商品の「商品カタログ」を整備する施策です。

eBayのようなフリマ型マーケットプレイスでは、放っておくとこんな事態が起こり得ます。

- 2人の出品者が、同じ商品を同時期に出品する
- この2つの商品が、システムで「同じ商品」として紐付けされない
- すると、購入希望者は値段などを比較できない

マーケットプレイスの規模が小さいうちはあまり問題になりませんが、eBayのように規模が大きくなると話は別です。購入者からすると、「本当に買いたい商品が探せない」という非常に大きな問題になるからです。

仮に商品を探せたとしても、「もっと安い値段で同じ商品が買えないのか?」といった価格比較の問題や、「色違いが探せない」といった問題が次々に発生します。

日本においても、Amazonと比べて楽天市場やYahoo!ショッピングで商品を

探すのが困難であると感じる人は多いのではないでしょうか?これと全く同じ問
題です。

　これらの問題を解決する方法は、サービス提供側が商品のカタログを整理し、
出品者から商品が出品されるたびに「該当するカタログに一つずつ紐付けていく」
しかありません。

　eBayは、この商品のカタログ化に関して、2016年から積極的に手を打ち始
めています。　その進ちょくは、さっそく2016年10-12月期決算で報告されていま
した。

　図2-14によると、eBayでは11億もの商品が常時ライブで販売されており、
試算だと、そのうち90％の出品商品がカタログに紐付け可能なものだそうです。
さらに、そのうち60%の出品商品はすでにカタログが用意されており、55％が
2016年の10-12月期中にカタログ化されたと書いてあります。直近のカタログ
化のスピードが非常に速い、ということをアピールしているわけです。

　ただし、この四半期決算の時点で実際に商品カタログとして公開されている
商品(図2-14の一番下の部分)は1億8000万個と限られており、2017年にもっと
増やしていく予定だと記載されています。

　さらに2017年の計画では、商品カタログと出品商品の両方が、サイトにある
「カテゴリー」からだけでなく「検索」からも到達できるようになるとのことです。ユ

●図2-14：eBayにおける商品カタログの整備状況(2016年10-12月期決算)

STRUCTURED DATA: Q4 PROGRESS

| Total Listings | · ~1.1B listings |

· ~90% of listings can be structured

Of the relevant listings,

| Relevant Listings | |

| Collecting* | · ~60% currently covered by requirements to-date |

| Processing* | · ~55% have been processed as of Q4 16 |

| User experience | · ~180M+ structured data pages live as of Q4 16
... continuing to ramp into 2017 |

* Estimated percentage of relevant listings

ebay

ーザー、特に購入者から見ると、利便性が大幅に向上するものと考えられます。

　こうした施策の効果は、まだ決算の数字に表れているとは言い難いですが、地道な物流改善＋カタログ化がうまく機能し出せば、きっと購買頻度が上がり、決算にも反映されていくでしょう。日本のEC関係者は参考にしてみてください。

EC関係者はとにかく（Webではなく）アプリに積極投資すべし

　この節の最後に紹介するのは、決算ではなく「ECとスマートフォンアプリ」に関するデータです。なぜなら、ECサービスのアプリ対応は、物流改善と同じくらい大きな意味を持つからです。

　上手にアプリ対応できれば、直接は利用頻度が上がり、間接的に取扱高も上がります。

　そもそもECビジネスのスマートフォンアプリ対応が進んでいなかった理由は何なのでしょう。アメリカでも日本でも、よく聞く理由は「Webでも大体同じようなことができるから」という曖昧なものが多い印象です。

　しかし、各種のデータを見てみると、「EC系でしっかりアプリ対応をしないと、いかに損をするか」がわかります。

　まずは、スマートフォンにおけるアプリ利用の全体傾向を押さえておきましょう。米調査会社comScoreが2016年9月1日に出した「Smartphone Apps Are Now 50% of All U.S. Digital Media Time Spent」という記事によると、アメリカのユーザーのデバイス別利用時間（2016年7月）は図2-15にあるグラフのようになっています。

　スマートフォンが全体の57％を占めており、中でもスマートフォンアプリが50％と最も利用率が高くなっています。同じ調査で、「デジタルメディア利用時間におけるスマートフォンアプリのシェア率推移」を見ると、2014年7月時点では41％だったのが、2016年7月には50％に増えていました。これらのデータからも、スマートフォンユーザーはWebよりアプリの方が便利だと感じて、多くの時間を費やしているといえます。

　では、ECサービスではどうなのでしょう。最初にクラウドベースのeコマースサービスを提供している米Salesforce Commerce Cloud（旧Demandware）による

●図2-15：アメリカにおける「デジタルメディアに接触するデバイス」調査（comeScore調べ）

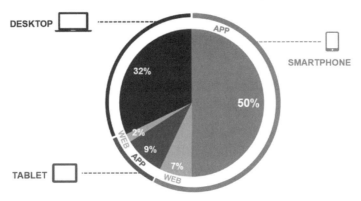

Shopping Indexのデータを見てみます。

2016年第2四半期におけるECサービスの流入経路を調べると、

・スマートフォン：47%
・デスクトップPC：45%
・タブレット：9%

でした。他方、同四半期の注文件数ベースで見ると、

・スマートフォン：27%
・デスクトップPC：61%
・タブレット：13%

という具合になっています。つまり、スマートフォンは現状「たくさん閲覧されるけど、売上にはつながりにくい」と言えます。

このような結果になる一番大きな要因は、スマートフォンのECサイト上で、デスクトップPCと同じ機能が提供されていない、あるいは、提供されているものの（デスクトップ版をそのままスマートフォン版に押し込んでいるため）使いにくい、という

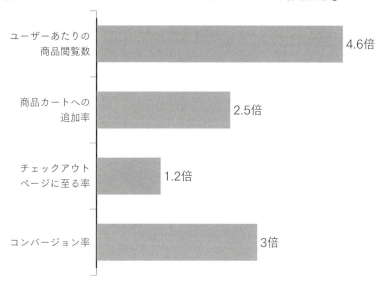

●図2-16：ECサービスにおける「アプリとWebブラウザーの行動比較」（Criteo調べ）

ことが挙げられます。

　スマートフォンは、デスクトップPCに比べて複雑で細かな操作をするのが大変ですから、この辺りをいかに簡単にできるかがポイントです。

　次は、スマートフォンでECサービスを利用する際に、アプリとWebブラウザーで主要なKPI*の数値がどう変わるのかを見ていきます。広告会社Criteoが3300のグローバルECサービスを対象に調査した「The State of Mobile Commerce 2016」によると、図2-16のような傾向があるようです。

- ユーザーあたりの閲覧商品数は、アプリがWebブラウザーの4.6倍
- 商品カートへの追加率は、アプリがWebブラウザーの2.5倍
- チェックアウトページに至る率は、アプリがWebブラウザーの1.2倍
- コンバージョン率は、アプリがWebブラウザーの3倍

用語解説

KPI……Key Performance Indicatorの略。企業経営や事業運営の「目標」に対して、重要な達成指標のことを示す。

このように、すべての指標でアプリが圧勝しています。加えて、ECにおけるスマートフォンアプリのコンバージョン率は、デスクトップPCの1.5倍もあるそうです。

同レポートに載っている「1回あたりの購入額」を見ても、デスクトップPCを100とした場合、

- スマートフォンアプリは127（前年同期は95）
- スマートフォンのWebブラウザーは91（前年同期は98）

という具合に、スマートフォンアプリはデスクトップPCよりも「1回あたりの購入額」が大きなメディアになりました。Criteoのレポートでスマートフォン経由の売上額の割合を見ても、アプリ：Webブラウザー＝54％：46％と、アプリの方が多くなっています。

ポイントをまとめると、以下のようになります。

- スマートフォン利用時に使うメディアは、アプリ：Web＝100：14となっている
- ECにおけるスマートフォン経由の流入が47%になっているのに対して、売上件数は27%。スマートフォンはまだ「効率が悪い」媒体
- スマートフォンでECサービスを利用する際に、アプリとWebブラウザーで主要なKPI を比較すると、全KPIでアプリが圧勝
- 購買単価と売上シェアもアプリがWebを逆転した

ここから言える結論は、「ECでは、とにかくスマートフォンアプリに投資すべし」ということです。ユーザー導線としては、**ディープリンク***などをしっかり利用してアプリへ誘導し、「一見さんはWebで接客、常連さんはアプリで接客」を愚直にやっていくのがいいのではないでしょうか。

用語解説

ディープリンク……スマートフォンアプリの特定コンテンツへ、直接遷移させることのできるWebリンクのこと。

この節のまとめ

- ECビジネスでは「取扱高＝購買単価×購買頻度」で決まる。中でも購買頻度を上げる施策が重要
- 楽天とヤフーは「日用品EC」を抱えることで、Amazonは巨額な投資による「物流改善」で、ユーザーの購買頻度を上げようとしている
- eBayが着手し出した「商品カタログ」の整備や、スマートフォンアプリへの導線強化は、日本のEC事業者も今すぐ行うべき

2-4 競合他社の斜め上を行く Amazonという異端児

この節でわかること

- Amazonの株主向けレターと決算資料から読み取れる、ECの枠に収まらないユニークな経営方針と「3つのフォーカスポイント」
- 莫大な投資を続けるAmazonが、次に育てようとしている事業

「株主へのレター」から読み取るAmazonのフォーカスポイント

Amazonは、もともと書籍専門のECとしてスタートした会社です。ですが、2017年現在、同社は書籍だけではない「総合ECサービス企業」として世界最大規模となり、さらにはクラウド事業や音声アシスタントなど非連続なイノベーションを続ける会社になっています。

なぜ、同社はここまで成長することができたのでしょう。その理由を分析する書籍や記事はたくさん出ています。ただ、実は同社が株主総会で株主向けに出しているレターを読むだけでも、理由の一端を垣間見ることができます。

ここでは、2016年に行われた年次株主総会で、ジェフ・ベゾスCEOが株主に宛てて出したレターの日本語訳を見ながら、Amazonが重視している3つのフォーカスエリアについて説明していきましょう。

最初に紹介するのは、レターの冒頭文です。

今年、Amazonは史上最速で年商$100 Billion（1ドル100円換算で約10兆円）企業になりました。また、今年、Amazon Web Services（AWS）も年商$10 Billion（約1兆円）を達成しましたが、その速度はAmazonが前述の偉業を達成したよりも速いものでした。

クラウド事業のAWSがEC事業よりも速いペースで1兆円の売上に達していたとは、私も知りませんでした。レター紹介を続けます。

ECもAWSも小さな事業として始まり、大きな企業の買収に依存することなく、オーガニックに急成長しました。この2つの事業のうち、一つは消費者向け、もう一つは法人向けなので、全く似ていないように思えます。

実のところ、これら2つのビジネスには関連性があります。社内では、この2つのビジネスはそれほど違いません。両社は、数少ない重要なビジネスの原理を重視し、それらに対する強い信念を持って行動するという独特の組織文化を共有しています。

それは、競合に対してよりも顧客に対する強迫観念、発明や開拓への情熱、失敗を恐れない態度、長期的な計画を立てる忍耐力、優れた経営に対する専門家としての誇りです。そういった見方をすれば、AWSとECは実際には大変似ているのです。

　要は、全く違うように見えるECとAWSのビジネスが、実は非常に似ているのだと説明しています。そして、以下のように続きます。

昨年、多くの目標を達成しました。3つのフォーカスエリアであるプライム、マーケットプレイス、AWSを成長させ、国際化させるために実施した活動の要点を、いくつか共有したいと思います。

　はい、答えが出ました。冒頭で触れた「Amazonのフォーカスエリア」とは、有料会員にさまざまな特典を提供するAmazonプライム事業、それとマーケットプレイス、AWSの3つであるとのことです。

　続いて、それぞれどのようにサービスを進化させて来たのか、その背景にある思想を探ってみましょう。

　最初はAmazonプライムについての説明です。

我々はプライムで提供する価値を上げて、プライム会員にならないことがバカバカしく感じるようにしたいと思っています。

現時点では、プライム対象商品が（アメリカで）3000万商品を超え、世界中の35

の都市で利用可能で、音楽・写真ストレージ・電子書籍レンタル・動画配信も提供されています。
プライムは、会員に愛される「食べ放題」のような物理的なサービスとデジタルサービスを融合したハイブリッドサービスになりました。昨年、会員数は51%も増加し(そのうち、米国内の会員数は47%成長しており、海外ではもっと速く成長しています)、世界中の会員数は1000万人になりました。株主であるあなたが、すでにプライム会員である可能性は高いと思いますが、まだ会員でなければ今すぐプライム会員になってください。

Amazonプライム会員に関して、米の調査会社Statistaは2014年6月18日に「Amazon Prime Members Heavily Outspend Non-Prime Customers」という調査記事を出しています。これによると、プライム会員になったユーザーは、一般のECユーザーよりもたくさん購入してくれるお客さんであるとのことです。

図2-17には、過去90日間に、プライム会員の39%が$200(2万円)以上の買い物をしたのに対し、非会員の26%は$25(2500円)以下だったと記してありま

●図2-17：Amazonプライム会員と、非会員のEC購買率(Statista作成)

※Slide by Statista - CC BY 4.0

す。

　さて、次は二つ目のフォーカスポイントである「マーケットプレイス」についての記述を見ていきましょう。Amazonというと「直販型EC」のイメージが強い（この章の冒頭でもそう説明しました）ですが、特にアメリカでは、かなりの商品が**サードパーティー***の店舗によって出品されています。

　このマーケットプレイスに関して、レターではこう記述しています。

*15年前にマーケットプレイスを始める前に、私たちは**2回大きな挑戦をして、2回とも失敗しました**——AuctionsとzShopsです。ビジョンを変えることなく、失敗から学んだことを活かした結果、現在は**Amazonで販売している商品の50％近くがサードパーティーの出品者**によるものになりました。*

*マーケットプレイスはユニークな商品が追加されるので顧客の選択肢が広がり、売り主にとっても良いサービスです。**Amazonで年間$100 K（1000万円）以上の売上がある出品者たちが7万社以上あり、彼らは60万人以上の雇用を生み出しています**。FBA（Fullfilment by Amazon）を使えば、出品者の在庫商品はプライム対応での販売が可能になるため、商品が速く売れるようになり、会員にとってプライムの価値がもっと高まり、出品者はもっと多くの商品を売れるようになります。*

　個人的に大事だと感じたところを太字にしています。「直販EC」として事業を始めたAmazonが、マーケットプレイス型のECサービスとして現在ほどの規模になるまでには、2つの大きな失敗をしている、とのことです。私はこれも知りませんでした。

　そして、年間1000万円以上の出品者が7万社以上、というのは小さくない数字です。

　なによりも強烈なのが、サードパーティーの出品者であっても、商品をAmazonのフルフィルメントセンター（承認管理＆配送の拠点）に預けて、在庫の管理・配送を委託できる点です。これが意味するのは、サードパーティーの出店

用語解説

サードパーティー……ある企業が構築したビジネスモデルやシステム、プラットフォームに「第三者の立場」で参加する企業や人を表す言葉。

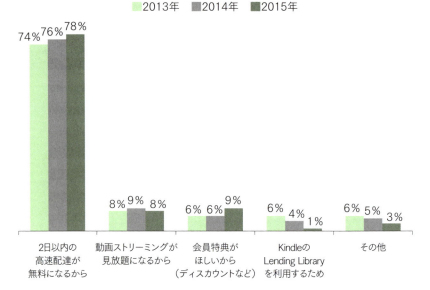

●図2-18：アメリカのAmazonプライム会員が「会員になった理由」(RBC Capital Markets調べ)

商品も、Amazonプライム対応商品にできる、ということ。この在庫管理・配送委託サービスは「Fullfilment by Amazon（FBA）」と呼ばれます。

　なぜこれが強烈なのかというと、プライムユーザーは、プライム会員を対象とした特典がついている商品以外を買いたがらないからです。図2-18のグラフを見てください。

　カナダの投資銀行RBC Capital Marketsの調査では、Amazonプライムに加入した人のうち、78％の人が「プライムに加入したのは、高速配送が無料になるから」と回答しています。いったんこれを経験すると、後戻りできないユーザー体験なのでしょう。さらにレターは続きます。

> 今年は、Seller Fullfilled Primeという新しいプログラムを作りました。プライム並みに速い配送サービスをコンスタントに提供できる出品者に限り、Amazonプライム対象商品とすることにしました。

　要は、Amazonの倉庫に商品を預けなくても、プライム並みのサービスが自

社でできるなら「プライム対応商品」にしてあげます、ということです。以上が物流の話ですが、物流以外に、金融サービスにも参入したと書いてありました。

> 出店者の成長を助けるために、Amazonレンディングプログラムも作りました。このプログラムを開始して以来、合計1500億円の資金を、米国、英国、日本の中小企業に提供し、融資残高は400億円にもなりました。

マーケットプレイスについての説明はここまでにして、最後は三つ目のフォーカスポイントであるAWS＝クラウド事業についての記述を紹介しましょう。

> AWSを始めた当初、大胆で普通じゃない賭けをしていると言われました。「書籍の販売とどんな関係があるのですか？」と言いたかったのでしょう。当時の主な事業だった「書籍販売」にこだわり続けることもできましたが、そうしなくて良かったと思っています。
> 実際、書籍販売からAWSのビジネスに活かしていることはたくさんあります。顧客志向、試行錯誤を繰り返す、ロングタームで考える、そしてオペレーションを重視することなどです。

AWSを始めた頃に「本を売るのとクラウド事業は関係ないだろう」と批判されたことを引き合いに出しながら、「背景にある会社の性質は同じなんだ」と説明しています。そして、その「性質」についての説明が続きます。

> 多くの企業が顧客中心であると言っていますが、有言実行している企業は少ないのです。大抵の大きなテクノロジー企業は、競合を見て経営をしています。他社がしていることを確認してから、急いで追いつこうとします。それに反して、AWSで構築している90〜95％のサービスは、顧客からの要望を受けて構築されています。
> 価格に対するAWSのアプローチも顧客中心文化によるもので、これまで51回も価格を値下げしました。多くの場合、競合からのプレッシャーがなくても値下げしました。

Amazonは競合なんか気にせずに、顧客の方を向いて、顧客の声を聞いてきている、とアピールしています。確かに、AWS＝値下げの印象が強いですが、これも「顧客第一主義」があるからできることだ、という話です。

　そして、レターの最後には「Invention Machine」（発明し続ける会社）という項目があって、ジェフ・ベゾスCEOがAmazonという会社をどんな会社にしていきたいのかを詳しく書いています。

　これも非常に興味深いので、ぜひ読んでみてください。

　　Amazonは、大企業でありながらも、Invention Machine（発明し続ける会社）であり続けたいと思っています。規模が大きいからこそできる高品質な顧客サービスと、スタートアップのような動きの速さ、敏捷性、リスクを厭わない起業家精神を共存させたいと思っています。

　　Amazonにそんなことができるでしょうか？ 私はできると思います。良いスタートを切っています。その目標を可能にする企業文化があると思います。

　　簡単ではないことはわかっています。実際に、業績の良い大企業でさえも引っかかってしまう巧みな罠が仕掛けられているので、その罠に掛からないようにする方法を、企業として学ばなければなりません。大企業にとっての一つの共通する落とし穴（スピードを遅くし、新しいことを始めにくくする落とし穴です）は「汎用型」の意思決定です。

　最後の部分で、「汎用型」の意思決定が良くない、と言っています。詳しくは続きます。

　　意思決定の中には、偶発的で元に戻せない、または、ほぼ元に戻せないものもあります。一方通行のドアのようなものです。そのため、これらの意思決定は熟考して、慎重に、時間をかけて、周囲の忠告を考慮した上で、強い意思を持って下さなければなりません。やってみてその結果に納得できなくても、後戻りすることはできません。これらを「タイプ1の決断」と呼びます。

　　しかし、大抵の決断はそうではありません。後から変更可能で、元に戻せるもので、二方向のドアがついています。最適とは言えない「タイプ2の決断」を下しても、

その結果にいつまでも悩まされなくて済みます。ドアをまた開けて、前の場所に戻ることができるのです。

「タイプ2の決断」は、決断力に優れた個人または小グループによって素早く下すことができ、そうするべきです。

つまり、意思決定には絶対に後戻りができない「タイプ1の決断」と、そうでもない「タイプ2の決断」の2種類があり、後者に関しては現場に権限委任して、スピード感を持って決めていくべきだと書いてあります。失敗したらまたやり直せばいい、ということです。

組織が大きくなると、多くの「タイプ2の決断」事項も含めて、大抵の決断に厳しい「タイプ1」の意思決定プロセスを選ぶ傾向にあるようです。それによって、最終的には進行が遅くなり、思慮に欠けたリスク回避をし、十分実験できずに、発明ができなくなります。

これまではそういったことが起こらないように注意して来ましたが、今後も同じように注意していきたいと思っています。

本当に後戻りができない意思決定というのは、数としてはさほど多くありません。しかし、会社が大きくなると些細な（というと失礼かもしれませんが）意思決定でさえも、二度と後戻りができない意思決定と同じように、慎重に議論されるようになります。それこそが「大企業病」の元凶であり、それを避けていきたいと書いてあります。

巨大でありながら、新しい発明をし続ける会社でありたい、というジェフ・ベゾスCEOのメッセージが非常によく伝わるレターです。

ECとクラウドの「利益率比較」でわかるAmazonの強さ

　さて、Amazonのフォーカスポイントと経営方針を頭に入れた上で、実際に同社の決算を見てみましょう。

　これまでAmazonが決算発表をすると、各種メディアにはよく「減益」や「赤字決算」といった言葉が並んでいました。今回取り上げる2015年10-12月期の決算発表時も、ロイターは「米アマゾンの10-12月期、利益が予想大幅に下回る」（2016年1月29日）と報じています。

　要因として、この前の節で説明した、恒常的に行っている物流改善への巨額投資などが挙げられますが、ここではもう少し突っ込んだ視点で分析していきます。

　分析における最初の切り口は、「AmazonのEC事業とクラウド事業の利益率は一体どのくらいなのか」です。さっそくEC事業から見ていきましょう。

　Amazonが決算で公開しているセグメントはNorth America（北米のEC）、International（北米以外のEC）、AWS（クラウド）の3つで、図2-19の決算スライド

●図2-19：Amazon「北米EC事業」の売上実績（2015年10-12月期決算）

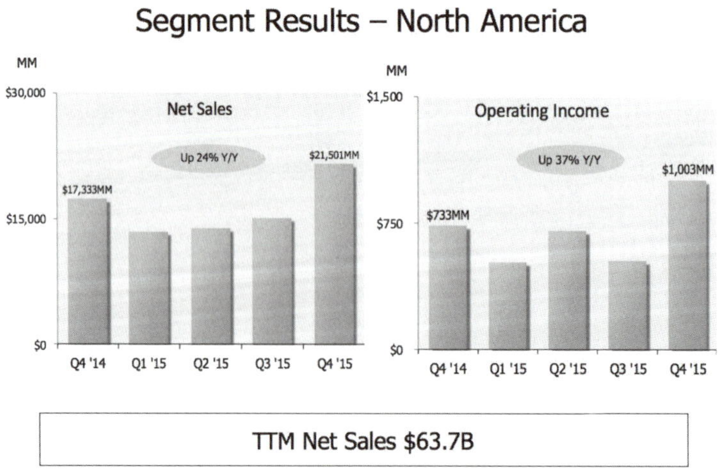

Segment Results – North America

TTM Net Sales $63.7B

は北米のECセグメントのものです。

この四半期の数字を見ると、ネット売上が$21.5 Billion（1ドル100円換算で約2兆1500億円）、営業利益が$1 Billion（約1000億円）、営業利益率は4.66%でした。通年で見ると、ネット売上が$63.7 Billion（約6兆3700億円）、営業利益が$2.8 Billion（約2800億円）で、営業利益率は4.32%です。

この後にクラウド事業の営業利益率と比較するので、EC事業の営業利益率はだいたい「4.5%」と覚えておきましょう。

ということで、次はクラウド事業（AWS）の売上実績を見てみましょう。図2-20が、同四半期のAWSの売上実績です。

この四半期で見ると、ネット売上が$2.4 Billion（約2400億円）、営業利益が$687 Million（約687億円）、営業利益率は29%です。

通年で見ると、売上が$7.9 Billion（約7900億円）、営業利益が$1.86 Billion（約1860億円）で、営業利益率は24%です。

急成長中のクラウド事業なので、利益率は今後上振れする可能性がありますが、この四半期の営業利益率から「25%程度」と覚えておけばいいでしょう。

つまり、

●図2-20：AWSの売上実績（2015年10-12月期決算）

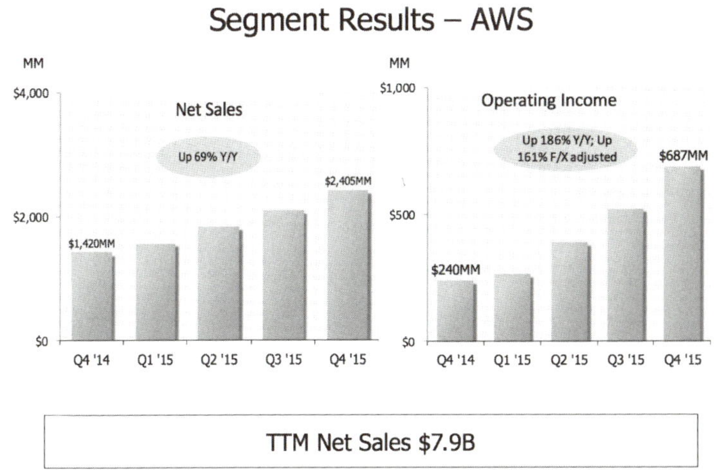

Segment Results – AWS

TTM Net Sales $7.9B

・EC事業：営業利益率は4.5%程度。売上は大きいが、利益率は低い
・クラウド事業：営業利益率は25%程度。利益率はECの6倍くらい

となります。これまで、Amazonと言えばECの会社だと思っていた人が多いように感じますが、この四半期の時点で

・EC事業：営業利益が$1 Billion（約1000億円）で、YoY＋37%
・クラウド事業：営業利益が$687 Million（約687億円）で、YoY＋186%

という数字を見てしまうと、営業利益ベースでは、いずれクラウド事業が（北米の）EC事業を上回ると考えられます。
　実際、後の2016年4-6月期決算を見てみると、

【北米EC】
・売上：$18 Billion（約1兆8000億円）で、YoY＋28%
・営業利益：$702 Million（約702億円）で、YoY＋102%
・営業利益率：4.0%

【クラウド事業】
・売上：$2.9 Billion（約2900億円）で、YoY＋58%
・営業利益：$718 Million（約718億円）で、YoY＋135%
・営業利益率：24.9%

と、営業利益ベースでクラウド事業が北米ECを抜いてしまいました。前述の株主向けレターにあった「Invention Machine（発明し続ける会社）であり続ける」というAmazonの経営方針通りに、後発のクラウド事業がEC事業の成長率を超えたのは、非常に良い結果といえるでしょう。
　では、それでもなお、決算結果によって「減益」や「赤字」といった言葉を使って報道されるのはなぜでしょう。あくまで私の主観では、こうした記事のタイトルはミスリーディングだと思います。YoYで素晴らしい伸び方をしている事業を新

●図2-21：Amazonの決算資料「最初の一枚」（数字は2015年10-12月期のもの）

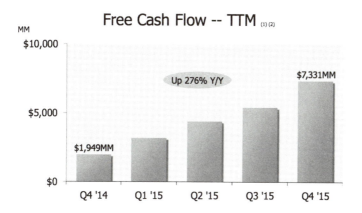

たに作っているという点はもちろん、そもそもAmazonは利益を出すということをゴールにしていないからです。

　そんなことが株式を公開している企業で許されるのか、という気もしますが、Amazonは上場以来、ずっと「利益を出すことをゴールにしない」「利益ではなく**キャッシュフロー***を最大化するのがゴールだ」と言い続けています。

　図2-21のスライドが、その象徴です。これは、同社が決算発表をする時、毎回最初に出てくるグラフです。

　見ればわかるように、スライドの下に「Long Term Goal - Optimize Free Cash Flows」と大きなフォントで書いてあります。「うちは利益ではなくフリーキャッシュフローを最大化しているので、短期的な減益うんぬんで文句を言うな」と言っているわけです。

　Amazonの手掛ける事業は、ECもクラウドもWinner Takes All＝規模の経済

用語解説
キャッシュフロー……企業活動や財務活動によって実際に得られた収入から、外部への支出を差し引いて手元に残る資金。

で勝つビジネスモデルです。ですから生み出したキャッシュフローは物流改善や各種設備、新規事業の立ち上げなどにどんどん投資をして、規模拡大に腐心しています。「だから利益は残りませんよ」ということです。

別の見方をすれば、利益捻出をゴールにはしないけど、「規模の経済」で勝つためにどんどん投資はしたいので、フリーキャッシュフローは重視している、と言えます。

Amazonの2016年4-6月期決算では、このフリーキャッシュフローが直近12カ月で$7.3 Billion（約7300億円）、YoY＋68％と大きく上昇していると発表しています。そうなると、増やし続けているキャッシュフローを次にどう使っていくのかが気になるところです。

Amazon「第4の柱」になるかもしれない新事業

書籍EC→EC＋物流→クラウドと、次々に新市場を開拓してきた同社が、これから開拓しようとしている分野は、おそらく「家庭内音声アシスタント」でしょう。

有名なのは、2014年11月にアメリカで発売されたAmazon Echo（アマゾン・エコー）というプロダクトです。リビングルームに置いておくと、人間が言葉で命令することを聞いてくれます。音楽を流す、インターネット検索をする、ECの注文をする、タクシーを呼ぶ、などができます。

Amazon Echoに搭載されている音声認識機能「Alexa」（アレクサ）は、すでにサードパーティーにも**API***公開しているため、今後はいろんなデバイス経由で実行可能な「命令」がどんどん増えていくでしょう。

米ソフトウェア企業のMindMeldが2016年に行った調査「Intelligent Voice Assistants:User Adoption Survey Results Q1 2016」によると、Alexaを使ったことがある人は2016年の3月時点で4％にも上っているそうです。同調査によると、iPhoneに搭載されているAppleの音声認識機能「Siri」（シリ）は36％で、Googleがテレビ CMなどでさかんと宣伝していた「OK Google」が28％とのこと

用語解説

API……Application Programming Interfaceの略。ソフトウェアコンポーネントが互いにやりとりをする際に使用するインタフェースの仕様のこと。

ですから、もう10分の1以上のシェアを獲得していることになります。

　スマートフォンはアメリカではほぼ全員が持っているレベルまで普及している点、Amazon Echoが（この本を執筆している2017年6月時点で）発売から2年半くらいしかたっていないことを考えると、「4%」という数字は非常に大きい数字だと考えられます。家庭内音声アシスタント市場がどこまで大きくなるのか、そして次のクラウド事業のようにAmazonを支える事業になるのか、ぜひ注目していきましょう。

　ちなみに、ジェフ・ベゾスCEOによると、Amazon EchoはAmazonにおける4つ目の「pillar product」（柱になるプロダクト）だそうです。こう言われると期待大ですね！

この節のまとめ

- 2016年時点で、Amazonのフォーカスポイントは「Amazonプライム事業」「マーケットプレイス」「AWS」の3つ

- Amazonの経営は、売上や営業利益の最大化ではなく、フリーキャッシュフローの最大化を目指しており、稼いだキャッシュフローを積極的に再投資することで「規模の経済で勝つビジネス」を展開している

- ジェフ・ベゾスCEOがAmazon第4の柱に据えようとしているのが、家庭内音声アシスタント事業

第3章

FinTechビジネス
の決算

新たなテクノロジーはビジネスを
どう変えているのか

テクノロジーの進化は、これまでもさまざまな業界のビジネスプロセスを
変えてきましたが、近年盛り上がっているのがFinTechビジネスです。
この分野にはどんなビジネスがあり、どう収益を上げているのでしょう。
この章では、FinTechビジネスの決算を通じて各社の戦略を見ていきます。

- FinTechビジネスで押さえておきたい方程式

  公式は複数あり。収益の源泉が
  「フローかストックか」をチェック

- FinTechビジネスの決算を読み解く3Step

  【1】各サービスが何で収益を上げるモデルかを確認
  【2】ビジネスモデルごとに使われる「公式」をチェック
  【3】公式にあてはめる指標を決算からピックアップ

3-1 FinTechビジネスの決算を読むコツ

FinTech(フィンテック)とは、FinanceとTechnologyをかけ合わせた造語です。従って、ベースは古くからある金融ビジネスが提供してきたさまざまな「機能」を、最新のテクノロジーで改善・刷新するというニュアンスが含まれています。

読者の中には「FinTech?何それ?」と構えてしまう方もいるかもしれませんが、基本的なビジネスモデルは、皆さんが日々接している金融ビジネスとその派生型に過ぎません。

はじめに知っておきたいFinTechビジネスの分類

とはいえ、ある程度はビジネス構造を把握していないと、いざ決算を読んでも何が重要な指標なのかがわからないままで終わってしまいます。そこで、私なりにFinTechのビジネスモデルを分類しておきます。

元になる金融ビジネスがそうであるように、この分野には非常に数多くのビジネスが存在しています。本書はFinTechの解説本ではないので、それらを網羅的にカバーすることを目的とはしませんが、専門誌『日経FinTech』では下のような分類をしているそうです(2017年6月時点の情報)。

●FinTechビジネスの「ジャンルカテゴリー」(日経FinTech参照)

新銀行　証券　保険　決済・決済代行　送金　融資　信用評価(スコアリング)
ブロックチェーン　仮想通貨・電子マネー　ロボ・アドバイザー　AI(人工知能)
ビッグデータ解析　認証　セキュリティ　CLO(Card Linked Offer)　クラウド会計
バックオフィス最適化ツール　PFM(個人資産管理)　クラウドファンディング
ソーシャルレンディング　メディア・コンサルティング　UI・UX　その他

一目するだけで多種多様にあることがわかります。しかし、前述したように、FinTechビジネスが提供する「機能」は我々がすでに接しているものばかりです。主要な機能は、以下の4つに分類できるのではないでしょうか。

1. お金を預かる機能（銀行）＝預かったお金を運用して稼ぐ
2. お金を貸す機能（ローンやクレジットカード）＝金利で稼ぐ
3. 決済・送金をする機能＝手数料で稼ぐ
4. ソフトウェア・SaaS*（会計ソフトなど）＝ソフトウェア代金で稼ぐ

例えば、銀行は預金者からお金を預かり、そのお金を企業などに貸し出して金利を得ています。さらに送金・ATM出金などで手数料も徴収している、という具合に、1、2、3を組み合わせて事業を運営しています。

また、銀行の例のように、FinTechビジネスでは法人向けと個人向け両方のビジネスを組み合わせているケースも少なくありません。

FinTechビジネスで重要な指標

このように、FinTechのビジネスモデルは多岐にわたるため、他の章のようにわかりやすい一つの方程式で決算の重要指標を把握できるわけではありません。

それでも、ヒントはあります。

FinTechビジネスの決算を読み解く上で大事なことは、収益が「ストック」によって得られるものなのか、それとも「フロー」によって得られるものなのかを理解することです。

例えば、「1. お金を預かる機能」を提供するビジネスは、単純化すると

売上収益＝預金残高×金利

用語解説

SaaS……Software as a Serviceの略で、主にインターネットを介して「必要な時に必要な分だけ利用できる」ようにしたソフトウェアのサービス提供形態。

という公式が成立します。この場合は、預金残高という「ストック」が重要指標になります。

「2. お金を貸す機能」を提供するビジネスも同じく、単純化して考えると、

売上収益＝貸付残高×金利

となります。この場合も、貸付残高という「ストック」が非常に重要な指標になります。

他方、「3. 決済・送金をする機能」を提供するビジネスでは、

売上収益＝取扱高×手数料パーセント

となりますので、今度は取扱高という「フロー」が売上収益に影響します。こうして「ストック」と「フロー」のどちらで稼ぐビジネスなのかを把握することが、決算分析の最初の入り口になります。

本章では、はじめにFinTechビジネスを4つ、具体的に紹介するとともに、それぞれのビジネスの収益性を比較・分析していきます。

次に、スマートフォンの普及によって劇的に進化を遂げている決済・送金ビジネスについて、先進企業の決算を読みながら、事業の仕組みを紹介します。

そして最後は、ECビジネスとFinTechと融合例を分析しながら、EC以外の既存産業でも多角化戦略を目的にFinTechを活用できるのかを考察していきます。

第3章　FinTechビジネスの決算　071

3-2 FinTechビジネス「4つのモデル」と収益性

この節でわかること

● クレジットカード、個人間送金、店舗決済端末、金貸しマーケットプレイス それぞれのビジネスにおける収益性＝テイクレートはどれくらい？

● クレジットカードビジネスの中で、最も収益性が高い事業は何か？決算のど こを見ればわかるのか？

● FinTechビジネスにおいて、「トランザクション」機能と「金貸し」機能では、 どちらの収益性が高いのか？

クレジットカードビジネスの収益性はどれくらい？

「FinTechの意味はわかったけれど、具体的なビジネスを知りたい」という読 者の方も多いのではないでしょうか。この節では、

・クレジットカードビジネス
・個人間送金ビジネス
・店舗決済端末ビジネス
・金貸しマーケットプレイスビジネス

の4つを例にとって、その収益性を分析していきます。

最初に紹介するのは、FinTechの中でもおそらく最も多くの方々になじみのある、 クレジットカードビジネスです。

クレジットカード会社がどのようにして収益を上げているのか？を説明するにあ たって、三菱UFJニコスの決算資料が非常にわかりやすかったので、まずは図 3-1を見てください。

クレジットカード部門の事業として、大きく分けて「カードショッピング」と「カー ドキャッシング」の2つがあると記してあります。

●図3-1：三菱UFJニコスの主なビジネスと手数料率（2015年4月1日〜2016年3月31日）

(4) 提出会社の主な手数料等の状況

部門	区分			料率		
				前事業年度 （平成27年3月31日現在）		当事業年度 （平成28年3月31日現在）
クレジットカード	カードショッピング	会員手数料	分割払	割賦対象額の 2.04%（3回払） 〜16.32%（24回払） 実質年率 12.25%〜15.00%	分割払	同左
			リボルビング払	実質年率 15.00%	リボルビング払	同左
		加盟店手数料		クレジット対象額の 2.50%〜6.00%		同左
	カードキャッシング	利息	1回払	実質年率 14.94%〜17.95%	1回払	同左
			リボルビング払	実質年率 14.94%〜18.00%	リボルビング払	同左
ファイナンス	消費者ローン	利息	無担保	実質年率 4.50%〜17.60%	無担保	同左
信用保証	消費者ローン保証	保証料	無担保	実質年率 1.40%〜9.00%	無担保	同左

(注) 上記手数料、保証料および利息は主要なものについて記載しており、提携先との契約内容または種類により、
上記手数料等と異なる場合があります。

　カードショッピング事業はさらに「会員手数料」と「加盟店手数料」の2つに分かれています。会員手数料は、会員の年会費だけではなく、分割払いやリボ払いの手数料が主な収益源です。加盟店手数料は、加盟店にクレジットカードリーダーを設置している場合、そこで発生した決済の数パーセントを手数料として取っています。

　続くカードキャッシング事業とは、短期でお金を貸す事業です。こちらも、貸したお金に対して利息を徴収することで収益を得ています。図3-1には、他にも「ファイナンス」と呼ばれる消費者ローンや「信用保証」といった事業も行っていると記してあります。

　ここから読み取れるのは、クレジットカード会社の主要な事業とは、取扱高のうち数パーセントを「手数料」もしくは「利息」として徴収するものであり、

売上収益＝取扱高×手数料パーセント

の公式が成り立つ、ということです。

　このビジネスモデルの場合、大事なのは「取扱高」すなわちフローを増やすことだと前述しましたが、今回は取扱高が100あった場合、売上（営業収益）に対してどのくらいの営業利益になるかという「テイクレート」を見てみます。

テイクレートについてはECビジネスでも取り上げたので、2章を読んでくださった皆さんには理解してもらいやすいのではないでしょうか。

改めてテイクレートの計算式を記しておくと、

テイクレート＝営業収益（売上）÷取扱高

です。金融業界の決算では、「売上」のことを「営業収益」と表記することが多いので、ここでは「営業収益」という言葉で統一しますが、営業収益とは（ネット）売上のことです。

では、さっそくクレジットカード各社の取扱高と営業収益を見ていきましょう。楽天の2016年10-12月期決算資料には、2016年、クレジットカードのショッピング取扱高が多かったカード会社TOP5が載っていました。以下がその順位です。

1位. 三菱UFJニコス
2位. 三井住友カード
3位. 楽天カード
4位. クレディセゾン
5位. イオンフィナンシャルサービス

このうち、決算が公開されていない三井住友カードを除く、三菱UFJニコス、楽天カード、クレディセゾンの3社の決算を比較していきます。

1位の三菱UFJニコスは、公開されている決算資料が四半期ではなく1年分となるので、そのデータを基に分析をしていきます（同社の有価証券報告書 2015年4月1日〜2016年3月31日を参照）。

【三菱UFJニコス】
・カードショッピングの取扱高：約9兆4000億円
・カードショッピングの営業収益：約1832億円
・カードキャッシングの取扱高：約1839億円

・カードキャッシングの営業利益：約277億円

　次は楽天カードの数字を紹介します。これから紹介する数字は、楽天の2016年10-12月期決算から引用しています。三菱UFJニコスと違って、四半期の数字になるのでご注意ください。

【楽天カード】
・カードショッピングの取扱高：約1兆3850億円
・カードショッピングの営業収益：約237億円
・カードキャッシングの取扱高：約343億円
・カードキャッシングの営業収益：約38億円

　最後はクレディセゾンです。同社の2017年3月期第3四半期(2016年4月〜12月)決算から引用しており、同社も四半期の数字ではなく、2016年4月〜12月の9カ月分となっています。

【クレディセゾン】
・カードショッピングの取扱高：約3兆3600億円
・カードショッピングの営業収益：931億円
・カードキャッシングの取扱高：1930億円
・カードキャッシングの営業収益：251億円

　3社の決算から必要な数字を調べたところで、今度はテイクレートを割り出して比較してみましょう。3社それぞれ、決算で開示している数字の「期間」が違っていたので、それらをすべて「四半期」に換算し直してテイクレートを算出してみました。その結果が図3-2になります。
　この表からわかるのは、こんなことでしょう。

・クレジットカードビジネスのテイクレートは2.6%〜3.3%の間
・この決算時期でテイクレートが一番低いのは楽天カードで、最も高いテイク

●図3-2：三菱UFJニコス・楽天カード・クレディセゾンのテイクレート試算

		取扱高	売上収益	テイクレート%
三菱UFJニコス（2015年4月〜2016年3月を4分割）	カードショッピング	2兆3610億円	457億9300万円	1.94%
	カードキャッシング	459億7200万円	69億3500万円	15.08%
	取扱高合計	2兆4099億円	675億4400万円	2.80%
楽天カード（2016年10〜2016年12月）	カードショッピング	1兆3850億円	237億2800万円	1.71%
	カードキャッシング	342億8600万円	37億8300万円	11.03%
	取扱高合計	1兆4280億円	377億1800万円	2.64%
クレディセゾン（2016年4月〜2016年12月を3分割）	カードショッピング	1兆1191億円	310億3800万円	2.77%
	カードキャッシング	643億2400万円	83億1700万円	13.01%
	カード事業計	1兆1834億円	394億900万円	3.33%

レートなのはクレディセゾン

- カードショッピング事業とカードキャッシング事業のテイクレートは、非常に大きな差がある

　テイクレートが明らかになったので、改めてクレジットカードビジネスの重要指標を説明しておきます。これを説明するにあたり、クレディセゾンの決算説明資料にあったスライドがとてもわかりやすかったので、図3-3としてそのまま掲載します。

　上から順に項目を見ていくと、何がどうなって収益を上げているのかがわかるでしょう。

　クレジットカードビジネスは基本的には会員ビジネスであるため、一番上に新規開拓枚数、新規発行枚数といった指標が出てきます。次に、これらを合計した総会員数と稼働会員数＝アクティブな会員数がきます。

　そして取扱高。ショッピング事業とキャッシング事業の2つに分けて説明して

●図3-3：クレディセゾンの主要指標（2017年3月期第3四半期決算）

◆ 主要指標（単体）／ Main Indices（Non-Consolidated）

（　）前年同期比

	第3四半期実績	年間計画
新規開拓枚数	241万枚（97%）	340万枚（103%）
新規発行枚数	195万枚（100%）	270万枚（103%）
総 会 員 数	2,623万人〈前期末差＋62万人〉	2,692万人〈前期末+131万人〉
稼 動 会 員 数	1,479万人〈前期末差+2万人〉	1,572万人〈前期末+95万人〉
取 扱 高	3兆5,504億円（105%）	4兆8,310億円（107%）
内）ショッピング	3兆3,575億円（105%）	4兆5,730億円（107%）
内）キャッシング	1,929億円（95%）	2,580億円（96%）
ショッピングリボ残高	3,736億円（113%）	3,700億円（109%）
キャッシング残高	2,139億円（99%）	2,185億円（101%）

います。最後に、収益の元になるショッピングのリボ残高と、キャッシング残高の2つがあります。

　つまり、クレジットカードビジネスで最も収益を生んでいるのは「リボ払い」や「キャッシング」といった短期でお金を貸す事業だということです。これは、先ほど算出したテイクレートの比較を見ても明らかです。

　ユーザーがクレジットカードを使って買い物をして、期限までに代金を支払ってくれる場合、カード会社にとってはあまり良い商売にはなりません。加盟店から手数料は入ってきますが、すべての店舗が加盟店であるとは限りません。

一方で、ユーザーがクレジットカードで買い物をし、その買い物代金をリボ払いにする場合、支払いを遅らせた分だけカード会社がユーザーに非常に高い利息でお金を貸していることになります。

キャッシングも同じ仕組みで、短い期間ではありますが非常に高い利息でお金を貸すというビジネスです。「リボ払い」や「キャッシング」では、法定利息ギリギリまで高い利息でお金を貸すことができるため、貸し倒れリスクを十分管理できている範囲においては非常に収益性が高くなるのです。

個人間送金、店舗決済端末、
金貸しマーケットプレイスの収益性は？

続いて、

- 個人間送金ビジネス
- 店舗決済端末ビジネス
- 金貸しマーケットプレイスビジネス

の3つについても、それぞれの収益性を分析してみましょう。

具体的には、個人間送金ビジネスの先駆者となった決済プラットフォームのPayPal（ペイパル）、同じく店舗決済端末の先駆者であるSquare（スクエア）、金貸しマーケットプレイスを運営するLendingClub（レンディング・クラブ）の3社を、それぞれのビジネスの代表格としてテイクレートを比較していきます（なお、PayPalとSquareに関しては、次の節で個別に決算を分析します）。

まずは、3社の決算からテイクレートを算出するのに必要な数字である

テイクレート＝営業収益（売上）÷取扱高

を確認しましょう。はじめにPayPalの2016年10-12月期決算を見ると、

【PayPal】
・取扱高：$99 Billion（1ドル100円換算で約9兆9000億円）／YoY＋25%
・売上：$3 Billion（約3000億円）／YoY＋19%

となっており、YoY（対前年度比）では非常に好調でした。

アクティブなアカウント数は1億9700万アカウントでYoY＋10%、1アカウントあたりのトランザクション数も四半期あたり31回でYoY＋13%となっています。

PayPalに関しては、決算資料の中にテイクレートが記載されたスライドがあるので、図3-4をご覧ください。このスライドによると、トータルでのテイクレートは3%、純粋にトランザクションの部分だけで見ると2.6%という結果になっています。

時系列で見るとテイクレートが四半期ごとに下がっていますが、これはおそらく「手数料を取らない個人間送金」がどんどん増えているからでしょう。図3-4の中段に書いてある「Total Payment Volume」を見ると、YoY＋20%台の成長を続けていることがわかります。

また、この期の決算の別スライドの中には

Venmo volume up 126% to $5.6B in the quarter

という記載もありました。

「Venmo」（ベンモ）とは、2013年にPayPal傘下に入った「銀行口座と直結した個人間送金サービス」で、速いスピードで成長しています。規模としてもPayPal全体の取扱高のうち5%以上を占めるくらいまで大きくなっているのですが、まだ手数料を徴収する形での決済サービスをほぼ提供していないため、PayPal全体で見るとテイクレートが下がるのだと考えられます。

次は店舗決済端末ビジネスの代表としてSquareのテイクレートを計算していきます。Squareの2016年10-12月期決算によると、

【Square】
・取扱高：$13.7 Billion（約1兆3700億円）／YoY＋34%

第3章　FinTechビジネスの決算　079

●図3-4：PayPalのテイクレート（下から4〜5行目／2016年10-12月期決算）

PayPal Metrics

(in millions, except %)	Q3 15	Q4 15	Q1 16	Q2 16	Q3 16	Q4 16
Active Customer Accounts [1]	173	179	184	188	192	197
Y/Y Growth	10%	11%	11%	11%	11%	10%
Number of Payment Transactions [1]	1,216	1,428	1,414	1,448	1,512	1,755
Y/Y Growth	25%	25%	26%	25%	24%	23%
Total Payment Volume [1]	69,738	81,523	81,056	86,208	87,403	99,348
Y/Y Growth	20%	23%	29%	28%	25%	22%
FXN Y/Y Growth	27%	29%	31%	29%	28%	25%
US TPV	38,570	44,320	44,453	46,848	48,380	54,719
Y/Y Growth	28%	29%	30%	27%	25%	23%
International TPV	31,168	37,203	36,603	39,360	39,023	44,629
Y/Y Growth	11%	17%	27%	29%	25%	20%
FXN Y/Y Growth	25%	28%	32%	31%	30%	27%
Total Take Rate [1]	3.24%	3.14%	3.14%	3.07%	3.05%	3.00%
Transaction Take Rate [1]	2.84%	2.77%	2.76%	2.69%	2.65%	2.63%
Transaction Expense Rate [1]	0.93%	0.92%	0.93%	0.94%	0.95%	0.96%
Transaction and Loan Loss Rate [1]	0.29%	0.30%	0.31%	0.30%	0.31%	0.31%
Transaction Margin [1]	62.3%	61.1%	60.4%	59.8%	58.7%	57.7%

- CBT was 21% of TPV in the quarter
- 54% of active accounts are outside the US
- Average Payment Volume (APV) was $57, flat year over year
- Transaction take rate down ~14 bps, driven primarily by P2P growth (including Venmo)
- PayPal Credit loans receivable of $5.1B and PayPal Working Capital advances of $0.6B as of December 31, 2016

[1] Definition included in Supplemental Information.

P PayPal

15

・売上：$452 Million（約452億円）／YoY＋21%

という結果でした。従って、テイクレートは3.3%となります。

SquareのWebサイトによれば、店舗での通常決済だと手数料はアメリカで2.75%となっています（2017年6月時点）。これに加えて、即日入金のサービスを1%の追加手数料を取ることで提供していますので、自然体でこのテイクレートというのはリーズナブルな範囲だと考えられます。

最後は金貸しマーケットプレイスのLendingClubです。これは、「お金を貸したい人」と「お金を借りたい人」をオンライン上でマッチングするサービスになります。従来は銀行などの金融機関にお金を借りに行くのが一般的でしたが、このようにお金の貸し借りにも新しい仕組みが出現しています。最近流行っている**マイクロファイナンス***の仕組みにも近いといえます。

用語解説

マイクロファイナンス……主に貧困層に向けて、小口の融資や貯蓄、保険などの金融サービスを提供するビジネス。

LendingClubの決算資料では、サービスの特徴をこう説明しています。

【従来型の金融機関】
支店を持つ必要があったり、顧客獲得のコストが大きかったり、その他サービスの費用が大きく、取扱高の5〜7%が費用としてかかっていた

【LendingClub】
ビックデータとテクノロジーを用いてこれらのコストを大幅に削減し、取扱高の2〜3%程度のコストでお金を稼ぐ

同社の2016年10-12月期決算を見ると、テイクレートに関する数字は以下となります。

【LendingClub】
・取扱高：四半期当たり$2 Billion（約2000億円）
　　　　　年間$8.665 Billion（約8665億円）
・売上：四半期当たり$129 Million（約129億円）
　　　　　年間$495.5Million（約495億5000万円）

ここからテイクレートを計算すると、四半期で6.5%、年間では5.7%となります。
主にトランザクションビジネスであるPayPalとSquareのテイクレートは2%台後半〜3%台でしたので、お金を貸すビジネスはトランザクション型に比べて圧倒的に収益性が高い、ということがおわかりいただけるでしょう。
クレジットカードビジネスのテイクレートを分析した前の記事でも、「最も収益性が高いのは『リボ払い』や『キャッシング』といった短期でお金を貸す事業」と書きましたが、同じような結果が出た形です。
ただし、金貸しビジネスがそんなに良い話ばかりではないということも付け加えておきます。その証拠の一つが、LendingClubの決算に如実に表れていたので、図3-5で紹介しましょう。
見ると、2016年の第2四半期以降、取扱高が大きく減っています。

●図3-5：LendingClubの取扱高推移（2016年10-12月期決算）

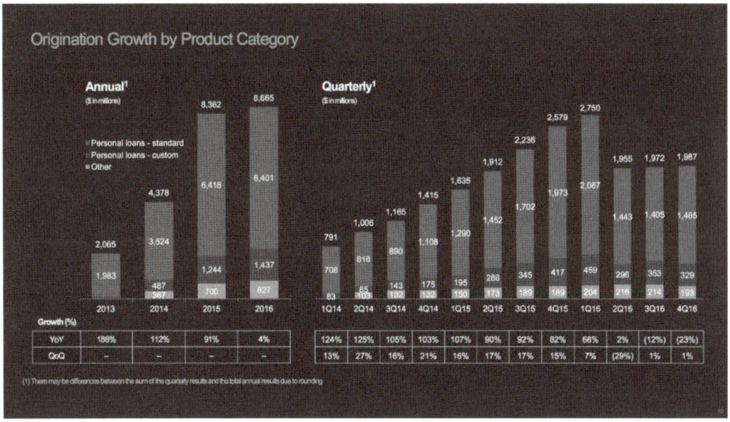

理由は、このタイミングでCEOを含む経営陣が辞任するという大きなトラブルがあったからです。

米メディアのTIMEが2016年6月13日に掲載した記事「Lending Club's CEO Has Left and Its Stock Has Plunged. Should Lenders Bail Out?」には、

This spring Lending Club sold a number of loans to Jefferies, an investment bank, which planned to package them into bonds and sell them on to other investors. Like the individual lenders who use the site, Jefferies specified the types of loans it was willing to buy. But $22 million of the loans didn't meet the criteria Jefferies asked for

〜中略〜

After all, if the company is willing to sell mislabeled goods to one its largest and most sophisticated clients, why should Joe Investor assume he'll be treated any better? "It brings up issues of trust," says Michael Tarkan, a stock analyst that follows the company.

とあります。債券を投資家に対して販売する際に、投資家が要求する条件に満たさない債券まで嘘をついて販売してしまった、とのことです。それも、債券

を販売した相手が非常に大きな投資家であったため、この嘘がばれて大きな問題になった、という次第です。

　サービスの規模が小さなうちは、「銀行などが見向きもしないけれど優良な借り手」にだけお金を貸していればいいので、非常に儲かります。しかし、サービスが大きくなってきて、ましてや会社が公開企業になると、当然ながら成長スピードを要求されます。そうなると、このように危ない取引をするケースも出てくる可能性がある、ということです。

この節のまとめ

- テイクレート（営業収益÷取扱高で算出）を比較すると、
  - クレジットカードビジネスは2.6〜3.3%
  - 個人間送金ビジネス（PayPal）は2.6〜3%
  - 店舗決済端末ビジネス（Square）は3.3%
  - 金貸しマーケットプレイスビジネス（LendingClub）は5.7〜6.5%
- クレジットカードビジネスの中で最も収益性が高い事業は、「リボ払い」や「キャッシング」といった短期でお金を貸す事業である
- 一般的に「トランザクション」機能より「金貸し」機能の方がテイクレートは大きくなるが、その分リスクも大きい

第3章　FinTechビジネスの決算　083

3-3 SquareとPayPalに見る スマホ時代の決済・送金ビジネス

この節でわかること

- スマートフォンの普及によって盛り上がりを見せる「デジタル決済」の将来性
- 店舗決済端末の新しい形を生み出したSquareの決算情報と、好調なビジネスを支える3つの要因とは？
- 個人間送金サービスのPayPalが「決算プラットフォーム」に進化できた理由と、どう収益を上げているのか？

「デジタル決済」の利用動向を読み解いたら、 普及の鍵が見えてきた

今、アメリカでは、AppleがiPhoneに搭載しているApple Payがすさまじい勢いで普及し始めています。現在はiPhoneだけではなく、Googleが提供するAndroid OS搭載端末でも、Android PayというApple Payとよく似た電子マネーが利用できるようになっています。

日本でも、JR東日本の交通系ICカードSuica（スイカ）がApple Payでも利用できるようになった、プリペイド型電子マネーの楽天Edy（エディ）がAndroid Payでも利用できるようになった、というニュースを見聞きした方は多いのではないでしょうか。

スマートフォンが誕生する前から「おサイフケータイ」などの決済サービスが普及していた日本にいるとあまり実感がないかもしれませんが、アメリカを含む他の国では、スマートフォンの普及によって決済・送金のあり方が根本から変わりつつあるのです。

では、「スマホ決済」がメジャーになっていく時流の中で、Apple PayやAndroid Payは日本でどの程度普及していくのでしょう。アメリカにおけるデジタル決済の市場動向を取り上げながら考察していきます。

その前に、日本における電子マネーの普及状況を見ていきましょう。現在、

日本で使われている電子マネーは、前払い式と後払い式の2つに分類できます。

前払い式の電子マネーは、上述したSuicaや楽天Edyの他、イオンリテールが発行しているWAON(ワオン)などがメジャーです。後払い式の電子マネーは、NTTドコモが発行しているiD(アイディー)が最もメジャーといえるでしょう。

古いデータになりますが、日経MJによる2013年3月13日付の調査によると、電子マネーの発行枚数は累計で1億枚を超えています。利用可能店舗数を単純に累計すると、100万店舗程度といったところです。

続いて、アメリカにおけるApple Payの普及状況を見ていきます。米IT関連メディアのTHE VERGEが2016年12月6日に掲載した「35 percent of US merchants accept Apple Pay」という記事には、以下のような説明がありました。日本語訳を紹介します。

Apple is making the case that Apple Pay has bigger and broader adoption than it's getting credit for. Jennifer Bailey, who leads Apple Pay, spoke today at the Code Commerce conference in San Fransisco and said that in the span of just two years Apple has managed to move from four to 35 percent of retailers (or 4 million locations) supporting Apple Pay in the US. Apple is also targeting big retailers for the next year, including GAP, to increase that growth.

(日本語訳)

Apple Payはちまたでの評価よりも大規模かつ広範囲に普及している。Apple Payを率いるジェニファー・ベイリー氏は今日、サンフランシスコのCode Commerce会議で講演し、わずか2年でAppleがアメリカ国内でApple Payを利用できる小売り業者を4%から35%へ(そして400万もの店舗へ)と拡大したと発表した。Appleはこの成長を推進するため、GAPを含む大型小売り業への導入を翌年のターゲットにしている。

アメリカでは2014年にサービス提供が始まったApple Payですが(日本では2016年10月から)、すでに全米の35%の店舗、約400万店舗で利用できるという状況になっています。対応店舗数だけで見れば、日本の電子マネーを超えて

いるという普及スピードです。

　これだけ速いスピードで普及した理由は、一体どこにあるのでしょう。Apple PayやAndroid Payの場合、新たにカードや端末を発行するというよりは、既存のクレジットカードの仕組みをシームレスに入れ込んでいる、という印象を強く持ちます。エンドユーザーは、現在利用中のクレジットカードをそのままスマートフォンに登録するだけで利用を開始することができるからです。

　つまり、既存のクレジットカード会社が提供しているサービスやリワードポイントの仕組みが、そのまま継続して使えることになります。この「新たにカードを発行しない作戦」は、普及スピードの点では非常に重要だったと考えられます。

　店舗側から見ても、既存のクレジットカード端末を置き換える際にApple Pay、Android Pay対応の端末を導入するだけでよいという利点があります。さらにこの点で、Apple PayやAndroid Payにとっての追い風となったのは、クレジットカードのセキュリティ問題です。

　2014年頃から、クレジットカードへのセキュリティチップ導入が始まりました。これによって、店舗側もセキュリティチップ対応の決済端末に置き換える必要が出てきました。

　この置き換えのタイミングで、多くの店舗が Apple PayやAndroid Pay対応の端末を導入したというのが、一つのターニングポイントになったと考えられます。

　とはいえ、「店舗に普及しただけで、実際には使われていないのではないか？」と勘ぐる読者もいるでしょう。そこで、アメリカの小売りにおける決済方法を調べた別のデータも紹介します。

　コンサルティング企業のアクセンチュアが作成した「2015 North America Consumer Digital Payments Survey」というレポートには、「普段どのような支払い方法を使っているか？」をアンケートで調査した結果が載っています。図3-6のグラフがそれです。

　左側が「従来型の決済方法」で、右側が電子マネーを含めた「デジタル決済」の項目になっています。

　従来の支払い方法の中では、デビットカードとクレジットカードが現金に次ぐ位置に来ています。これらの割合が非常に高いというのがアメリカの特徴です。

　次に図3-6・右側のデジタル決済を見ると、Apple PayとGoogleウォレット

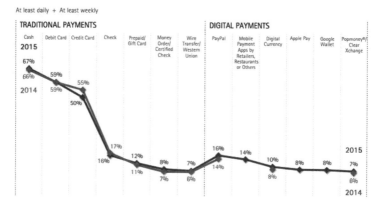

(Android Payよりも前に存在していたGoogleのデジタル決済サービスで、一部機能はAndroid Payと重複)がそれぞれ8%ずつ使われているとあります。

　アメリカで最も普及しているデジタル決済はPayPalですが、そのPayPalの利用率が16%なので、Apple PayやGoogleウォレットはすでにPayPalの半分も使われている計算になります。これは非常に高い数字です。

　ちなみに、図3-6の真ん中あたりに「Mobile Payment Apps by Retailers, Restaurants or Others」という項目がありますが、これは、例えばスターバックスのアプリを使ってスターバックスの店舗で支払いをする、といった行動を示しています。アメリカの大手小売り企業は、こうやって独自にオフライン決済アプリを提供しているところも少なくありません。

　続いて、「2020年にどのような決済を使っていると想像しますか？」という未来に関する質問をした結果が図3-7です。

　ご覧いただければわかる通り、従来型の決済方法(グラフの左側)は減少し、デジタル決済(同右側)が増えています。そして、Apple Pay、Googleウォレット共に大きく伸びるであろうとユーザー自身が回答しています。

　「どんな機能があればもっとApple PayやGoogleウォレットを使うようになりま

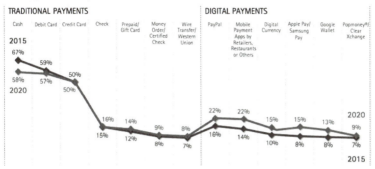

●図3-7：アメリカにおける「将来の支払い手段」(アクセンチュア調べ)

すか？」という質問に対して多く寄せられた回答は、「スマートフォンでの決済実績に基づく割引やクーポンがあったら」(54%)や、「スマートフォンにポイントや特典チケットがたまって特典がもらえたら」(53%)でした。割引やクーポンが提供されるのがインセンティブになるようです。

「スマホ決済」のさらなる普及に向けた鍵は、この辺りにあるのでしょう。

店舗決済端末ビジネスの雄Squareを支える「3つの差別化要因」

次は、デジタル決済のパイオニアであるSquareを取り上げます。

前の節でも説明しましたが、Squareは店舗向けの決済端末を提供している会社です。店舗は同社が開発した小型のカードリーダー型決済端末を購入し、スマートフォンやタブレットに接続するだけで、難しい設定をしなくても月額費無料でクレジットカード決済ができるようになります。

最近はApple Payのような電子マネーに対応する端末や、消費税の軽減税率に対応したPOS機能がついた「Squareレジ」なども提供しています。

ご存知の方も多いと思いますが、SquareのCEOはSNS大手のTwitter(ツイッ

ター)と同じくジャック・ドーシーです。現在、非常に苦しい状況にあるTwitterと比べて、Squareは絶好調です。ここでは、同社の2016年7-9月期決算をサンプルにして、なぜデジタル決済のマーケットで大きく成長することができたのかを分析していきます。

さっそく、取扱高や売上収益(図3-8)を見てみましょう。

GPV(Gross Payment Volume＝取扱高)はYoY＋39%で$13 Billion(1ドル100円換算で約1兆3000億円)を超えています。売上はYoY＋32%増の$439 Million(約439億円)で、営業利益はマイナス$32 Million(－約32億円)となっています。

営業利益こそマイナスになっていますが、「決済・送金をする機能」を提供するFinTechビジネスでは

売上収益＝取扱高×手数料パーセント

という公式が成り立ち、取扱高という「フロー」が重要になると冒頭で説明しました。これを踏まえると、四半期当たり1兆円を超える取扱高を誇りながら、YoYで約40%近い成長を続けているのは、非常に順調な証拠と言えるでしょう。

事実、この四半期の**EBITDA***を見ると黒字に転換しており、四半期あたり$12 Million(約12億円)のプラスとなっています。

この成長を支えているのは、決済端末の大型店舗への導入です。Squareは

●図3-8：Squareの取扱高や売上収益(2016年7-9月期決算)

用語解説

EBITDA……Earnings before Interest, Taxes, Depreciation and Amortizationの略。金利や税、有形固定資産の減価償却費、無形固定資産の償却費を引く前の利益を表す。

もともと中小企業や個人店舗向けの決済サービスとしてスタートしましたが、2016年7-9月期決算の取扱高のうち、43%は年間売上$125 K（約1250万円）以上の店舗から生まれているそうです。

こうして新しい決済インフラとして着々と浸透しつつある理由は、主に3つだと私は見ています。

一つ目は、振込サイクルの高速化です。中小店舗であれ大型店舗であれ、お客様がクレジットカードや電子マネーで支払いをしてから実際に店舗側に現金が入金されるまでのサイクルは、短い方がうれしいに決まっています。そこでSquareは、「Square Deposits」というサービスを提供し、振込サイクルの高速化を実現しています。Squareの入金サイクルは通常2営業日ですが、1％の追加手数料で当日入金を提供しているのです。

1％の手数料を高いと感じる方もいるかもしれませんが、店舗経営は往々にしてキャッシュフローに苦しむものなので、これは非常にありがたいサービスだといえます。

Squareにとっても、この1%はかなり大きな収益源になるであろうと考えられます。実質的には「2営業日分の時間だけお金を貸す」ことで1％もの手数料が得られるため、非常に高い利率でお金を貸していることになるからです。金貸しビジネスは収益性がとても良いということは、前の節で説明した通りです。

続く二つ目の理由としては、決済端末の高速化が挙げられます。同社の決算発表の中に、図3-9のグラフが載っていたので紹介します。

これによると、一つの決済を処理するのに業界平均で8秒〜13秒ほどかかっていますが、Squareの最新端末だと4.2秒で決済が完了するそうです。Squareが以前に提供していた端末では5.7秒かかっていたそうなので、1.5秒ほど高速化されたということです。

Squareは「Register Card on File」という仕組を導入して、顧客のクレジットカード情報をセキュリティに考慮した形で決済端末に保存することで、この高速化を実現しています。

成果の見えにくい改善ではありますが、レジの高速化を実現することで、顧客の利便性だけではなく店舗側のオペレーションの省力化にもつながるため、とても便利な機能です。

●図3-9：決済処理にかかる時間比較（2016年7-9月期決算）

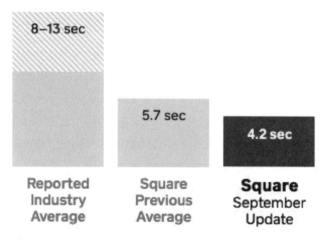

　そして、最後の3つ目がApple Pay対応です。ご存じない方もいらっしゃるかもしれませんが、Squareは「Square Cash」という個人間送金に使えるサービスをリリースしています。この「Square Cash」は2016年9月にバーチャルデビットカードの機能を搭載しました。そして2006年12月には Apple Payにも対応しています。

　Apple Payに対応したことにより、例えば友人から「Square Cash」で受け取ったお金を、店舗での支払いに使うといったことが可能になります。ユーザーはわざわざ「Square Cash」からお金を引き出すことなく、そのまま送金に使えるようになるので、"Square経済圏"の拡大につながるわけです。

　まとめると、Squareの強さは

1. 振込サイクルの高速化

2. 決済端末の高速化
3. Apple Pay対応

という3つの打ち手によって支えられているということです。

アメリカで暮らす私の感覚だと、スーパーや飲食店などのお代を現金で支払うのは、ひと月のうち数回程度です。個人的な思いとして、早く財布そのものを持ち歩かなくていい日が来てほしいと願っているので、Squareの提供するFinTechビジネスがもっと拡大するよう期待しています。

PayPalに学ぶ、個人間送金を起点にした 「稼ぐビジネス」の作り方

Squareと並んでもう1社、FinTechビジネスの代表格を挙げるなら、決済プラットフォームのPayPalでしょう。

PayPalは1998年に設立された会社で、昔からある個人間送金のサービスです。その後、2002年にEC大手のeBayが買収し、2015年に分社化して現在に至っています。今ではスマートフォンにおける決済プラットフォームとして、その地位をゆるぎないものにしています。

日本でも、個人間送金に近いサービスがいくつか出てきていますが、個人間送金ビジネスからスタートしたPayPalがどのようにして現在の地位を築いてきたのかを紐解きながら、同社の強さを分析してみましょう。

その前に、なぜeBayとPayPalが"離婚"しなければならなかったのかを簡単に説明しておきます。

オンライン上で個人が送金し合うサービスとして生まれたPayPalが、2000年代にやって来た「PCインターネットの時代」に急成長できたのは、主にeBayでの支払いに使われたからでした。この時のサービス間のシナジーはすさまじいものがあったため、PayPalは株式公開後にeBayに買収されました。

一般的に、アメリカの投資家はコングロマリット（複数の事業が一つの会社下にある状態）を嫌がります。それでも、強いシナジーがあるならいいだろう、という状態が10年以上続いていました。ところが、時代はPCインターネットからスマート

フォンへと移り変わり、この事情が変わってきたのです。

　2章で述べた通り、近年のeBayは苦しい経営状況となっています。一方の
PayPalは、"離婚"直後の2015年10-12月期決算を見る限り、もうeBayに寄り
添う必要がないくらいの成長性を誇るようになっていました。

　まずは売上です。$2.6 Billion（1ドル100円換算で約2600億円）でYoY＋21%。
成長率がすごいです。次はTPV（Total Payment Volume＝総支払額）。決済ビジ
ネスでECの取扱高に相当する指標ですが、$82 Billion（約8兆2000億円）でな
んとYoY＋29%も伸びています。

　その他、アクティブユーザー数も右肩上がりで、2015年10-12月期の実績は
1億7900万。前四半期から660万ユーザーも増えていたそうです。アクティブ
ユーザーあたりのトランザクション回数でも同じように上昇カーブを描いており、
この四半期は27.5回とのことでした。単純計算で「約3日に1回はPayPalのサー
ビスで支払いをしている」ということになります。

　この成長を支えていたのがスマートフォンへの素早い対応だったということは、
決算資料にもはっきり書いてありました。以下がその内容です。

- **スマートフォンでの支払いがYoY＋45%も伸びた。スマートフォンでの支払
  い額は全体の25%に上る（1年前は21%）**
- **Venmoの利用率が174%も伸びて、2500億円分の支払いを処理した**
- **Braintreeの年間取扱額が、買収時に比べて4倍になった**

　Venmoは前の節でも紹介した銀行口座と直結した個人間送金サービスで、
複数人で飲食代を「割り勘」する時などにスマートフォン経由で送金し合えるため
人気となっています。

　一方のBraintree（ブレインツリー）は、2013年にeBayが買収した決済APIの会
社で、その後PayPalが子会社化しています。同社のAPIは、さまざまなスマート
フォンアプリのアプリ内決済機能として使われています。

　つまり、書いてあるのはすべて「スマートフォン市場で勝っている」とアピールす
る内容というわけです。

　しかも、PayPalはスマートフォン対応だけではなく、それ以外の打ち手も非常

に見事でした。彼らが築き上げたビジネスモデルがどれくらい強固なものかを確認するべく、ここまで紹介してきた決算のちょうど1年後にあたる、2016年10-12月期の決算を見てみましょう(図3-10)。

この四半期の取扱高は＄99 Billion(約9兆9000億円)でYoY＋25％、売上は＄約3 Billion(約3000億円)でYoY＋19％と、非常に好調です。

アクティブなアカウント数についても、1億9700万アカウントでYoY＋10％。アカウントあたりのトランザクション数は四半期あたり31回でYoY＋13％となっています。実績、成長率共に、引き続き高い水準です。

また、図3-10のスライドの下に

Ended 2016 with more than 5M merchant accounts offering One Touch to more than 40million consumer accounts

と書いてあるように、Squareのような店舗内決済端末の設置も順調のようです。500万店舗に「One Touch」(決済端末)が設置済みで、4000万人以上のユー

●図3-10：PayPalの取扱高や売上収益(2016年10-12月期の決算)

ザーが利用しているとのことです。

　このように完璧に見えるPayPalは、どうやってビジネスを組み立ててきたのでしょう。少し古い資料になりますが、2015年6月に発表した投資家向け資料「The World's Open Technology Payments Platform」にわかりやすい説明が載っていたので、抜粋して紹介します。最初は図3-11のスライドです。

　これはPayPalがなぜユニークでコピーされにくいのか？を説明しているスライドで、一番上に

Scalable Two-Sided Network and Platform

　と書いてあります。PayPalには「Two-Sided＝二重の」ネットワーク外部性がある、ということです。

　そのうちの一つが、「ユーザー同士のネットワーク外部性」になります。PayPalといえば個人間送金を思い浮かべる人が多いかと思いますが、家族や友人・知人に（サービスを利用する対価としてではなく）お金を送金するだけなら、手数料はかかりません。これは、できるだけ多くのユーザーに使ってもらうための施策です。

●図3-11：PayPal「The World's Open Technology Payments Platform」
抜粋1

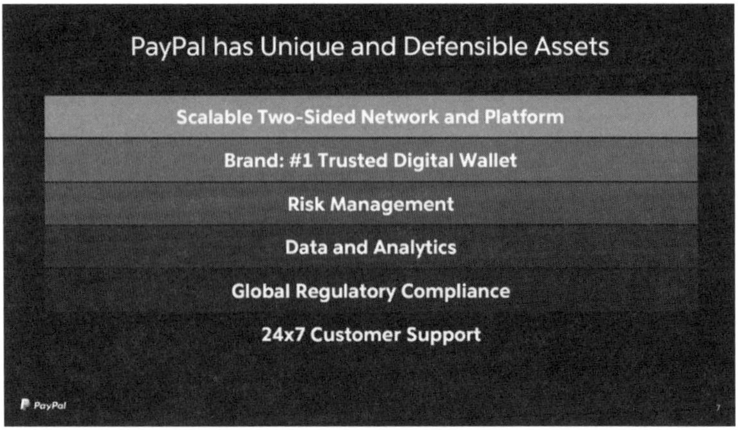

たくさんの人がPayPalを使うようになると、他の個人間送金サービスは新規参入が難しくなります。ユーザーからすると、すでにたくさんの人がPayPalで送金し合っている状況ならば、わざわざ新しい個人間送金サービスを使おうとは思わないからです。

そして、もう一つのネットワーク外部性は「ユーザーと店舗間のネットワーク外部性」です。実はPayPalはここでお金を稼いでいます。

例えば、皆さんがあるオンラインのお店で物を買うとします。店舗側は、ユーザーがお金を支払ってから物を発送したいわけですが、ユーザーからするとちゃんと物が送られて来るかどうかが不安だというケースは十分に考えられます。

こうした場合、PayPalが「エスクロー」の役割を担います。エスクローとは、PayPalが先にユーザーからお金を預かり、商品が発送されユーザーに届くまではそのお金を預かったままにしておき、商品がユーザーに届いた時点でお店にお金を渡すという仕組みです。よく知らない相手に対して、物やサービスの対価としてお金を支払う場合は、PayPalが仲介保証をするわけです。この場合の決済に関しては、取扱高の数パーセントを徴収するというビジネスモデルになっています。

この「Two-Sided＝二重の」ネットワーク外部性は非常に強力で、PayPalほどのレベルでネットワーク外部性を構築できているサービスというのは世の中にほとんどありません。まさにプラットフォームビジネスの好例といっても過言ではないモデルです。

では、決済プラットフォームになった後のPayPalは、どう成長を加速してきたのでしょうか。「The World's Open Technology Payments Platform」では、

- 決済プラットフォームの市場規模は$2.5 Trillion（約250兆円）
- ただし、モバイル上の「P2P* Payments」（個人間決済）や「P2P Lending」（個人間融資）、「SMB Lendings」（スモールビジネス向け融資）などにも対応することで、約10倍の市場にリーチできるようになる

用語解説
P2P……通信方式の一つで、ネットワーク上に存在する端末(コンピュータ)が一対一の対等な関係で通信を行うこと。

●図3-12：PayPal「The World's Open Technology Payments Platform」抜粋2

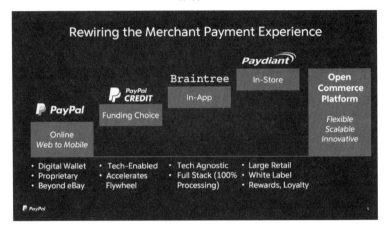

　と説明しています。PayPalはすでにこれらの分野にも乗り出しており、それを説明しているのが図3-12のスライドです。
　(左から順に)一番左にあるのが決済プラットフォームとしてのPayPalで、次に紹介されているのがPayPal Creditと呼ばれる中小企業向けの短期ローンです。銀行など旧来の金融機関がお金を貸しにくい相手に対して、お金を貸すサービスになります。
　PayPalユーザーがこのサービスを利用する場合、PayPalは過去の取引履歴をリアルタイムに把握できているため、ビッグデータを解析することで旧来型の金融機関よりも貸し倒れリスクを下げてお金を貸すことができます。前述のクレジットカードの節でも説明しましたが、短期の金貸しは収益性が非常に高いサービスになります。
　ちなみに、現在は個人ユーザー向けにも同じ名前のサービスを提供しています(前は「Bill Me Later」と呼ばれていました)。こちらはクレジットカードを持っていなくてもインターネットで買い物ができ、支払いの際にPayPal Creditを選択することで後払いできるという内容です。
　「250ドル以上のご利用金額を6カ月以内に全額返済した場合、手数料や利

息はかかりません」というユーザーへのアプローチで、分割払いを選択する場合の年率は19.99%で、最低利息額は2ドルとしています。ただし、延滞した場合は最高35ドルの延滞料金が発生するという設定は、この後に紹介するZOZOTOWN（ゾゾタウン）の「ツケ払い」を想起させます。

　図3-12の最後には、アプリ内課金や店舗内課金といったスマートフォンがなければ存在し得ないようなサービスに対しても、BraintreeやモバイルウォレットプラットフォームのPaydiantなどを買収してしっかり対応していると書いてあります。

　以上、PayPalのビジネスモデルを詳しく見てみましたが、特に「二重の」ネットワーク外部性は非常にユニークなビジネスモデルだと言えます。

この節のまとめ

- スマートフォンでデジタル決済サービスを利用したいと考えるユーザーは増えており、「クーポン」や「ポイント割引」が連動するようになればもっと普及すると予想される

- Squareが急成長できたのは、スマートフォンで気軽にデジタル決済ができる時代に重要な「振込サイクルの高速化」「決済端末の高速化」「Apple Pay対応」にいち早く取り組んだから

- PayPalは、個人間送金サービスで築いた「ユーザー同士のネットワーク外部性」を起点に、もう一つの「ユーザーと店舗間のネットワーク外部性」を働かせて儲けている

3-4 ECビジネスと相性抜群のFinTech

この節でわかること

- ECビジネスとFinTechの組み合わせは相性が良いのはなぜ?
- 一見、Yahoo!ショッピングに追従するような「ECポイント還元」施策を始めた楽天市場の本当の狙いとは?
- ファッションECサイトZOZOTOWNの「ツケ払い」サービスは、業績にどんな影響を与えるのか?また、リスクは?

楽天の決算から読み取る「ECポイント消耗戦」の先にあるもの

　勘の良い読者の方であればすでにお気づきかもしれませんが、FinTechと最も相性が良いビジネスの一つはECビジネスです。そこでこの節では、ECビジネスを展開している企業がFinTechサービスを追加した場合の成功例を紹介していきます。

　最初は、2章でまとめたECビジネスの決算事例としてたびたび取り上げた楽天市場とYahoo!ショッピングの競争、特に「ECポイント消耗戦」を切り口にして紹介します。

　楽天が発表した2016年1-3月期決算を見ていたら、いつもの四半期とは違った結果が出ていました。全体売上は1803億円で対前年同期比＋13.5％という結果だったのですが、図3-13にある事業部別業績の内訳を見ると、それまで増収増益を続けていた「国内EC」セグメントの営業利益が対前年同期比でマイナス17.3％と珍しく「減益」になっていました。

　「減益」となった理由は、楽天市場が2016年1月に「スーパーポイントプログラム ポイント7倍」(以下、SP7)と呼ばれるポイント増配を始めたからなのは明白でした。

　(以降の記述、特にポイントについての情報は、2016年1-3月期の決算時期に限定したものになります。ポイント増配施策の内容は時期やキャンペーンなどに応じて随時変わ

第3章　FinTechビジネスの決算　　099

●図3-13：楽天の事業部別業績（2016年1-3月期決算）

2016年度Q1 事業別業績

（単位：十億円、IFRS）

	Q1/15	Q1/16	前年同期比
国内EC			
売上収益	65.8	71.2	+8.3%
営業利益	22.9	18.9	−17.3%
その他インターネットサービス			
売上収益	30.3	40.5	+33.6%
営業利益	−3.8	−3.7	+2億円
FinTech			
売上収益	65.5	71.5	+9.3%
営業利益	15.9	15.7	−1.5%
その他セグメント			
売上収益	9.6	13.8	+43.2%
営業利益	−2.5	−3.4	−9億円
連結調整額			
売上収益	−12.4	−16.8	−44億円
営業利益	−0.4	−0.8	−4億円
連結			
売上収益	158.8	180.3	+13.5%
Non-GAAP営業利益	32.1	26.7	−16.8%
IFRS営業利益	29.0	22.9	−21.0%

⦿Rakuten

10

っていくので、最新の情報は楽天市場やYahoo!ショッピングのWebページで直接ご確認ください）

　SP7とは、楽天市場で買い物をすると通常「100円で1ポイント」がついてくるところ、楽天カードや楽天市場アプリを使って購入すると最大で7倍のポイントを提供するという取り組みです。楽天市場がこのようなポイント増配に踏み切ったのは、間違いなくYahoo!ショッピングを意識してのことでしょう。

　Yahoo!ショッピングは、楽天市場がSP7を始める前から、「Yahoo!プレミアム会員を中心に最大でポイント7倍」という施策を実施していました。2章で日本におけるECのテイクレートを算出した際、だいたい7％〜8.5％くらいになると書きましたが、「ポイント最大7倍」というのは

・7〜8.5の売上のうち、7をユーザーに還元する（失う）施策

と表現することもできます。当然ながら、営業利益に与えるインパクトはとても大きなものになります。

　ただ、これも2章で説明したように、Yahoo!ショッピングは楽天市場やAmazonを追いかける立場にありますから、売上をポイント還元という形で大胆に使うことで、プロモーションを強化しているわけです。

さて、ここまでの説明で、読者の中には「楽天市場はYahoo!ショッピングと伍するためにポイント消耗戦を始めた」と考えた方がいらっしゃるかもしれません。しかし、楽天の2016年1-3月期決算とその説明会資料をよく見てみると、「競合が手を打ったから楽天もマッチする」という単純な施策ではなかったことがわかります。

まず、細かい点ではありますが、ポイント増配によってどんなユーザーを活性化したいのか?という狙いが違っています。楽天の決算資料では、SP7の直接的な効果として「新規・復活ユーザーの増加」と「ライトユーザーからの流通総額増加」を挙げていて、実際に新規・復活ユーザーの成長率は対前年同期比で＋11.6ポイントになったと書いてあります。

Yahoo!ショッピングのポイント増配が、Yahoo!プレミアム会員中心という「優良会員」に向けた施策であるのに対して、楽天のポイント増配は「ライトユーザー」向けであるのが非常に対照的です。

もう一つ見逃せないのが、ポイント増配は金融サービスとのシナジー効果が見込めるという点です。楽天の代表取締役会長兼社長である三木谷浩史氏は、この期の決算説明会でこう発言していました。

「**ライフタイムバリュー***で言いますと、大変正直に申し上げますと、ECよりも圧倒的に金融サービスの方が高い」
「ECでポイントを増配することによって、金融サービスなどで収益をさらに上げていく、という流れについては非常にうまく行っている」

楽天カードや楽天銀行といったFinTechサービスは、ユーザーがいったん使い始めたら離脱しにくいため、常にAmazonやYahoo!ショッピングと比較される楽天市場に比べてライフタイムバリューが高くなる、というのは納得できます。決算資料の中にも、似たような説明が載っていました（図3-14）。

これまでの楽天にとって

用語解説

ライフタイムバリュー……ある顧客がその取引期間を通じて企業にもたらすトータルの価値を示す言葉。顧客生涯価値とも言う。

●図3-14：「楽天経済圏」におけるライフタイムバリュー（2016年1-3月期決算）

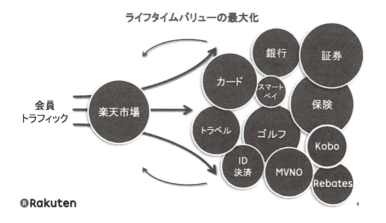

国内EC＝利益を生み出す「稼ぎ頭」

だったのが、図3-14によれば

国内EC＝（優良）会員獲得の入り口

という具合に位置づけが変わっています。楽天はFinTechビジネスで稼ぐ自信があるからこそ、国内ECの短期的な減益もやむを得ない、ということでしょう。つまり、楽天の「ECポイント消耗戦」の先にある戦略は、「FinTechで稼ぐ」になるのです。

そして、この戦略転換を見る限りでは、楽天市場は当面「ポイント増配」合戦から降りるつもりがなさそうだ、という印象を強く持ちました。

ZOZOTOWNの「ツケ払い」がすごい件

続いて紹介する「EC×FinTech」の事例は、ファッションECサイトのZOZOTOWN（ゾゾタウン）です。

同サイトは2016年11月から「ツケ払い」という新サービスを始めています。こ

れがFinTechの活用例としてとても興味深いケーススタディになると感じたので、詳しく説明していきます。

その前に、「ツケ払い」のサービス内容を説明しておきましょう。一言でいうと、「ZOZOTOWNで購入した商品の代金支払いを最大2カ月後まで延ばせる」というサービスです。与信審査はありますが、最大で税込5万4000円までの与信枠が与えられ、一回あたりの手数料は税込324円となっています（数字はすべて2017年6月時点）。

換言するなら、リボ限度額が5万4000円のクレジットカードを、クレジットカードを持てない人にも発行するような感じです。

ファッションECサイトは若いユーザーが多く、クレジットカードを持ってない、あるいは限度額が十分でないというユーザーも多いと考えられるため、このサービスは非常に理にかなっているといえるでしょう。

クレジットカードとの違いは、クレジットカードのリボ払いの手数料は「年利」という形で定められているのが一般的であるのに対し、今回の「ツケ払い」の手数料は一回あたり固定の324円、かつ支払期限が2カ月と定められている点です。

クレジットカードのリボ払いのように、「年利」といった難しい金融用語を使わず、「ツケ払い」という誰にでも理解できる名前でわかりやすい支払期限と手数料を設定している点にもセンスを感じます。

では、この新サービスは、ZOZOTOWNの業績にどの程度貢献するのでしょうか。同サービスを運営しているスタートトゥデイの決算を見ていきましょう。

同社の2016年10-12月期決算によると、全体の商品取扱高は616億円。売上高は221億円、営業利益は対前年同期比＋83.8％の87億円と、誰が見ても絶好調と言える結果です。

この中で、商品取扱高の推移を表したのが図3-15のグラフになります。

この四半期の成長率は対前年同期比＋38.3％で、明らかに成長のスピードが速くなっています。

「ツケ払い」を始めたタイミングと完璧に重なっていますが、この期の決算説明会では「ツケ払い」が取扱高の増加にどれくらい寄与したかという点は開示されませんでした。決算説明会のQ＆A集（平成29年3月期第3四半期）にも、以下のようなやりとりが記載してあります。

●図3-15：スタートトゥデイの商品取扱高推移（2016年10-12月期決算）

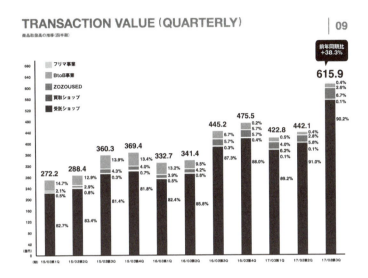

質問：「ツケ払い」「買い替え割」の利用率について教えてほしい。
回答：こちらは非開示とさせていただきます。

　とはいえ、公開されている他のデータから、ある程度までは推測可能なので、同社の財務諸表を見て推定してみます。
　注目すべきは貸借対照表の中の流動資産の中にある「売掛金」の項目です（図3-16）。この売掛金の項目が、前年同期の111億円に対し、今四半期は247億円と異常に大きくなっているのがわかります。
　過去1年分の売掛金の推移（図3-17）を見てみると、やはり今四半期だけ異常に大きな売掛金が生じています。
　前四半期（2016年9月）末時点での売掛金は116億円で、今四半期（2016年12月）末時点での売掛金247億円との差額は131億円になります。
　この131億円がすべて「ツケ払い」による未回収分であったと仮定して計算してみると、非常に大雑把な試算ですが以下のようになります。

●図3-16：スタートトゥデイの貸借対照表の抜粋（2016年10-12月期決算時点）

（単位：千円）

	前連結会計年度 （平成28年3月31日）	当第3四半期連結会計期間 （平成28年12月31日）
資産の部		
流動資産		
現金及び預金	11,343,592	11,507,883
売掛金	11,169,782	24,762,289
商品	1,191,144	1,532,377
その他	1,117,624	1,566,524
流動資産合計	24,822,144	39,369,074

●図3-17：スタートトゥデイ過去1年分の売掛金の推移（著者作成）

	2016年3月末	2016年6月末	2016年9月末	2016年12月末
売掛金	111億 7000万円	138億 7800万円	116億 2500万円	247億 6200万円
対前四半期比		20.67%	-13.75%	113.00%

- 「ツケ払い」がリリースされたのは11月1日なので、今四半期の3カ月のうち2カ月間だけ「ツケ払い」が有効だったと仮定

- つまり2カ月間で131億円分、ツケの残高が積み上がったということになる。つまり、月間で約65億円分、「ツケ払い」が利用されたと考えられる

- これを四半期分に換算し直すと、65億円×3カ月＝195億円ほどが「ツケ払い」経由で取扱高が増えたと見積もることができる

　となります。念を押しておくと、「ツケ払い」経由の取扱高は決算で開示されていませんので、195億円分が「ツケ払い」経由で増えたというのはあくまでも私の試算になります。ただ、図3-15の商品取扱高推移のグラフを見ると、今四半期と前四半期の取扱高の差は約174億円で、私の推計との差額は約20億円分です。そこまで大きくかけ離れてはいません。

　この点からも、今四半期の取扱高の増加分のうち、かなり大きい部分が「ツケ払い」によるものだったのではないかと考えられます。

　なお、「ツケ払い」がなぜこれほどの取扱高増を生むポテンシャルがあるのか

を理解するには、「ツケ払い」の金融商品としての性質を分析しておく必要があるでしょう。

　個人当たりの与信限度額が5万4000円であるという点は上述しましたが、これは「最大で5万4000円分までをツケ払いにできる」という意味で、一回あたり5万4000円分の買い物を何度もツケにできるわけではありません。

　これを前提にZOZOTOWNの出荷単価を見てみると、2016年10-12月期決算では1万143円となっていました。「ツケ払い」での出荷単価もこの出荷単価と同じだと仮定して、以下のように計算してみます。

・1万143円の買い物代金を、2カ月後の支払いにすることで、324円の手数料がかかるので、金利は「2カ月あたり3.19％」となる

・これを年利（12カ月）に直すと20.76％という非常に高い金利になる（※3.19％を複利で6回＝12カ月分借りると20.76％）

・つまり、「ツケ払い」は「年利20.76％のリボ払い」とほぼ同じ性質の金融商品と言える

　「ツケ払い」の与信審査はGMOペイメントサービスが行っているのですが、ZOZOTOWNの性質上、商品を配送する必要があり、ユーザーは住所や氏名などを偽ることがほぼ不可能です。従って、通常のクレジットカードの与信審査に比べると、貸し倒れリスクをより正確に見積もることができるのではないかと考えられます。ツケを何度か踏み倒してしまうと、アカウントが凍結される恐れもあるそうなので、二度とZOZOTOWNを利用できなくなるという精神的なプレッシャーはファンユーザーにとって大きなものでしょう。

　とはいえ、この「ツケ払い」のようなサービスを展開するのは、運営側にとってのリスクもあります。最後に、想定されるリスクを2つ、紹介しておきましょう。

　一つ目は、クレジットカードを持てないようなユーザーにもお金を貸すことになるため、貸し倒れのリスクが考えられます。これに関してはGMOペイメントサービスとの連携によってリスクを低減させているのだと思われますし、利用実績が

増えてデータが蓄積されるにつれ改善されていくでしょう。

　二つ目は、将来の売上を先食いしてしまっている可能性があるというリスクです。決算説明会のQ&A集にも、以下のような記述がありました。

> 質問：「ツケ払い」による売上の先食い懸念などはあるのか？
> 回答：サービス自体が始まったばかりであること、またセールを挟んでいることもあり、先食いの影響については不明です。

　この点に関しては、中長期視点で見てみないとどんな影響があるのかがわかりません。サービス開始直後の決算は非常に良い内容だったので、今後の決算と「ツケ払い」の動向をぜひ継続して追ってみてください。

この節のまとめ
- ECビジネスとFinTechの相性が良い理由は、EC利用を入り口にしてクレジットカードや電子銀行の利用を促進できるから
- 楽天市場が大胆な「ECポイント還元」施策を始めたのも、楽天カードや楽天銀行の利用促進につながり、グループ全体のライフタイムバリュー向上になるため
- ZOZOTOWNの「ツケ払い」サービスは、「年利20.76％のリボ払い」とほぼ同じ性質の金融商品と言える

3-5 既存産業にFinTechを かけ合わせると未来が拓ける!?

この節でわかること

● FinTechを活用した事業の多角化に乗り出している3社(リクルート、ヤフー、Tesla)の事例

● FinTechビジネス(特に金貸し・ローン関連)を展開する時に必ずチェックしたい「バランスシート」の読み方

リクルートはなぜ今FinTech事業を開始するのか?

前の節で紹介したECビジネス以外にも、近年はFinTechとの融合に挑戦している企業が続々と生まれています。ここでは、一見「金融ビジネス」からは縁遠い存在と感じるような企業のFinTech活用事例として、リクルートとヤフー、そして電気自動車メーカーTesla(テスラ)の取り組みを紹介していきます。

各社のチャレンジを具体的に分析するとともに、「FinTechを活用した多角化」をする際に注意すべき点も整理します。

最初に取り上げるのはリクルートの事例です。リクルートホールディングスは2016年8月24日、「新たな事業の開始に関するお知らせ」と題するプレスリリースを出しました。以下は、リリースからの引用です。

当社グループは、国内事業におけるクライアント基盤を強化するために中小企業向け業務支援サービスを積極的に展開しており、それら中小企業の事業資金需要に対応できる融資サービス(以下「法人向け金融サービス」という。)の可能性についても検討を続けておりました。

この度は、それらの検討において一定の目途が立ったことから、当社は、当社グループの新規事業としての中小企業向けの融資事業(以下「本事業」という。)を開始することを決議いたしました。

要は「中小企業向けにお金を貸す事業を始める」と説明しています。

リクルートがこれまで得意にしてきたのは、多くの中小企業から得た情報を束ねてメディアを作るというビジネスモデルでした。飲食系・美容系であれば「ホットペッパー」シリーズ、人材採用であれば「リクナビ」シリーズ、ホテル・旅館であれば「じゃらん」などが該当します。

どれも、豊富な営業力を活かして多くの中小企業にアプローチし、集めてきた情報をメディアに掲載して広告料を得るのが基本形です。

一方、顧客である多くの中小企業は、キャッシュフローが厳しいケースが少なくありません。そこで彼らに対して運転資金を提供する事業を始めようとするのは、とても理にかなっています。また、短期の金貸しビジネスが非常に大きな利益が得られる事業であることは、この章で何度も説明してきました。

しかし、今までのリクルートは金融の会社ではありませんでしたし、果たしてうまくいくのか?と疑問を持つ方もいるでしょう。

おそらく、同社はこんなストーリーで、新たなFinTechビジネスを軌道に乗せようと考えているのではないでしょうか。

一つ目は、すでに取引関係にある中小企業が対象になるという点で、融資の営業コストが圧倒的に下がるという利点があります。

二つ目の鍵は、リクルートライフスタイルが2013年11月にリリースした店舗決済サービスの「Airレジ」(エアレジ)です。Airレジが導入されている店舗の場合、日々の取引内容がトランザクションベースで把握できるため、お金を貸す際の審査や金利決定がより正確にできる、ということなのだと思われます。

先述のプレスリリースが出る少し前の2016年8月9日に発表された、リクルートホールディングスの2017年3月期第1四半期決算資料には、Airレジの登録アカウント数が載っていました。図3-18を見ると、すでに24万4000アカウントもあり、右肩上がりに増えていることがわかります。

銀行などが融資をする際は、どうしても過去のある時点における「財務のスナップショット」を元に審査をすることになります。特に現金商売をしている企業の場合、個々のトランザクションまでは見えませんので、貸す側からすれば古くて不確実な情報に基づいて融資判断をしていることになります。

他方、Airレジのように個々のトランザクションデータまで有している場合、よ

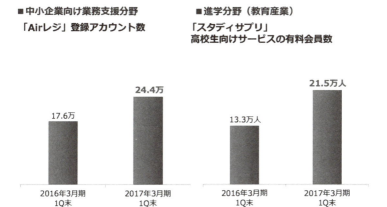

●図3-18：リクルートの国内トピックス解説（2017年3月期第1四半期決算）

り精緻な情報に基づいて審査をすることが可能です。

　結果、これまで銀行などが貸せなかった企業にもお金を融資できるようになります。彼らは銀行などから（低金利で）融資を受けることができないため、その分、高金利でお金を貸せるのです。

　ただ、このような事業には、当然ながら貸したお金を回収できないリスクが伴います。ここでまた、Airレジの存在が活きてきます。

　Airレジで決済されたお金は、いったんリクルートが回収して、その後、顧客企業に入金される形になるはずです。最悪、貸したお金を回収できない場合は、このAirレジ経由のお金の流れを止めてしまえばいい、という考えなのでしょう。

　では、融資するお金はどのように調達するのでしょうか？リクルートホールディングスにおける2016年6月末時点のバランスシート（BS／貸借対照表）を確認すると、次のような数字が見えてきました。

　補足しておくと、バランスシート＝BSとは、1章で説明した「会社の家計簿」ふうに言うなら「家や車などの資産や、ローンなどの負債について書いてあるもの」です。

・現金及び預金：1062億円
・1年内返済予定の長期借入金：113億円
・長期借入金：240億円

　ここから、実質的な手元資金は1062億円−（113億円＋240億円）＝709億円しかないということがわかります。700億円程度の資金では、融資事業を始めるのに十分とは言えません。
　3カ月前の時点（2016年3月末時点）では、

・現金及び預金：2577億円
・1年内返済予定の長期借入金：106億円
・長期借入金：なし

　となっており、実質的な手元資金が2471億円もあったので、この3カ月間に企業買収などで資金がたくさん出て行ったことになります。いずれにしても、手元にある現金だけでは融資事業を行うには全く足りないことが明白であり、事業を本格展開するタイミングで大きな資金調達が行われるのだろうと予想されます。
　株式での調達、社債での調達、借入での調達など、いろいろなパターンが想定されますし、リクルートなら何でもできそうではありますが、どのような形で資金調達をしていくのか注目してみたいところです。
　ここで、少し余談を。リクルートという会社は、1980年代に「リクルート事件」という大きな贈収賄事件を起こしたこともあってか、最近まで文字通り「借金ゼロ」の状態であそこまで大きくなりました。
　一時期、2兆円くらいあったと言われる有利子負債を全部返して、それでいて巨額の企業買収を立て続けにやるだけの資金を稼いだわけですから、すごい会社です。
　時価総額が1兆円を超えているのに、借入がほとんどないのは驚異的ですし、違った見方をすればバランスシートをうまく使ったビジネスが下手だった、とも言えます。

元手となる資本を必要としない事業で利益を生み出すという意味では、右に出る者がいないリクルートが、融資のような「バランスシートで勝負する商売」をどうやって軌道に乗せるのか、個人的には非常に注目しています。

ヤフーのカードビジネスが抱える「時限爆弾」と、その回避方法

さて、次はヤフーの事例を通じて「クレジットカード事業による多角化」の光と陰について説明していきましょう。

例えば、あなたが勤め先の社長に「何かFinTechを使った新規事業案を考えろ」と言われたとします。このケースでは、おそらく多くのビジネスパーソンが、クレジットカード事業を頭に浮かべるのではないかと思います。

この章で何度か出てきたように、クレジットカードの「リボ払い」や「キャッシング」は貸し倒れリスクを十分管理できている範囲においては非常に収益性が高く、楽天のような成功例もあるからです。

ただし、（極論を言えばどんな事業にもあてはまることですが）「クレジットカードビジネスをやれば儲かるよね！」という安易な考えでは絶対にうまくいきません。ここでは、ヤフーの連結子会社が運営する「ワイジェイカード」の事業分析を通じて、メリットとリスクをまとめていきます。

ワイジェイカードは、前からクレジットカード事業を行っていたケーシーという会社を2014年にヤフー（とソフトバンク）が買い、名義変更してサービスが始まりました。年会費無料や、カルチュア・コンビニエンス・クラブのTポイントとの連携をウリにしており、ヤフーの2015年10-12月期決算でも急成長していると説明されていました（図3-19）。

クレジットカード事業は積み上げ型のビジネスで、右肩上がりに会員数が増えています。2015年の年末時点で180万人、前四半期から40万人（QoQ*＋29%）ほど増えています。単純計算で、1日に1000件強の増加というイメージです。楽天カードは、同時期で会員数が約1200万人とのことだったので、楽天カードの約15%程度の会員数になっています。

用語解説

QoQ……Quarter on QuarterもしくはQuarter over Quarterの略で、対前四半期比の意味。

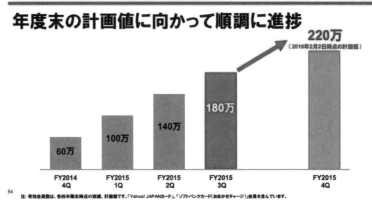

●図3-19：ヤフーのクレジットカード事業の進捗（2015年10-12月期決算）

　取扱高も右肩上がりで、この四半期は「QoQで＋62.1％」と決算に書いてありました。

　カード会員数が＋29％の増加であるにもかかわらず、取扱高が＋62％と圧倒的に増えているのは、楽天市場と楽天カードの関係と同じく、カード事業がYahoo!ショッピングをはじめとするEC事業と相性が良いことを如実に表しています（実際に、ヤフーの決算資料の中でもクレジットカード事業とショッピング事業は同じ「先行投資事業」として括って紹介されています）。

　では、この記事の見出しに入れた「時限爆弾」とは何なのかを説明していきましょう。

　前述の通り、クレジットカードビジネスは、基本的にお金を「貸す」ことで金利を稼ぐビジネスです。つまり、短期とはいえ、誰かにお金を貸すわけですから、そのためのお金が必要です。

　ヤフーが本当にそんなお金を持っているのか？という視点で、リクルートの場合と同様にバランスシートを確認してみましょう。少し古いですが、2015年3月末時点のヤフーのバランスシート（図3-20）を見てみます（古いバランスシートを引用したのは、会計年度で2016年のバランスシートを見ると、2章で紹介したアスクル連結の影響が「営業債権及びその他の債権」に含まれていて分離が難しいためです。これは「ア

●図3-20：ヤフーのバランスシート（2015年3月末時点）

2014年度 通期 財政状態計算書

単位:億円

<資産>	2014年3月末	2015年3月末	増減額	
流動資産	6,587	7,418	831	
現金及び現金同等物	4,823	5,039	216	
営業債権及びその他の債権	1,603	2,177	573	①②
その他の金融資産・流動資産	159	201	41	
非流動資産	1,912	2,657	744	
有形固定資産	601	674	73	
のれん	158	276	118	③
無形資産	178	323	145	④
持分法で会計処理されている投資	343	616	273	⑤
その他の金融資産・非流動資産	506	614	108	
資産合計	8,499	10,076	1,576	

<負債>	2014年3月末	2015年3月末	増減額	
流動負債	2,183	2,397	214	
営業債務及びその他の債務	1,425	1,589	164	⑥
その他の金融負債・流動負債	271	413	141	
未払法人所得税	456	330	-125	
引当金	29	63	34	⑦
非流動負債	39	272	233	
引当金	26	228	201	⑦
負債合計	2,222	2,670	447	
<資本>				
親会社の所有者に帰属する持分	6,196	7,260	1,063	
資本金	82	82	0	
資本剰余金	38	12	-26	⑧
利益剰余金	5,980	7,058	1,078	⑨
自己株式	-5	-13	-7	
その他の包括利益累計額	100	119	19	
非支配持分	80	145	65	
資本合計	6,277	7,405	1,128	
負債及び資本合計	8,499	10,076	1,576	

主な増減要因
① ワイジェイカード（株）連結子会社化による営業貸付金の増加
② 外国為替証拠金取引における顧客の預託金残高の増加
③ 連結子会社の増加
④ ソフトウェアの取得
⑤ （株）ジャパンネット銀行の議決権株式の転換等
⑥ 外国為替証拠金取引における顧客の証拠金残高の増加
⑦ ワイジェイカード（株）の連結子会社化
⑧ 子会社株式の追加取得
⑨ 親会社の所有者に帰属する当期利益の増加

YAHOO! JAPAN

スクル連結前」のデータだと考えてください）。

　この本のページの幅では細かな数字が見づらいでしょうから、こんなバランスシートが公表されているのか！と思いながら続く文章を読んでください。

　図3-20の左上の「資産」という項目内にある「営業債権及びその他の債権」が、2014年3月末の約1603億円から、約2177億円に増えています。1年で約574億円も増加しているわけです。

　その主な理由として、左下に「① ワイジェイカード（株）連結子会社化による営業貸付金の増加」と書いてあります。これが意味するのは、クレジットカード事業を連結対象に含めたことで、カード利用者への貸付分だけ債権が増えた、ということです。この574億円すべてが、カード事業を連結したことによるものではないでしょうが、主たる部分はカード会社連結に起因すると考えられます。

　この2015年3月末時点で、「営業債権及びその他の債権」が約2177億円というのは、ヤフーのバランスシート全体を見ると全く問題ないレベルであることがわかります。バランスシートの右側「資産」の項目にある利益剰余金を見ても、7058億円もあると書いてあります。

　ただし、ヤフーのクレジットカード事業が急成長して貸付が増え、債権が今の5倍（約1兆円）、10倍（約2兆円）になったらどうなるか？と考えると、今のままのバランスシートでは明らかに破綻します。

ちなみに、楽天カードの2015年12月末時点での「カード事業の貸付金（資本）」は8321億円でしたので、ワイジェイカードが楽天カードと同規模になるくらいのタイミングで、ヤフーのバランスシートはかなり苦しいことになります。

　インターネット企業であるヤフーは、金融業に比べると非常にコンパクトなバランスシートを保ってきたわけですが、クレジットカード事業が急拡大するにつれて、先ほどの「営業債権及びその他の債権」の額が大きくなり、貸付けるための現金が足りなくなる事態も想定されるのです。これが「時限爆弾」の正体です。

　とはいえ、この「時限爆弾」を回避する方法はもちろんあります。オプションは2つです。

　会計の専門的な話になりますが、バランスシートというのは、左側の項目（＝資産）と右側（＝負債・資本）がバランスする（≒同額になる）必要があります。クレジットカード事業が大きくなると、貸付金（債権）が増えて左側（資産）が大きくなるわけですから、同じだけ右側（負債・資本）を大きくする必要があります。それをどう実現するのか、という話です。

　一つ目は最も単純な方法で、ヤフーが自力で負債・資本を増やすことです。資本を増やす方法としては、一般的に株式での調達、債券での調達、借入があります。

　株式での調達は、既存株主の希薄化が起こりますので、親会社のソフトバンク次第ということもあり、現実的でない気がします。ソフトバンクがこれ以上ヤフーの持ち分を減らすことを許容するとは思えません。

　他方、債券での調達や銀行などからの借入は、今の低金利時代であれば、あり得るかもしれません。借入金利よりも、クレジットカードから得られる利益の方が大きくなるビジネスモデルですので、悪くない選択肢です。

　ただ、これらの方法は青天井に資金を調達できるわけではありませんので、中長期的に持続可能な方法ではありません。

　そこで二つ目の方法は、カードビジネスと真逆のビジネスモデルの会社を買収して、連結する方法です。「カードビジネスと真逆のビジネスモデルの会社」というのは、お金を「貸す」ビジネスではなく、お金を「預かる」ビジネスのことです。つまり、端的に言うと「銀行」を買収して連結してしまう、ということです。

　このパターンを説明するには、楽天の例を取り上げるのが一番いいでしょう。

第3章　FinTechビジネスの決算

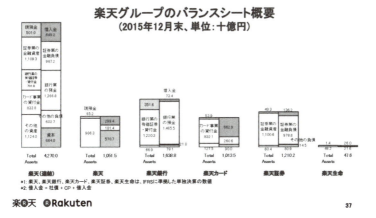

●図3-21：楽天グループの連結バランスシート（2015年10-12月期決算）

楽天グループの2015年12月末時点の連結バランスシート（図3-21）を見てみると、楽天銀行での「預金」が1兆4655億円ある一方で、楽天カードの「貸付」が8321億円と明記してあります。見事にバランスしています。

　つまり、銀行業でお金を預かって、カード業でお金を貸す、という形にすることで、バランスシートが無理なくバランスするような仕組みになっているのです。

　実際には、銀行業でも貸付を行うので、銀行業での預金＝カード業での貸付、というわけにはいきませんが、銀行業がない状態のバランスシートを想像するとゾッとします。

　多くのクレジットカード会社が、銀行の子会社として設立された背景はここにあると考えられます。実際、ヤフーもその準備をしているように見えます。2014年4月に三井住友銀行の子会社だったジャパンネット銀行の株式を取得し、筆頭株主（三井住友銀行と同数）となり、ジャパンネット銀行はヤフーの持分法適用関連会社になりました。従って、そう遠くない日に、ジャパンネット銀行の株式を買い増して、連結にするのではないかと予想されます。

　紹介してきた2つのリスク回避法には、多分に私見が含まれていますが、皆さんも引き続きヤフーの動向を見てみてください。

自動車メーカーのTeslaが今後提供する可能性がある FinTechビジネスとは？

　最後のFinTech活用事例は、先進的な電気自動車の開発・販売で世界的に注目を集めているTesla(テスラ)の話です。彼らが自動車だけではなく、保険やメンテナンスとのセット販売をアジア地域で実験的に行っている、という報道がありました。

　米テクノロジー関連メディアであるTechCrunchは、2017年2月22日に「Tesla wants to offer vehicles with one price, including insurance and maintenance」と題する記事を掲載しました。これによると、

Tesla has begun offering customers in Asia a package that includes in the purchase price the cost of insurance and maintenance, the company noted on its earnings call today.

（日本語訳）

Teslaは、車の販売価格に保険料とメンテナンス料を含めたセット販売の提供を、アジア地域で開始したと本日の収支報告で表明した。

とのことです。

　Teslaが直接保険商品を売る背景として、Tesla自身が自動運転を積極的に導入しようとしていることがあります。

　自動運転による一番のメリットは事故が減ることです。もし仮に、自動運転によって事故が減るのであれば、保険料は当然安くなってしかるべきです。

　またTeslaの特徴として、各自動車の走行履歴情報が、すべて自社に集まることも見逃せません。これにより、通常の第三者の保険会社より高い精度で、事故が起こる確率を予測できるようになると予想されます。

　そう考えると、第三者の保険会社よりも、はるかに有利な条件で保険を販売できる可能性が出てくるわけです。

　そもそも、これまでの自動車保険というのは非常に大雑把な商品でした。自動車保険料は、車種、運転する人の年齢や性別、そして過去の違反や事故履

歴によって決まる場合がほとんどでしょう。実際には、同じ年齢・性別・事故履歴の人が、全く同じ車を運転しても、事故を起こす確率は当然違うわけです。

中にはものすごく荒っぽい運転をする人もいれば、逆に非常に安全運転をする人もいます。そうした全く違う人に、同じような保険料を払ってもらっているわけですが、それは保険会社が得られるデータに限界があるからです。

仮に保険会社が、Teslaのように各運転手の運転履歴を詳細に得ることができたら、どうなるのでしょう。当然、スピードを出しすぎる人、荒っぽい運転をする人には、高い保険料を払ってもらう必要があるでしょうし、逆にいつも安全運転をしている人の保険料は安くなるべきでしょう。

このように、「運転履歴」という、これまで保険会社が入手不可能であったビッグデータを用いて、より精緻な保険料を設定することが可能になると考えられます。自動車保険ビジネスに参入するといっても、最初は第三者の保険会社とパートナーシップを組んで保険を販売する形になるようですが、いずれは直販になるでしょう。

では、このTeslaが次に直接提供する可能性が高いFinTechビジネスは、一体何でしょうか。

私はズバリ、自動車ローンだと思います。

自動車ローンビジネスは、製造業である自動車製造・販売ビジネスそのものよりも、ずっと利益率が高いビジネスです。その証明の一つとして、既存の自動車メーカーであるトヨタ自動車・日産自動車・ホンダを例に、自動車事業と金融（ローン）事業の営業利益率を比較してみます。特に注記がない限り、数字はすべて2016年10-12月までの3カ月間の数字です。

最初はトヨタの決算から、自動車事業・金融事業の利益率を見てみましょう。自動車の製造販売による売上が6兆4695億円であったのに対し、営業利益が3827億円でしたので、営業利益率は5.92%となります。

一方で金融セグメントは、4760億円の売上に対し、426億円の営業利益で、営業利益率が8.97%でした。

次は日産の決算で、自動車事業・金融事業の利益率を確認しました。自動車の製造販売による売上が2兆7385億円であったのに対し、営業利益1105億円だったので、営業利益率は4.04%となります。

一方で金融セグメントは、2486億円の売上に対し、473億円の営業利益で、営業利益率が19.05%でした。

最後はホンダの決算です。自動車の製造販売による売上が2兆5964億円であったのに対し、営業利益1298億円でしたので、営業利益率は5.00%となります。対して金融セグメントは、4557億円の売上に対し、423億円の営業利益で、営業利益率が9.29%でした。

これらをまとめると、図3-22のようになります。

●図3-22：自動車大手3社「自動車事業・金融事業の利益率」比較

	自動車製造・販売			金融		
	売上	営業利益	営業利益率	売上	営業利益	営業利益率
トヨタ	6兆4695億円	3827億円	5.92%	4760億円	426億円	8.97%
日産	2兆7385億円	1105億円	4.04%	2486億円	473億円	19.05%
ホンダ	2兆5964億円	1298億円	5.00%	4557億円	423億円	9.29%

見ていただければ一目瞭然ですが、自動車の製造販売事業よりも、金融事業の方が、営業利益率が非常に高いことがわかります。また、営業利益の絶対額においても、金融事業の営業利益が、自動車の製造販売事業の利益の10%を超える水準まで高くなっていることがわかります。

日産は自動車の製造販売の営業利益率が他社よりも低く、一方で金融事業の営業利益率が他社よりも非常に大きいというのが特徴的です。カルロス・ゴーン氏による改革のプロセスで、より営業利益の高い金融事業を、最適化して行った可能性も十分考えられます。

このように、自動車会社による金融事業・ローン事業は、非常に収益へのインパクトが大きいビジネスです。現時点ではTeslaは、第三者の金融機関とパートナーシップを組んでローンを提供していますが、自動車製造販売事業での赤字が解消され、貸借対照表が綺麗になってきたタイミングで、このようなFinTech事業を自社で提供してくる可能性が高いのではないかと考えています。

この節のまとめ

- リクルートは中小企業向けの融資事業、ヤフーはクレジットカード事業、Teslaは自動車保険事業で多角化を試みている
- 金貸し・ローン事業を展開する際は、貸付する資金をどのように調達するのかに注目する必要がある

第4章

広告ビジネス
の決算

メディアやSNSの「伸びしろ」は
何を見ればわかるのか

かつては新聞・雑誌・テレビ・ラジオの「4マス」が強かった広告ビジネス。
ですが、インターネットの普及により、近年はマスメディア以外の多様な
事業者が広告掲載で収益を上げるようになっています。そこでこの章では、
メディアやSNS企業の好不調を見極める決算の読み方を紹介します。

● 広告ビジネスで押さえておきたい方程式

　売上＝ユーザー数×ユーザーあたりの売上（ARPU）

● 広告ビジネスの決算を読み解く3Step

【1】「ユーザー数」（特にアクティブなユーザー数）をチェック
【2】「売上」を「ユーザー数」で割り算して「ARPU」を算出
【3】「ARPU」を類似サービスや競合と比較

4-1 広告ビジネスの決算を読むコツ

メディアビジネスの中でも最も多く見られるのが「広告型」のビジネスです。多くのユーザーが見たいコンテンツを無料(や無料に近い形)で提供し、その中に広告を流すことで収益を上げるモデルです。古くはテレビ・ラジオなどがこのパターンに該当します。

広告ビジネスで重要な2つの指標

広告ビジネスにおいては

売上＝ユーザー数×ユーザーあたりの売上(ARPU)

の公式が成り立ちます。いかに多くのユーザーを集め、1ユーザーあたりの売上を最大化するか、という点がすべてです。

つまり、事業の好不調を読み解く上で重要な指標は

- **ユーザー数**
- **ARPU**

の2つになります。ARPU(アープと読みます)は以降の章でもたびたび出てくるキーワードですので、ぜひ覚えておいてください。

広告媒体としての魅力は「アクティブユーザー数」で決まる

テレビを例にして考えてみましょう。

日本においては、(NHKを除く民放の)テレビ局が放映するテレビ番組は、無料で視聴することができます。ただ、テレビ局も営利企業ですので、番組の途中

や間に流れるテレビコマーシャル（CM）を販売することで、番組制作費を捻出しています。

　CM枠を販売して売上を立てているテレビ局にとって、一番重要な指標は「視聴率」です。「視聴率」とは言い換えれば「同時視聴者数」であり、広告ビジネスの公式における「ユーザー数」に相当します。視聴率が高い番組のCM枠ほど、広告主にとっては魅力的な広告商品になるというわけです。

　つまり、広告ビジネスでは、実際にコンテンツを「能動的に」閲覧している「アクティブユーザー数」が重要になります。

　皆さんが広告出稿をする側だとして、アクティブユーザー数が少ないメディアに広告を出稿しようとは思わないでしょう。決算を見る際は、まずこの点に注目してみてください。

　ちなみに、決算資料においては、各社それぞれメディアの特性にあわせて、アクティブユーザー数を使い分けて記載する場合があります。

　例えば、Facebookのように毎日利用することが想定されるメディアの場合は、1日あたりのアクティブユーザー数（DAU＝Daily Active Users）を開示していますし、他にも1週間あたりのアクティブユーザー数を示す**WAU**（Weekly Active Users）や、1カ月あたりのアクティブユーザー数を示す**MAU**（Monthly Active Users）で決算開示をしている企業もあります。

広告配信の最適化で「ユーザーあたりの広告売上」を上げる

　テレビの場合は、視聴者を特定するのが難しいため、テクノロジーによってARPUを上げることが困難です。他のメディアでは不可能なほど多くのユーザーにリーチできるという魅力がありますが、例えば女性用化粧品のCMを男性の高齢者に対しても配信してしまっているわけです。広告ビジネスの観点から考えれば、これはとても非効率な広告商品とも言えます。

　一方、インターネットメディアは、リーチできるユーザー数はテレビほど多くない場合がほとんどですが、閲覧ユーザーやコンテキスト（状況や行動文脈）に応じて、きめ細やかな広告配信ができます。

　そして、インターネットメディアにおける広告配信のテクノロジーは、近年進化

を続けています。このテクノロジー戦争を制するか否かで、ARPUが何十倍も差がつくことも珍しくありません。

　従って、決算を読み解く際は、ARPUまで因数分解して読み解くことが重要になります。

　参考までに、ARPUとはAverage Revenue Per Userの略ですが、上述のアクティブユーザー数の定義によって、

・ARPMAU＝Average Revenue Per Monthly Active User
・ARPDAU＝Average Revenue Per Daily Active User

などと記載されることもあります。

　本章では、まず「広告ビジネス」の具体像を理解するために、異なるメディアにおける広告ビジネスを俯瞰するところから始めます。各メディアの「アクティブユーザー数」と「ARPU」の全体像がつかめるでしょう。

　次に、インターネットメディアの中でも、特にスマートフォン対応に成功し、着実にARPUを伸ばしている広告ビジネスを取り上げます。

　最後に、スマートフォンの登場と通信回線の高速化によって、2006年頃に社会問題にまで発展した「テレビとインターネットの融合」が今まさに起こりつつある、という話を広告ビジネスの観点から解説します。

4-2 テレビもポータルもSNSも同じ「広告ビジネス」

この節でわかること

● テレビ・ポータルサイト・SNSの3つとも、基本は同じビジネスモデルである

● 決算におけるチェックポイントも、同じく「ユーザー数」と「ARPU＝ユーザーあたりの広告売上」になる

● いまだに大きな影響力を持っているテレビと、進境著しいインターネットメディアを「ARPU」で比較すると、どちらが高いのか？

テレビvsネットのユーザー数・ARPU比較

　一言で「広告ビジネス」といっても、出稿先となるメディアは数多くあります。古くはテレビにはじまり、最近はポータルサイトやSNSといったインターネット媒体が伸びています。

　SNSを「メディア」と一緒にしてしまうの？と疑問に思われる方もいらっしゃるかもしれませんが、ビジネスとしてはテレビやポータルサイトなどと同じ広告モデルであり、

売上＝ユーザー数×ユーザーあたりの売上（ARPU）

の公式で比較できます。ここでは、広告ビジネスの基本を知るために、テレビとインターネットメディアにおける1ユーザーあたりの広告売上を比較してみましょう。

　比較の背景として、インターネットメディアで動画や動画広告が当たり前のように配信される時代になってきたことが挙げられます。2017年は、インターネットの世界で「動画元年」と呼ばれるような年になるでしょう。

　これだけ動画が当たり前になってくると、当然広告の面でもテレビとの比較論

が出てくるだろうと考え、先に分析をしてみました。

　現時点で、インターネットメディアのユーザーあたりの広告売上は、テレビのそれと比較してどの程度の水準に達しているのでしょう？ 比較材料を整理するために、まずはテレビ局の決算から放送売上の内訳を見ていきます。

　前提として、特に断りがない限り、テレビ局の四半期決算は「9カ月間の累計」を記載しているとご理解ください。そして、テレビCMには

- ・タイムCM＝広告主が提供する番組内でCMを放映。番組内容に応じて、特定の視聴者にアピールできる
- ・スポットCM＝番組や時間帯の指定なしに放映されるCM。契約期間や時期などの条件で価格が上下する

の2種類があるというのを踏まえて決算資料を見てみましょう。

　まずは日本テレビホールディングスの2016年度第3四半期・IR決算説明資料（2017年2月7日発表）から。日本テレビの放送収入＝広告収入は、このようになっていました。

【日本テレビ】
- ・テレビ広告収入の合計は約1903億円
- ・うち、タイムCMの収入は約906億円
- ・うち、スポットCMの収入は約997億円

　タイムCMとスポットCMの収入は、ほぼ1対1になっていることがわかります。

　次にフジテレビの広告収入を見てみます。フジ・メディア・ホールディングスの2017年3月期第3四半期・決算説明資料（2017年2月3日発表）によると、

【フジテレビ】
- ・テレビ広告収入の合計は約1532億円
- ・うち、タイムCMの収入は約769億円
- ・うち、スポットCMの収入は約762億円

こちらも同じくタイムとスポットの割合がほぼ1対1でした。

最後にTBSの広告収入を見てみます。東京放送ホールディングスの2017年3月期第3四半期決算資料（2017年2月2日発表）によると、

【TBS】
- テレビ広告収入の合計は約1374億円
- うち、タイムCMの収入は約634億円
- うち、スポットCMの収入は約643億円

となっています。TBSの決算では、CMの他に「コンテンツ」と「その他」の項目があり、この2つの総計が約96億円あるそうなので、これとタイムCM＋スポットCMの合計で約1374億円になる計算です。

また、タイムCMとスポットCMの割合は、日本テレビやフジテレビと同じようにほぼ1対1でした。

これらの数字を踏まえて、次は各テレビ局の視聴率から日次の視聴者数≒インターネットで言うところの「1日あたりのアクティブユーザー数（DAU）」を推計していきます。

イコールではなく「≒」と書いたのは、テレビはインターネットと違って「電波を一方的に送信するメディア」であるため、テレビ局でさえも正確に何人がどの番組を観ているのかを把握していないからです。「アクティブ」な視聴者数を把握する唯一の方法は、サンプリング調査による視聴率を基にした統計のみになります。

ちょうどTBSの2017年3月期第3四半期決算資料に、各テレビ局の視聴率一覧が載っていたので（図4-1）、これを見ながら推計していきましょう。

図4-1の「視聴率」とは、インターネット業界で言うところの「瞬間同時アクセス数」であるため、この数字から何らかの方法で日次の視聴者数を推計する必要があります。

視聴率の合計（図4-1のHUT＝Households Using Televisionの略。総世帯視聴率。調査対象となる世帯全体でどれくらいの世帯がテレビ放送を録画ではなく放送と同時に視聴していたかの割合）が40.6％であることはわかっているので、実際に（毎日）テレ

●図4-1：主要テレビ局の視聴率（東京放送ホールディングス2017年3月期第3四半期決算資料）

	全 日	ゴールデン	プライム
TBS	④ 6.0 [±0.0]	④ 9.5 [△1.0]	③ 9.6 [△0.8]
日本テレビ	①8.6	①13.0	①12.6
テレビ朝日	②7.6	②11.0	②11.0
テレビ東京	⑥2.8	⑥ 6.4	⑥ 6.0
フジテレビ	⑤5.7	⑤ 8.3	⑤ 8.2
NHK	③6.3	③10.5	④ 9.1
HUT	40.6	60.8	58.6

● 第３四半期視聴率

（※[ ]内は前年同期差 単位:%）

（2016/10/3〜2017/1/1 ：週ベース）　　　　（ビデオリサーチ調べ：関東地区）

From TBS 8

ビを観ている人がどのくらいいるのかがわかれば、大体の推計はできそうです。

　1日15分以上テレビを観ている人（録画視聴は除く）の割合を「テレビ行為者率」というのですが、NHKが2016年2月17日に発表した「2015年国民生活時間調査」によると、2015年のテレビ行為者率は85％だったそうです。

・瞬間視聴率の合計は40.6%
・毎日、日本の全国民の85%がテレビを観ている

　という数字から、テレビの日次視聴者数≒DAUを推計すると、図4-2のような結果になります。

　非常に大雑把な計算になりますが、TBSの決算資料にあった「全日」の視聴率の約2倍に相当する人数が、各テレビ局の日時の視聴者数であるとしています。また、日本の総人口は2015年の国勢調査の結果から約1億2000万人として計算しました。

　すると、推定のDAU（日次のアクティブユーザー）は

●図4-2：日本テレビ・フジテレビ・TBSの「日時視聴者数推計」

	日本テレビ	フジテレビ	TBS
視聴率（全日、Q3）	8.6%	5.7%	6.0%
視聴率（HUT）	40.6%	40.6%	40.6%
推定DAU	2161万	1432万	1507万

・日本テレビ：2161万人

・フジテレビ：1432万人

・TBS：1507万人

となります。ここから「1視聴者あたりの月間売上」（ARPMAU）を算出したのが、図4-3です。

　試算結果を見ると、各テレビ局の「月間のアクティブユーザーあたりの広告売上（ARPMAU）」は、1000円前後ということになります。つまり、テレビの広告ビジネスとは

・ユーザー数＝DAUは1500万人～2000万人程度

・1ユーザーあたりの月間広告売上は約1000円

ということができるでしょう。

●図4-3：日本テレビ・フジテレビ・TBSの「1視聴者あたりの月間売上推計」

	日本テレビ	フジテレビ	TBS
	2016年4-12月	2016年4-12月	2016年4-12月
売上（放送収入）	1903億円	1532億円	1374億円
うちタイム	906億円	769億円	634億円
うちスポット	997億円	762億円	643億円
視聴率（全日、Q3）	8.6%	5.7%	6.0%
視聴率（HUT）	40.6%	40.6%	40.6%
推定DAU	2161万	1432万	1507万
ARPMAU	979円	1188円	1013円

さて、これで本題である「インターネットメディアとの比較」をする土台がやっと整ったということで、今度はインターネットメディアの代表格であるFacebookと、日本のヤフーの決算から、ユーザー数とユーザーあたりの売上（ARPU）を算出していきます。

Facebookの2016年10-12月期決算によると、北米における広告売上は＄4.4 Billion（1ドル100円換算で約4400億円）で、DAUは1億8000万でした。

そして、ヤフーの2016年10-12月期決算では、広告売上が四半期で729億円、デイリーユニークブラウザー数（DUB）は 8929万とのことでした。

これらを整理すると、図4-4のようになります。

為替は1ドル120円で計算し、ヤフーのDUBは「DAUの1.5倍である」という仮定の下で数字を入力してあります（ヤフーのDBUには、Webブラウザーとスマートフォンアプリ両方でのアクセス数が重複でカウントされているためです）。

●図4-4：Facebookとヤフーの「1ユーザーあたりの月間売上推計」

	Facebook北米	ヤフー
	2016年10-12月	2016年10-12月
広告売上	4923億円	729億円
推定DAU	1億8000万	5953万
ARPMAU	912円	408円

試算の結果、Facebookの北米におけるARPMAUは912円で、テレビの水準に非常に近いことがわかります。そして、ヤフーのARPMAUは408円で、テレビの約40%という水準になっています。

つまり、ARPUで比較をすると、現時点ではテレビの方がインターネットメディアよりも収益性が高いということです。非常に大雑把な分析ではありましたが、この章で他社の決算を見る際の参考にしてみてください。

この節のまとめ

- 2016年時点で、テレビにおける「月間のアクティブユーザーあたりの広告売上（ARPMAU）」は約1000円

- Facebookの北米におけるARPMAUは、日本のテレビ局とほぼ同水準まで伸びている

- 他方、日本のヤフーの月間ARPMAUは408円で、テレビのARPUはヤフーの2.5倍ある

4-3 広告ビジネスの世界王者Facebookと日本王者ヤフー

この節でわかること

● メディアの広告収入を大きく左右するようになったスマートフォン対応。では、2016年時点での「世界のスマートフォン市場の成熟度」とは？

● 優先すべきは「ユーザー数の増加」か「ARPUの改善」か。広告ビジネスのグローバルトップと目されるFacebookの決算に見る、世界の市場で稼ぐ方法

● 「PCの世界」では国内トップのメディアだったヤフーが、スマートフォン対応でどの程度の成果を上げているか？

Facebookの決算から考える、グローバルなスマホ市場の成熟度

まずは、今後スマートフォン市場がどうなっていくのかを、Facebookの決算を通して深読みしてみたいと思います。

前提としてスマートフォンの普及率を説明すると、アメリカなどのスマートフォン先進国は普及率がほぼ上限まで達しており、これ以上ユーザーが増えないことが鮮明になっています。一方で、スマートフォン後進国ではまだまだ売れ続けている、というのが現状です。

Facebookの決算は、地域別の詳細なデータまで公開しているため、同社の決算を分析すれば、2016年末時点でのグローバルなスマートフォン市場の全体像も把握できそうだ、というわけです。

読者の中には、「Facebook1社の決算をもってスマートフォン市場の成熟度を語るのは無理があるのではないか」という方もいらっしゃるかもしれません。ところが、Facebookは株式市場で「スマホ銘柄」と呼ばれるほど、スマートフォンでのサービス展開に成功している企業です。それに、中国など一部の国を除いて、市場シェアが非常に高いので、グローバルなスマートフォン市場の成熟度

●図4-5：Facebookの売上推移（2016年10-12月期決算）

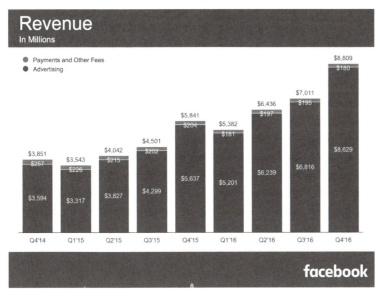

を推察するのに適したデータといえるでしょう。

　ということで、さっそくFacebookが出した2016年10-12月期の決算資料を見てみましょう。この期の売上は四半期単位で$8.8 Billion（1ドル100円換算で約8800億円）で、2年前からずっと右肩上がりで伸びています（図4-5）。

　しかし、Facebookは2016年7-9月の決算発表時に、「今後成長率が鈍化する予定である」と明確にアナウンスしています。理由は、これまでのようなペースで広告枠を増やすのが難しくなっていることと、先進国におけるスマートフォンの普及率が上限に達しつつあるからです。これに合わせて、「スマホ銘柄」であるFacebookのユーザー数も、伸び方が鈍化していくと予想されています。

　Facebookの主な収益源は広告で、広告ビジネスは前述の通りシンプルなビジネスモデルなので、売上は

売上＝ユーザー数×ユーザーあたりの売上（ARPU）

で計算できます。このモデルで売上を増やそうとした場合、主な選択肢は

- ・サービスを利用するユーザー数を増やすか
- ・ARPUを増やすか

　のいずれかになるわけですが、ユーザー数も広告枠も今までのペースで伸ばすのが難しいとなった今、戦略を見直さなければならないというわけです。

　ならばどうするか?という話は後で取り上げるとして、ここでちょっと脱線して興味深いレポートを紹介しましょう。

　スマートフォンアプリに関する各種データを提供しているAppAnnieが作成した「2016年アプリ市場総括レポート」の中に、このような記載がありました。そのまま引用します。

　　米国や日本のような成熟市場では、ダウンロード数が増加する段階から、アプリの利用拡大と収益増加が中心のフェーズに移りつつあります。一方、インドやインドネシアのような新興市場は、アプリのダウンロード数が今も大きく増加しています。ダウンロード数の増加状況は、パブリッシャーがいつどこに進出すれば早期参入で競争優位に立てるかを判断するうえで参考になるでしょう。

　また、同じレポート内で示されていた「アプリ市場の成熟モデル」をまとめるとこうなります。

　スマートフォンの普及期においては、まず「ダウンロード数」が増え始めます。最初は玉石混交のアプリがあるわけですが、次第にアプリの質が改善されていき、「利用時間」が徐々に伸びてきます。そして、最後に「収益」が増えていくというモデルです。

　このモデルと先ほどの引用文は、以降の分析で重要なポイントになるので、覚えておいてください。

　話を戻して、今度は広告ビジネスがメインのFacebookにとって2大重要指標となる「ユーザー数」と「ARPU」の推移を見てみましょう。

　最初にユーザー数から。「1日あたりのアクティブユーザー数」を表すDAU（Daily Active Users）は右肩上がりで推移しており、2016年10-12月期決算の時点で

●図4-6：Facebookの「ユーザーあたりの売上」(2016年10-12月期決算)

は1.2 Billion（12億）になっていると記してありました。地域別のDAUを見てみると、北米やヨーロッパの伸びが鈍化しているのに対し、アジアやその他地域の伸びが顕著になっていました。

次に、もう一つの重要指標であるARPUを見てみると、こちらも全体としては右肩上がりですが、DAUとは逆に北米やヨーロッパが急激な伸びを見せているのに対し、アジアやその他地域では比較的鈍い動きとなっています（図4-6）。

この「地域別」のDAUとARPUについて、横軸をDAU、縦軸をARPUにして時系列での伸びをグラフにしてみると、違いが一目瞭然です。図4-7がそれにあたります。

まず北米ですが、DAUの伸びは他地域に比べて相対的に頭打ちになっているものの、ARPUの伸びがすさまじいと言えるでしょう。

ARPUに関しては、2015年の第1四半期が$8（約800円）以下であったのに対し、2016年の第4四半期は$20（約2000円）近くまで上がっているという、驚異的な伸びを示しています。

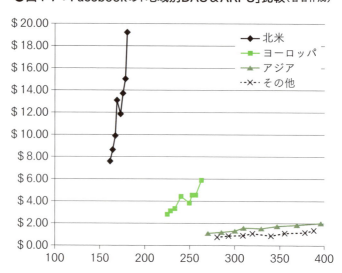

●図4-7：Facebookの「地域別DAU＆ARPU」比較（著者作成）

※横軸: DAU（単位:100万人）、縦軸: ARPU。2015年第1四半期〜2016年第4四半期

　次にヨーロッパを見てみましょう。DAUは北米よりも多く、その伸び率も北米より速いスピードで成長していますが、ARPUが北米ほど高くないのが現状です。他方、ARPUの伸び率は、2015年の第1四半期に$2.8（約280円）だったのが、2016年の第4四半期には$5.86（約586円）まで上がっており、北米並みの成長率とも言えるでしょう。

　最後にアジアとその他地域です。図4-7を見ての通り、DAUの伸びが驚異的であることがよくわかります。一方でARPUの伸びに関して、このグラフでは伸び率が少々わかりにくいので、該当する箇所だけを図4-8のように拡大してみました。

　図4-8のグラフを見ると、横軸のDAUだけではなく、縦軸のARPUも伸びていることがよくわかります。

　これらの結果からも明らかなように、同じFacebookの中でも、「北米＋ヨーロッパ」と「アジア＋その他地域」では、全く様子が異なっています。

　「北米＋ヨーロッパ」に関しては、DAUの伸びが緩やかになってきているのに対し、ARPUの伸びはいまだに顕著です。これらの地域で、今後DAUが大きく

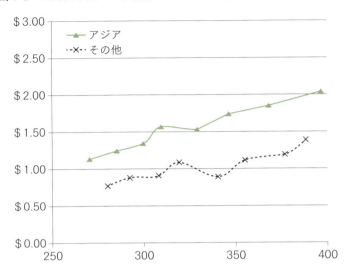

●図4-8：Facebookの「地域別DAU＆ARPU」比較（アジア＋その他地域のみ）

※横軸: DAU（単位:100万人）、縦軸: ARPU。2015年第1四半期～2016年第4四半期

増加するのは期待できませんが、ARPUはこれからも伸びていくと考えられます。

一方で「アジア＋その他地域」に関しては、まだまだDAUが伸びる余地があります。

かつ、これまで未成熟な市場であったためにARPUの伸びが「北米＋ヨーロッパ」に比べて小さかったものの、Facebookの技術力をもってすれば、ARPUも「北米＋ヨーロッパ」並みに伸びていくと考えられます。

以上が、Facebookの決算から読み解く「グローバルにおけるスマートフォン市場の成熟度」の分析です。皆さんの認識と合っていたでしょうか。

ヤフーとFacebookの「1ユーザーあたりの広告売上」、実は大差ない!?

次に、日本のヤフーが発表した2016年1-3月期の決算を通じて、国内最大規模のインターネットメディアが広告でどのように稼いでいるのかを分析してみましょう。

特に、PCでは完全に「王様」だったヤフーが、きちんとスマートフォン対応できているのかを、2016年時点でスマートフォン広告の「王様」になっていたFacebookと、SNS大手のTwitterとの比較を通じてチェックしていきます。

まずはユーザー数ですが、「1日あたりのユニークブラウザー数」を表すDUB（Daily Unique Browser）を見てみると、5143万ブラウザーがスマートフォンからのアクセスで、対前年度比＋25.6%になっています。

図4-9のグラフを見ると、PC＋その他からのアクセスは少しずつ減っていて、それを補う増加がスマートフォンで起こっていることがわかります。

ただし、図4-9の下にある注釈で

アプリ、ブラウザーからの閲覧を含んだ年間平均です。アプリ、ブラウザーの両方から閲覧した場合は、重複カウントしています。

と書いてあるように、DUBという指標はアプリとWebブラウザーでの閲覧を重複して数えてしまうので、そこは割り引いて見る必要があります。

次に広告売上の決算資料を見ると、2016年1-3月期で、全広告売上のうち44.1%がスマートフォン経由になったとの記載がありました。この期の広告売上は717億円だったので、その44.1%（約316億円）がスマートフォンでの広告売上ということになります。整理すると、

- スマートフォンDUB：5143万ブラウザー
- スマートフォン広告売上：四半期で316億円

となり、これらの数字から「1ユーザー（DUB）あたりの月間広告売上」を計算すると、205円になります。この数字を、FacebookやTwitterと比較してみたいと思います。

なお、広告ビジネスとしての良しあしを計る指標の一つ

- ユーザーあたりの売上（ARPU）

●図4-9：ヤフージャパンのデイリーユニークブラウザー数（2016年1-3月期決算）

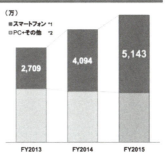

　で3社を比べるにあたって、FacebookとTwitterは全世界ではなく「北米」の決算数字を参照していきます。本来は日本の数字同士で比較するのが良いのですが、両社ともに日本単体での開示はしていないためです。
　では、Facebook（北米のみ）の数字を見ていきます。ヤフーと同じ2016年1-3月期の決算によると、

【Facebook】
・北米での1日あたりのアクティブユーザー数（DAU）は1億7300万人
・北米での広告売上は、$2.6 Billion（1ドル100円換算で約2615億円）

となっていました。これらの数字から、「1ユーザー（DAU）あたりの月間広告売上」を計算すると、504円になります。
　同じく、Twitter（北米のみ）の2016年1-3月期決算を見てみると、アクティブユーザー数は月間の指標（Monthly Active Users）で公表しており、

【Twitter】
・北米での1カ月あたりのアクティブユーザー数（MAU）は6500万人
・北米での広告売上は、$343 Million（約343億円）

でした。これらの数字から、「1ユーザー(MAU)あたりの月間広告売上」を計算すると、176円になります。つまり、

- ヤフーのDUBあたりの月間広告売上(スマートフォンのみ):205円
- Facebook(北米)のDAUあたりの月間広告売上:504円
- Twitter(北米)のMAUあたりの月間広告売上:176円

となります。ここで比較の際の注意点です。一つ目は、決算で公表しているユーザーの指標がDUB、DAU、MAUとすべて違っている点。そのため、「ユーザーあたりの売上」を示すARPUに関しても、

- ヤフーが「ARPDUB」(average revenue per daily uniquq brower)
- Facebook(北米)が「ARPDAU」(average revenue per daily active user)
- Twitter(北米)が「ARPMAU」(average revenue per monthly active user)

とそれぞれ単位が異なるものになってしまいます。

二つ目は、ヤフーが日本の数字で、FacebookとTwitterは北米の数字という点です。一般論としては、北米の方が日本よりも広告単価が高いとされています。その上でこれらの数字をどう読むのかは、人によって違いが出てきそうですが、私の読み方はこうです。

最初に、ヤフーの指標が「1日あたりのアクティブユーザー数」(DAU)ではなく、「1日あたりのユニークブラウザー数」(DUB)でしか開示されていない問題を試算で解消していきます。

ヤフーの数値をDAUに換算するには、スマートフォンユーザーのうち、ブラウザーとアプリの「両方」でヤフーのサービスにアクセスしている人がどのくらいいるのか?という点が焦点になります。この「重複」利用ユーザーが多ければ多いほど、DAUはDUBに対して相対的に小さくなるので、「DAUあたりの月間売上」は205円よりも大きくなります。

他方、「重複」利用ユーザーが少なければ、DAUとDUBが近くなるので、「DAUあたりの月間売上」は、205円に近づくことになります。

こればかりはヤフーの担当者にしかわからないのですが、感覚的に「2人に1人」くらいは、ブラウザーとアプリの「両方」でヤフーのサービスを利用している、として試算してみます。そうすると、DAU対DUBの比率が1対1.5になりますので、

・ヤフーの「DAUあたりの月間広告売上」は308円

という試算になり、Facebookの504円に近い水準まで高くなります。

同じように、「ヤフーのサービスは2人に1人がアプリとブラウザーで重複利用」という前提を置くと、対Twitterとの比較はこうなります。

TwitterのMAUに対するDAUの割合が50%くらいだと仮定すると、

・Twitter（北米）の「DAUあたりの月間広告売上」は358円

という試算になるので、ヤフーの数値はほぼ互角となるでしょう。

これらを踏まえて3社を比較すると、ヤフーの広告事業におけるスマートフォン対応は、

・対Twitter（北米）で見ると、ほぼ互角に近いパフォーマンス
・対Facebook（北米）で見ると、日米の広告単価の差を考えると互角に近いレベルまで来ている

と言えるのではないでしょうか。

日米で広告単価に差があるとはいえ、Facebook（北米）の「DAUあたりの月間広告売上が504円」という数字はすごいとしか言いようがありません。

ユーザーインターフェースの「タイムライン化」を発明しただけでなく、「広告もユーザーに役立つコンテンツであるべき」という考え方の下、ユーザーの興味・関心にマッチする広告商品に圧倒的な投資をしてきたことが、このようなパフォーマンスをもたらしています。

ヤフーの広告単価が、そのFacebookに近いレベルまで上がってきたということは、スマートフォン対応が相当進んでいると考えられます。PC＋その他の広

告売上は落ち続けるでしょうが、スマートフォンでの広告展開に関しては、皆さんが思っているよりもずっと上手く対応できているのです。

ヤフーもFacebookと同様に、スマートフォン上のブラウザー・アプリの両方で「タイムライン化」しているため、これからユーザーの興味・関心にマッチする広告配信アルゴリズムをもっと強化していけば、まだまだARPUが上がっていく可能性があるでしょう。

この節のまとめ

- 2016年時点で、世界のスマートフォン市場は「北米＋ヨーロッパ」と「アジア＋その他地域」で成熟度が二分している。日本は「北米＋ヨーロッパ」に近い

- 「北米＋ヨーロッパ」では、ユーザー数の伸びが鈍化しつつあるものの、ARPUの伸びが顕著。他方の「アジア＋その他地域」は、ユーザー数・ARPUの両方が伸びている

- ヤフーのARPUは、FacebookやTwitterと大差ないレベルに。ヤフーのスマートフォン対応は、広告売上の点では成功していると言える

4-4 LINEの将来は 広告ビジネスにかかっている!?

この節でわかること

- LINE全体と、LINEの広告ビジネスにおける、2016年時点の「ユーザーあたりの売上」(ARPU)は?
- LINEの広告ビジネスの伸びしろは?
- LINEの広告ビジネスの中で「最も伸びしろのある」広告商品とは?

LINEの伸びしろは「パフォーマンス型広告」にある

2016年7月、ついに上場したLINE。ここでは上場前の2016年4-6月期決算を詳しく見ていきます。最初に、LINEの伸びしろがどこにあるのか?を分析した上で、ヤフーと同様にFacebookと比較しながら、ユーザーあたりの売上(ARPU)がどれくらい増えそうか?を推測してみましょう。

まずはLINE全体の売上収益を、決算資料で確認してみましょう。LINEは広告以外にも複数の収益源を持っていて、サービス区分を4つに分けて売上を公開しています。

1. コミュニケーション(スタンプなど)
2. コンテンツ(ゲームなど)
3. 広告
4. その他(求人、決済など)

図4-10のグラフは、これらを合わせた全体の売上収益は順調に伸びていると示しているわけですが、対前期比では伸びが鈍化しているようにも見えます。

そこで、今度は売上に占める割合の多い3つのサービス区分を一つずつ見てみましょう。

まずはコミュニケーション事業(スタンプなど)です。この期の売上は74億円とな

●図4-10：LINEの全体売上（2016年4-6月期決算）

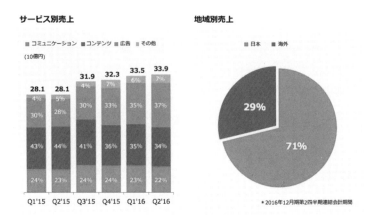

っていましたが、2016年1-3月期は77億円だったそうなので、対前期比でほぼ横ばい〜減少傾向にあると言えます。スタンプ関連で売上がこれだけあるのはすごいことですが、特に日本のユーザーへの普及はもう一巡してしまった印象でしょうか。

　次はコンテンツ事業（ゲームなど）の売上です。この期は114億円、前期は119億円だったので、こちらもダウントレンドになっていました。決算資料の中にLINE GAMESのアクティブユーザー数（MAU）推移も載っていましたが、こちらも前期から190万ほど減少していました。ゲームはヒット作が出るか出ないかで大きく上振れ・下振れがあるビジネスなので、ヒット作待ち、という印象です。

　最後に、広告事業の売上です。決算スライドを図4-11としてそのまま掲載しますのでご覧ください。

　こちらは、LINE広告の「パフォーマンス型広告」が2016年6月に始まったばかりであるにもかかわらず、非常に好調です。

　パフォーマンス型広告とは、公式メディアであるLINE NEWSの中に広告を出す、いわゆるタイムライン型の広告で、Facebookなどに近い形になっています。

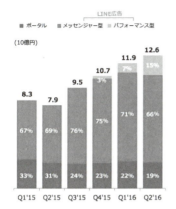

●図4-11：LINEの広告事業売上（2016年4-6月期決算）

　これらの結果から読み取れるのは、対前期比の成長率で一番伸びしろがありそうなのは、間違いなくパフォーマンス型広告だということです。
　そこで、次はパフォーマンス型広告にはどの程度伸びしろがあるのか？を、タイムライン型広告の王者Facebookとの比較で推測してみます。
　まず、基本となる「ユーザーあたりの売上」（ARPU）から。ここでは、1ユーザーあたりの月間売上となるARPMAUを、図4-12や図4-13のようにまとめて見ていきます。
　図4-12でLINE合計（グローバル）で見ると、1ユーザーあたり月平均で72.0円の売上があることになり、広告からの売上は月平均26.6円です。
　これを日本と日本以外に分けて見てみます。セグメント別・地域別の売上は公開されていないので、ここでは単純に、売上収益のグラフ（図4-10）に載っていた全体の売上比率（日本:日本以外＝71:29）で割り振っています。
　日本では、1ユーザーあたり月平均129.4円の売上があり、うち広告からの売上は月平均47.9円です。
　日本以外では、1ユーザーあたり月平均34.5円の売上があり、うち広告から

●図4-12：LINEの「1ユーザーあたりの月間売上」(ARPMAU)

	MAU	売上		ARPMAU	
	MAU	合計	広告	全体	広告
LINE(日本)	6200万	241億円	89億円	129.4円	47.9円
LINE(日本以外)	9500万	98億円	36億円	34.5円	12.8円
LINE合計	1億5700万	339億円	125億円	72.0円	26.6円

●図4-13：Facebookの「1ユーザーあたりの月間売上」(ARPMAU)

	MAU	売上		ARPMAU	
	MAU	合計	広告	全体	広告
Facebook(北米)	2億2600万	3212億円	3077億円	473.7円	453.8円
Facebook(アジア)	5億9200万	1025億円	1009億円	57.7円	56.8円
Facebook合計	17億1200万	6436億円	6239億円	125.3円	121.5円

※1ドル＝100円換算で算出

の売上は月平均12.8円です。

　次は、比較対象として、Facebookの2016年4-6月期決算からLINEと同時期のARPMAU(図4-13)を見てみましょう。

　グローバルで見ると、1ユーザーあたり月平均125.3円の売上があり、うち広告からの売上は月平均121.5円です。

　そのうち北米では、1ユーザーあたり月平均473.7円の売上があり、うち広告からの売上は月平均453.8円です。

　アジアでは、1ユーザーあたり月平均57.7円の売上があり、うち広告からの売上は月平均56.8円です。

　LINEとFacebookを比較する際に気をつけなければならないのが、Facebookは売上のほぼすべてが広告であるのに対して、LINEはコミュニケーション(スタンプなど)、コンテンツ(ゲームなど)、広告と分散している点です。FacebookはSNSで、LINEはメッセンジャーが元々のビジネスであるため、当然、収益構造は異なります。

　しかし、Facebookはメッセンジャー事業に参入し、LINEも公式ニュースアプリのユーザーインターフェースでタイムライン化を進めていることを考えると、中長期的には似た構造のビジネスになるのではないかと思います。

●図4-14：LINEとFacebook「1ユーザーあたりの月間売上」(ARPMAU)比較

	MAU (百万人)	売上(10億円)		ARPMAU(円)			
		合計	広告	全体	FB/LINE (倍率)	広告	FB/LINE (倍率)
LINE(日本)	62	¥24.1	¥8.9	¥129.4	3.7	¥47.9	9.5
LINE(日本以外)	95	¥9.8	¥3.6	¥34.5	1.7	¥12.8	4.5
LINE合計	157	¥33.9	¥12.5	¥72.0	1.7	¥26.6	4.6
Facebook(北米)	226	¥321.2	¥307.7	¥473.7		¥453.8	
Facebook(アジア)	592	¥102.5	¥100.9	¥57.7		¥56.8	
Facebook合計	1712	¥643.6	¥623.9	¥125.3		¥121.5	

　そこで、ARPMAUがどのくらい異なるのかを比べてみたのが図4-14です。各項目のスペースが小さくなってしまうので、図4-12や図4-13の数値をMAU＝百万人単位に、売上＝10億円単位にしています。

　最初に、グローバルでの比較をしてみましょう。Facebookが1ユーザーあたり月平均125.3円の売上に対して、LINEは月平均72.0円で、1.7倍の差があります。

　「LINEの日本」vs「Facebookの北米」で比較をしてみると、Facebookが1ユーザーあたり月平均473.7円の売上に対して、LINEは月平均129.4円で、3.7倍の差があります。日本と北米の比較をしているのは、Facebookの日本単体での決算データがないから、というのが一番の理由ですが、スマートフォンの市場は「1ユーザーあたりの課金額」で日本が北米を凌駕している状況ですので、日本に最も近いデータは北米だと考えていいでしょう。

　続いて、「LINEの日本以外」vs「Facebookのアジア」で比較をしてみると、Facebookが1ユーザーあたり月平均57.7円の売上に対して、LINEは月平均34.5円で、1.7倍の差があります。

　ここで改めて図4-14を見てみてください。広告事業だけのARPMAUを比較すると、FacebookはLINEの日本国内よりも9.5倍、LINEの合計よりも4.6倍となっており、圧倒しています。

　これらを見る限り、LINEのタイムライン化が順調に進んでいけば、最大で

・グローバルで1.7倍、日本で3.7倍くらいになる可能性を秘めている

となります。LINEの場合、仮にMAUの伸びが止まったとしても、広告配信技術が進化すれば、まだまだ売上が増えそうだ、と言えるでしょう。

Gunosyとの比較で考えると、伸びしろは約2倍

LINEのパフォーマンス型広告の伸びしろについて、今度は違った切り口で試算してみます。日本のタイムライン型の広告単体で、最も近いベンチマークになるであろうGunosy（グノシー）との比較です。

その前に、LINEが2016年7月に上場した後の決算、つまり前の記事で紹介した決算より新しい2016年10-12月期の決算から、各種数値の変遷を見ていきましょう。

まずはユーザー数から。日本、台湾、タイ、インドネシアの主要4カ国における月間アクティブユーザー数（MAU）は1億6700万人と順調に増加しているのに対し、日本のMAUは6600万人で若干成長スピードが落ちていました。

次に、「サービス別売上」と「地域別売上」を見てみると、

・売上全体で約375億円。そのうち、広告が42%を占める形に
・地域別売上が、「日本73%」で「海外27%」の割合に

となっていました。堅調に伸びている広告売上の中では、やはりパフォーマンス型広告が最も好調なようで、それを説明する資料（図4-15）が出ていたので見てみましょう。

1年前は売上全体に占めるパフォーマンス型広告の比率が3%しかありませんでしたが、2016年の10-12月期は26%になっています。

「LINEの場合、仮にMAUの伸びが止まったとしても、広告配信技術が進化すれば、まだまだ売上が増えそうだ」という予測が、2四半期後の決算でさっそく数字に表れています。

さて、前振りはここまでにして、本題に戻りましょう。冒頭に書いたGunosyと

第4章 広告ビジネスの決算

4-4 LINEの将来は広告ビジネスにかかっている!?

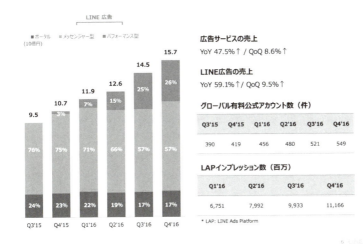

●図4-15：LINEの広告事業売上（2016年10-12月期決算）

の比較を、「ユーザーあたりの月間売上」(ARPMAU)を基にやってみます。

　LINEのパフォーマンス型広告は、LINEの中でもさまざまな場所に掲載されていますが、今回は非常に大雑把な割り切りをして、「LINEのパフォーマンス広告の配信ユーザー数は、同社の公式ニュースアプリLINE NEWSや、その海外版となるモバイルニュースサービスLINE TODAYのユーザー数と同じ」という前提で推定します。

　実際はLINEアプリ本体のタイムラインにも掲載されていると思いますが、公開されているデータから最も簡単な推計をしていきます。

　2016年10-12月期の決算には、日本でのLINE NEWS＆LINE TODAYのMAUは4600万人とあります。それに対してパフォーマンス型広告の売上は前述の通り広告売上157億円の26％。つまり41億円です。

　これから計算されるARPMAUは29.6円です。

　続いて、Gunosyの2017年5月期第2四半期決算説明資料を見てみると、ニュースアプリ「グノシー」と、2016年6月にリリースしたもう一つのニュースアプリ「ニュースパス」を合わせた累計ダウンロード数が、1841万ダウンロードになったと

発表していました。

　Gunosyは決算でアクティブユーザー数を公開していないので、ダウンロード数からアクティブユーザー数を推定していきます。

　ダウンロード数のうち何パーセントぐらいが月間のアクティブユーザーになるかは推計でしかありませんが、ここでは30%～50%程度と推計しておきましょう。

・**仮にダウンロード数の30%が月間アクティブユーザーだとするとMAUが552万人、50%だとすると921万人**

という計算になります。

　今度は売上を見てみましょう。Gunosyの2017年5月期第2四半期決算にある連結損益計算書を見ると、パフォーマンス型広告であるGunosy Adsの売上は、四半期あたり12億8000万円でした。

・**MAUが552万人の場合、ARPMAUは77.4円**
・**MAUが921万人の場合、ARPMAUは46.5円**

という計算になります。

　これまでの試算によるLINEとGunosyそれぞれの数字をまとめたのが、図4-16です。

●図4-16：LINEとGunosyのMAU＆ARPMAU比較（推計）

	売上	MAU	ARPMAU	倍率
LINEパフォーマンス型広告	40億8200万円	4600万	29.6円	
Gunosy（MAU/DL=30%）	12億8300万円	552万	77.4円	2.6
Gunosy（MAU/DL=50%）	12億8300万円	921万	46.5円	1.6

　非常に単純化した計算をしていますが、仮にLINEのパフォーマンス型広告がGunosy Ads並みのパフォーマンスになったとすると、現時点からLINEのユーザー数が全く増えないとしても売上が1.6倍～2.6倍程度まで上がる計算になります。

LINEのパフォーマンス型広告は、現時点での売上が四半期に約40億円ですが、これが80億円程度になってもおかしくないという計算になります。

　また、今回はすべての広告売上が日本で発生しているという前提で試算していますが、当然ながらLINEの広告プラットフォームを日本以外の主要3カ国（台湾、タイ、インドネシア）にも展開していくと思われます。

　ユーザー数の伸びしろでは、日本よりも他の主要3カ国の方が大きいと考えられるため、パフォーマンス型広告の伸びしろも十分大きいと考えられるのです。

この節のまとめ

- 日本におけるLINEのARPUは、全体で月間129.4円であり、うち広告ARPUは月間47.9円
- LINEの広告の中では「パフォーマンス型広告」が最も伸びている。2016年10-12月期決算での売上は約40億円だったが、先行してパフォーマンス型広告を展開していたGunosyとの比較で試算すると、80億円程度に成長する可能性がある

4-5 「ネット動画配信」で テレビとネットの境界線がなくなる

この節でわかること

- 「次の広告ビジネス」として注目を集めているインターネット動画配信について、日本を先行しているアメリカの利用者動向
- サイバーエージェントの動画配信サービス「AbemaTV」の想定されるビジネスモデルとは？
- 売上の伸び率が鈍化し始めたFacebookが始めた、ユニークな「テレビCM」の可能性とは？

アメリカにおけるテレビと動画配信の利用者動向は？ 5つのポイントで分析

　動画配信の大きなトレンドは、昔からある電波放送としてのテレビから「インターネット配信・ストリーミング」へと移り変わる時期に来ています。そして、この流れ自体は不可避なものだと思われます。

　2006年頃、日本ではライブドアや楽天によるテレビ局買収合戦が相次ぎました。当時「テレビとネットの融合」が叫ばれましたが、それが一体何を意味するのかよくわからない人も多かったかと思います。しかし2017年になった今、スマートフォンとインターネット動画配信の普及により、ついにテレビとインターネットの境界線がなくなりつつある、といっても過言ではありません。

　そこで、ここではアメリカの各種調査を通じて、インターネット配信・ストリーミングがテレビという巨大産業の中にどこまで侵食しているのか？を詳しく見ていきましょう。最初は

1. ケーブルテレビから動画ストリーミングへ

　というトレンドについてです。アメリカは日本と少し異なり、テレビを観るのに

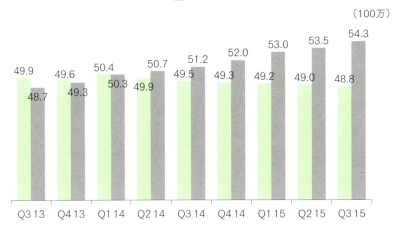

●図4-17：アメリカのケーブルテレビ＆ブロードバンド加入者数推移
（Leichtman Research Group調べ）

ケーブルテレビに加入する必要があります。ケーブルテレビに加入しないと、主要なコンテンツはほぼ観ることができません。

また、インターネット接続も、ケーブルテレビと同じ会社がセット販売するのが主流です。

図4-17は、メディア関連の調査会社Leichtman Research Groupが調べた「ケーブルテレビとブロードバンドの加入者数」年表です。

左の色のついたグラフがケーブルテレビの加入者数、右のグレーのグラフがブロードバンドの加入者数です。それぞれの推移を見ればわかるように、2013年頃は

・ケーブルテレビの加入者数 ＞ ブロードバンドの加入者数

だったのが、2015年には

・ケーブルテレビの加入者数 ＜ ブロードバンドの加入者数

と逆転しているのがわかります。タイム・ワーナーやコムキャストといった有力なケーブルテレビ会社が、ケーブルテレビ加入者数を1年前の44万世帯から14万5000世帯も減らした一方で、AT&T傘下のDirecTVやDish Networkは加入者数が微増だったとのことです。

ケーブルテレビ会社もこのまま黙って、ケーブルテレビ加入者数が減るのを眺めているわけではなく、以下のような施策を打っています。

■オンデマンド・ストリーミングコンテンツを追加

例えば、コムキャストの「Stream」というサービスでは、月＄15（1ドル100円換算で約1500円）を追加で払うだけで、オンデマンドコンテンツにアクセスできます。

■より小さなケーブルテレビパッケージを提供

すべてのチャンネルが視聴可能なパッケージ以外に、一部のベーシックなチャンネルだけを観ることができるケーブルテレビパッケージを提供しています。

例えば、Verizon（ベライゾン）が提供しているCustom TVは、2015年第2四半期の新規獲得ユーザーのうち3分の1に選択されるなど、成功していると言われています。

■Netflix（ネットフリックス）などストリーミング専業会社へのコンテンツ提供をやめる

これまで、ケーブルテレビ会社が自ら作成した番組の一部は、Netflixなどの動画配信サービスにも提供されていました。

ただ、それらが原因で「私はNetflixだけで十分なので、ケーブルテレビには加入しません」という人が増えてきているので、Netflixなどへのコンテンツ提供をやめる、ということをし始めています。

身近な例でいうと、自動車レース「フォーミュラ・ワン（F1）」のアメリカでの放映権は、コムキャスト傘下のNBCが有していますが、F1はNetflixやHulu（フールー）といったストリーミングサービスでは観ることができず、ケーブルテレビに加入せ

ざるを得ません。

　続いて二つ目のポイントとして、

2. ケーブルテレビと動画ストリーミングの売上シェア

　を見てみましょう。ケーブルテレビの加入者数が減っていることは上述の通りですが、現時点でケーブルテレビと動画ストリーミングの売上規模はどのくらいになっているのでしょうか?

　Activateという米コンサルティング会社が出している「Activate Tech and Media Outlook 2016」というレポートによると、アメリカの2015年の売上規模（推計値）は、以下のようになります。

- ケーブルテレビの月額課金：$103.1 Billion（約10兆3100億円）
- テレビ広告：$67.0 Billion（約6兆7000億円）
- 広告入り動画ストリーミング：$7.7 Billion（約7700億円）
- 月額課金型の動画ストリーミング：$5.5 Billion（約5500億円）
- ダウンロード型の動画ストリーミング：$2.0 Billion（約2000億円）

　いくら動画ストリーミング側に移行しているとはいえ、売上規模を見ると、昔ながらのケーブルテレビの売上がまだまだ圧倒的です。

　では、視聴者はどのデバイスでストリーミング動画を観ているのでしょうか。これが次のチェックポイントになります。

3. 動画ストリーミングを観る主なデバイスは?

　図4-18は、ビデオ品質の分析と最適化ソリューションを提供しているConvivaによる調査「2015 Viewer Experience」からのデータです。

　グラフは、左から順にノートPC、スマートフォン、タブレット、テレビの順になっていて、縦軸は動画ストリーミングの閲覧時間（月間）になっています。

　見ていただければ一目瞭然、いまだにテレビでの視聴が圧倒的です。テレビ

●図4-18：アメリカにおける「デバイス別・動画ストリーミング視聴時間」
（Conviva調べ）

　での視聴が1カ月あたり298分ということは、1週間あたりに換算すると約75分なので、毎週ドラマ1本〜映画1本くらいの時間数を視聴している人が多い、となります。

　スマートフォンからの動画ストリーミング視聴時間は、対前年比で倍以上に伸びていますが、いまだにタブレットやノートPCよりも短いというのが現状です。

　また、動画ストリーミングの視聴時間の合計は、2014年の月平均340分から、2015年の月平均433分へと、対前年比＋27％も伸びています。ここでも、ケーブルテレビをやめて動画ストリーミングへ、という流れが存在することが見て取れます。

4. 動画ストリーミングで人気のコンテンツ種別

　次に、動画ストリーミングで、どんなコンテンツを見ているのか？というデータを紹介します。同じくConvivaによる「2015 Viewer Experience」によると、

【2014年によく観られていたジャンル】
1位. 短編動画（62％）
2位. ドラマなどのシリーズもの（19％）
3位. 生放送（15％）
4位. 映画（5％）

【2015年によく観られていたジャンル】
1位. 短編動画（56％）
2位. ドラマなどのシリーズもの（23％）
3位. 生放送（15％）
4位. 映画（6％）

となっていました。2014年から2015年にかけて短編動画が減り、シリーズものが伸びているのがわかります。

最後に、動画ストリーミングサービスのそれぞれの加入者数を見てみましょう。

5. 動画ストリーミングの主要プレーヤーの加入者数

Netflixの独占市場かと思いきや、そんなに甘くないのがアメリカ市場です。市場調査会社Consumer Intelligence Research Partnersが2016年1月に出したレポートによると、Amazonプライム・ビデオがNetflixよりも多くの加入者数を有しているのではないか、という調査が出ています（図4-19）。

Amazonは、プライムメンバー全員に、プライム・ビデオを提供しています。推計値ですが、Amazonプライムは2015年末時点で5400万人のユーザーを抱えており、前年末の4000万人から対前年同期比＋35％の増加だったとされています。

Netflixの加入者数は、2015年末時点で4500万人なので、Netflixよりも、加入者数ベースでは多いのではないか？という推測です。

他方、Amazonプライムは、もともとECでの送料無料を主な利点として提供してきたサービスであるため、必ずしもプライムメンバーが全員、動画ストリーミ

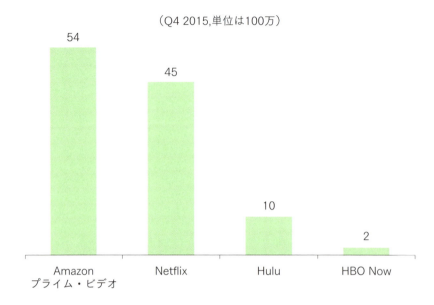

●図4-19：アメリカにおける「動画ストリーミング加入者の割合」
（Consumer Intelligence Research Partners調べ）

ングを観ているとは限りません。

　実際、ComScoreによる別の調査によれば、63%のプライムメンバーは「送料無料のためにプライムメンバーになった」と回答しており、無料動画ストリーミングのために加入したユーザーは15%に過ぎません。

　これまた推計値ですが、米のWebメディアInvestor's Business Dailyが2016年1月25日に掲載した「Amazon.com Has More U.S. Streaming Subscribers Than Netflix」という記事によると、Amazonプライムメンバーのうち動画ストリーミングサービスを利用しているのは40%ではないか、という説もあります。そうだとすると、Amazonプライム・ビデオの利用者数は2160万人なので、市場シェアはNetflixの約半分程度、というのが現時点での見立てだと言えます。

　以上、アメリカのテレビ・動画市場の5つのポイントをまとめると、このようになります。

1. ケーブルテレビから動画ストリーミングへ

2015年には、ケーブルテレビの加入者数＜ブロードバンドの加入者数

2. ケーブルテレビと動画ストリーミングの売上シェア

ケーブルテレビの月額課金売上 >>> 動画ストリーミング売上

3. 動画ストリーミングを観る主なデバイスは？

テレビが月平均298分で圧倒的首位

4. 動画ストリーミングで人気のコンテンツ種別

短編以外にも、シリーズものが人気上昇中

5. 動画ストリーミングの主要プレーヤーの加入者数

Netflixが4500万人。Amazonプライム・ビデオが推定2160万人

これらの傾向を踏まえた上で、次は2016年4月に日本で"開局"したインターネットテレビ局AbemaTVの勢いを見てみましょう。

AbemaTVは既に地方テレビ局を超えるレベル。大化けするかもしれない

ここでは、AbemaTVの共同運営元サイバーエージェントの2016年4-6月期決算を見てみます。図4-20にある通り、既存事業に関しては相変わらず絶好調状態で、売上764億円（対前年同期比＋24.9%）、営業利益が83億円（対前年同期比＋33.2%）でした。

サイバーエージェントの決算資料は非常にわかりやすく、既存事業がなぜ好調なのか？という点は資料内の数字と説明を読めば一目瞭然です。なので詳しい解説は割愛して、さっそくAbemaTVの話に移りましょう。

サイバーエージェントの藤田晋社長がここ数年ずっと言い続けているように、一言で言うと「広告代理店事業とゲームで稼いで、メディア事業を作る」という

●図4-20：サイバーエージェントの事業別トピックス（2016年4-6月期決算）

1. 四半期決算　　　　　　　　　　　　CA CyberAgent.

[ハイライト]　FY2016 3Q

連結業績
過去最高の売上高を更新
売上高：　**764**億円　YonY **24.9**%増
営業利益：　**83**億円　YonY **33.2**%増

メディア事業
「AbemaTV」開局3ヶ月で、500万ダウンロードを突破
コンテンツの拡充により、若年層の利用者が増加
3Q34億円の先行投資

広告事業
インフィード広告と動画広告が牽引
売上高：　**418**億円　YonY **17.9**%増
営業利益：　**36**億円　YonY **25.7**%増

ゲーム事業
「Shadowverse」出だし好調により伸張
売上高：　**306**億円　YonY **47.1**%増（QonQ **10.7**%増）
営業利益：　**83**億円　YonY **2.3**倍（QonQ **19.9**%増）

のがこの会社の戦略です。

　では過去がどうだったのか?を示しているのが、図4-21になります。ゲーム事業と広告代理店事業の営業利益はずっと増え続けてきたのに対して、「ブログ事業」と「スマートフォン事業」、そして現在行う「動画事業」はそれぞれで営業利益を食いつぶして大胆な投資をする時期がある、ということがわかります。

　当初、Amebaブログを始めた時は投資家からも散々に言われて、実際、当初想定していたような収益が回収できたのかは若干怪しいところがある、というのが本音かと思います。ブログサービスで儲かっているところはグローバルで見ても皆無なので、その中では大健闘されています。とはいえAmeba上でのゲームを除くと、ピュアなメディアビジネス（広告）としてのAmebaが、会社の柱になっているか?と問われたらNoでしょう。

　次に着手した「スマートフォン事業」に関しては、スマートフォンシフトがどこよりも上手く行った、という印象が非常に強いです。今メディアへの投資ができているのも、広告代理店事業・ゲーム事業の両方が見事なまでにスマートフォンシフトの波に乗ったからだという事実は忘れるわけにはいきません。

　従って、図4-21のグラフ中に記された2つ目の波の投資に関しては、完全に

●図4-21：サイバーエージェントのメディア事業戦略（2016年4-6月期決算）

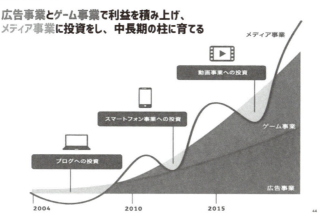

　ペイした、と言っていいでしょう。そこで次の勝負が「動画事業」、というわけです。

　ちなみにサーバーエージェントは、動画事業以外にも、SNSアプリの「755」や音楽ストリーミングサービスの「AWA（アワ）」など、いくつかのメディアサービスに挑戦しています。これだけの新規事業を出し続けられる企業文化と、既存事業の安定感はすごいの一言です。

　話を本題に戻しましょう。次はAbemaTV開局当初のKPIを、決算資料から分析していきます。

　まずは数字の確認から。AbemaTVは主にスマートフォンアプリで視聴するサービスなので、2016年4-6月期の決算資料からアプリのダウンロード数を調べたところ、「開局3カ月で500万ダウンロードを超えた」と書いてありました。ダウンロード数はプロモーションにお金をかければいくらでも"ドーピング"できる数字なのであまり意味はありませんが、非常に伸びています。

　加えて、「週あたりのアクティブユーザー数（WAU）が244万人」という発表もありました。ダウンロード数の約半分です。

　そして、これは決算Q&A集の中にこっそり書いありましたが、「1日あたりのア

クティブユーザー数（DAU）は、WAUの約半分弱」とのことです。

これらの情報をまとめると、

- ダウンロード数：500万
- WAU：244万
- DAU：120万弱

という数字になります。広告ビジネスで注目すべき

売上＝ユーザー数×ユーザーあたりの売上（ARPU）

の公式に照らし合わせると、WAUやDAUがKPIの一つとなりますが、「DAU
がWAUの約半分弱」というのは、初動としてはかなり良い数字です。それだけ
頻繁に利用されているということでしょう。

ちなみに、ここで取り上げた決算の段階は、まだ広告販売がテスト段階であ
ったため、ARPUは割愛します。

それよりも何よりも、今回の決算で一番驚いたのは図4-22の資料です。

なんと、視聴者数が100万人を超えた番組が、開局からわずか3カ月の時点
で4つもあったそうです。1位の番組は157万人が観たとのこと。総務省統計局
の調べだと、2015年時点での日本の世帯数は約5340万だったので、「157万
視聴」というのは視聴率約3％に相当します（AbemaTVの視聴者数は同時視聴では
ないので、厳密に言うと異なりますが）。

「3％の視聴率」というのは、すごい数字です。キー局の番組でさえ10％の視
聴率を取るのに苦戦している中、地方のテレビ局の独自番組が3％を出すのは
簡単なことではありません。まだまだ伸び盛りのAbemaTVが、すでにこのレベ
ルで視聴者から支持を得ているという事実に驚きました。

これからもっとユーザー数が増えるであろう点、そして、インターネットサービ
スは地上波テレビとは異なり視聴者情報を集めて高速にPDCA（Plan-Do-Check-
Act の業務サイクルのこと）を回していくことが可能であるという点を踏まえると、
AbemaTVは大化けするかもしれないと感じています。

●図4-22：「AbemaTV」開局から約3カ月間の番組視聴数ランキング

また、年代別利用者のトップは18〜34歳の若年層で、

- 25〜34歳の利用者が開局時27％→3カ月で32％に
- 18〜24歳の利用者は開局時11％→3カ月で29％に

伸びているそうです。地上波テレビがリーチしにくくなったと言われる若年層にリーチできているという点は、広告商品を販売していく上での差別化につながります。これも、AbemaTVの強みになるでしょう。

ここまでで、ユーザーからの支持を得ているということはわかりましたが、AbemaTVは儲かるのでしょうか？

一般論として、インターネットの動画配信は利益を出すのが大変なビジネスです。Netflixなどの決算を見るとわかるのですが、コンテンツ製作費用・コンテンツ配信費用の2つが大きなコストになります（※Netflixの決算と、どの程度コンテンツ製作に費用をかけているかは次の5章で分析しています）。

地上波テレビ局の場合、後者の「コンテンツ配信費用」がほとんどタダのよう

な値段で地上波を利用できているため、コンテンツ製作費用だけコントロールできれば自動的に儲かる仕組みになっています。

他方、インターネットの動画配信サービスはストリーミングコストまで考えねばならないので、より黒字化が難しいのです。

なので、AbemaTVが儲かるようになるためには、広告をインターネット標準ではなく地上波テレビのような値付けで売る必要があるでしょう。地上波テレビのCMは、インターネット広告に比べるとまだまだ不透明で割高であり、逆にメディア側から見ると、非常に儲かるとも言えます。

この広告展開については、決算資料の中で少しだけヒントが出ていました。図4-23の資料をご覧ください。

まずは特定の時間帯に流れるスポット型のCMのみを2016年7月から販売していて、「広告の視聴完了率は約8割」と書いてあります。これはとても高い率です。

また、決算Q&A集には「1社あたり500〜1000万円で販売している」とも書いてありました。これらの情報だけではまだ断定できませんが、地上波テレビと同じCMの売り方を追求していく、という考えが透けて見えます。

つまり、AbemaTVの広告戦略は、以下の点が鍵を握るのではないかと考えられます。

- **インターネット配信の利点を活かして、データ分析をしっかりして、番組制作のPDCAを高速回転。ダメだとわかった番組に無駄に投資しない、イケるとわかった番組にさらに投資する**

- **広告は、インターネット型の売り方ではなく、地上波テレビのCMと同じ売り方・価格体系で攻める**

このやり方を継続して、ユーザー数が今の10倍になり、地上波テレビで言うところの「10%強の視聴率」に相当する番組が多数出てくるようになれば、もう立派なテレビ局です。

このくらいの規模になれば、今の地上波テレビ局と同じくらいの桁の広告売

●図4-23：AbemaTVの広告戦略について（2016年4-6月期決算での発表）

上が出てもおかしくありません。

AbemaTVの今後を占う3つのチェックポイント

　続いて、AbemaTVがビジネスとして順調に伸びていきそうかを、3つのポイントに注目して予測してみましょう。
　サイバーエージェントの2015年10月～2016年9月の通期決算発表では、AbemaTVの新たな指標がいくつか公開されました。まずはそれらをおさらいします。
　はじめにアプリダウンロード数ですが、

・累計で1000万ダウンロードを超えた

と発表がありました。アクティブユーザーについては、

・月間アクティブユーザー（MAU）が約600万を突破

・週あたりのアクティブユーザー（WAU）が約300万を突破した

という発表でした。ダウンロード数に対するWAU率は30%強、かつMAUに対するWAU率が約50%ということです。

加えて、月額960円でサブスクリプション型の課金サービスを始めるという発表もしています。日本でのストリーミング型のインターネットテレビはまだまだ始まったばかりですので、今後どうなるかはわかりませんが、ここまでは非常にうまくいっているように見えます。

そこで、米TiVo社による「TiVo Q3 2016 Video Trends Report」という調査データと比較しながら、AbemaTVの採っている打ち手がうまくいきそうなのかを深掘りして検証していきます。

アメリカは、地上波テレビを観るためにもお金を払う、という習慣が昔からあるという話は前述しました。主にケーブルテレビを通じて、有料のチャンネルに加入している形になります。また、日本よりもNetflixなどのストリーミング動画サービスのユーザーが多く、非常に普及しているとも言えますので、これから紹介する数字は「日米で差がある」という前提でご覧ください。

チェックポイント1.「CMあり・無料提供」という形態は正しいのか？

AbemaTVは、サブスクリプション型の課金サービスを始めたとはいえ、原則「無料のサービス」として提供しています。ですから売上を上げていくには広告販売に力を入れていかなければなりません。

一方で、Netflixなどの動画配信サービスは、基本的に無料版が存在しません。ユーザーから視聴料をもらうことを前提にしてサービスを提供しています。

では、Netflixのユーザーは、毎月どの程度の額を課金しているのでしょう。TiVo社調べでは、最も多いのが「月間$12〜15（約1200〜1500円）払っている」というユーザーでした。

ただし、「もしもNetflixがCM付きで無料になるとしたら無料版を好むかどうか？」という質問に対して、約70%の人はCMが入っていても無料の方がいいと回答しているというデータも出ています。

この結果を見る限り、これから人口が減っていくとみられる日本において、できるだけ視聴者数を広げて広告で儲けるという目的を達成するためには、原則無料でサービスを提供しているAbemaTVの戦略は間違っているとは言えないでしょう。

また、見方によっては、先ほどの質問に対して30%のユーザーが「有料であってもCMが入らない方が良い」と答えているわけですから、オプションとして月額課金のプランを入れる、つまりCMをカットできる余地を残すという戦略も非常に正しいと思います。

ちなみに、同じくTiVo社による「TVOD（Transactional Video On Demand／都度課金型動画配信サービス）視聴者が支払っている月額調査」では、Amazonプライム・ビデオ、iTunes、Google Playといった皆さんがよくご存知のところからも番組を単品買いしている、という数字が出ています。

AbemaTVも、ユーザーが増えたあるタイミングで、番組の単品売りを検討しても面白いかもしれません。

チェックポイント2. 「MAUに対するWAU率が約50%」は高いのか？

アメリカのテレビ局・ケーブルテレビは、日本のテレビ局と同じくテレビ番組を観るためのアプリを提供しています。それらのアプリがどのくらい認知され、利用されているのか？というデータを見ると、

- 47%のユーザーがそれらのアプリの存在を認知している
- 28%のユーザーが実際にアプリを使っている

という結果が出ています。

かつ、それらのアプリを毎週使っているユーザーが所有者の58.4%に上り、対前年同期比で＋16.6%と非常に高い成長率となっています。

上で述べたように日米で環境差があるので単純比較はできませんが、

- アメリカのケーブルテレビ閲覧アプリのWAU率が58.4%

・Abema TVのMAUに対するWAU率が約50%

という数字は、決して悪いものではないと言えるでしょう。

チェックポイント3.「起動時に自動再生開始」は正しいのか?

　最後に、AbemaTVの特徴の一つである「アプリを起動した時に番組が自動的に再生される」という機能について、これが本当に理にかなっているのか?を検証する際に参考となるデータを紹介しましょう。

　米TiVo社の「動画を探す時の心境」調査では、「テレビをつけた時に観たい番組を見つけられずにイライラする」と回答している人が64.9%もいました。この結果を踏まえると、自動的に番組を流してくれる機能は、ユーザーの離脱率を抑える上で非常に重要だと考えられます。

　さらに踏み込んで、アメリカのケーブルテレビ閲覧アプリで、ユーザーが番組を探す際にどんな機能が使われているか?の調査結果も見てみましょう(図4-24)。

　一番使われているのは検索、2番目がレコメンデーションという結果になっています。従って、AbemaTVは今後、検索とレコメンデーションを強化していくことが、探しやすさを充実させる上で非常に大切だと言えるでしょう。

　まとめると、ストリーミング先進国アメリカのデータを見る限り、AbemaTVの3つの打ち手は今のところ非常に理にかなっていると言えます。

1.「CMあり・無料提供」という形態
2. MAUに対するWAU率が約50%
3. アプリ起動時に自動再生開始

　これらのポイントは、日本で動画メディア×広告ビジネスを展開していく際の良いお手本となるかもしれないので、ぜひ覚えておいてください。

●図4-24：アメリカにおける「動画番組の探し方」調査（米TiVo社調べ）

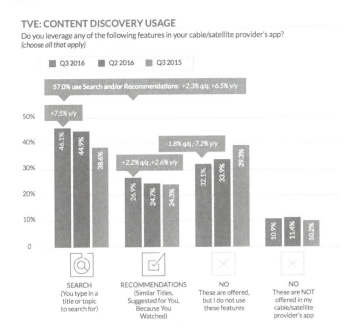

※TiVo Corporation, TiVo Q3 2016 Video Trends Report

広告枠を増やせなくなったFacebook、「ながら視聴」狙いでテレビCMをテスト配信中

　この章の最後は、動画の可能性を違った視点で説明していきます。「スマートフォン広告の王者」として紹介してきたFacebookが、次の成長への布石としてビデオ広告に注力しているという話です。

　Facebookは現状、売上、1日あたりのアクティブユーザー数（DAU）、1カ月あたりのアクティブユーザー数（MAU）、ユーザーあたりの売上（ARPU）のすべてにおいて絶好調だということを各所で説明してきました。

　最後に改めて書きますが、広告ビジネスの基本となる

売上＝ユーザー数×ARPU

の公式をしっかり押さえて成長してきた優等生です。

しかし、2016年7-9月の決算を発表した直後、なんと株価が下がってしまいました。

主な原因は、この決算発表中にCFOが発したコメントにありました。その発言は、こんな内容です。

I also wanted to provide some brief comments on 2017.

First on revenue. As I mentioned last quarter, we continue to expect that ad load will play a less significant role driving revenue growth after mid-2017. Over the past two years we have averaged about 50% compound revenue growth in advertising. Ad load has been one of the three primary factors fueling that growth. With a much smaller contribution from this important factor going forward, we expect to see ad revenue growth rates come down meaningfully.

（日本語訳）

2017年の業績予想に関してコメントします。

最初に売上ですが、前四半期にも言及したように、広告掲載枠増による広告売上増が以前ほど期待できなくなります。これまでの2年間、YoY＋50％のレベルで成長を続けてきましたが、広告掲載枠を増やすことがこれまでのペースではできません。

要は、これまでは「広告枠」そのものを増やすことが、対前年同期比＋50％という急成長を続けてきた主な要因の一つだが、それが難しくなってきたというわけです。

広告枠を増やせない以上、Facebookの成長は、

（1）ユーザー数＋滞在時間の増加

（2）広告単価の増加

の2つに期待するしかありません。(1)に関しては、上述のように十分な成長(対前年同期比で2桁成長)が続いており、今のところ順調に見えます。そして(2)に関しては、Facebookのマーク・ザッカーバーグCEOが意味深な発言をしています。

I can talk about shifting to put video first across our whole family.
（日本語訳）
全社を上げて「ビデオ・ファースト」にかじを切っている

広告単価を上げる一番効率的な方法がビデオ広告だ、という話です。

さらに、米テクノロジー関連メディアのRecodeが2016年11月4日に掲載した記事「Facebook wants to start selling TV ads- on TVs - via Apple TV and Roku boxes」によると、Apple TVなどのセットトップボックス上でのビデオ広告をテストしているとのことです。

ポイントは次の4つです。

1. 対象は、地上波やケーブルテレビではなくApple TVなどのセットトップボックス上
2. 仕組みは、Facebookのアドネットワーク（Audience Network）を使う
3. A＋EとTubi TVという2つの媒体でテスト中
4. Facebookの技術力を活用するべく、同じIPアドレスからアクセスがあるスマートフォンの情報（の保有者情報）を使ってターゲティングする

テレビでもスマートフォンと同じように高いターゲティング力を保持できるのか注目です。

追い風は吹いています。テレビの「ながら視聴」が増えているからです。

調査会社Nielsen社が2015年4月6日に出した「LIVE TV＋SOCIAL MEDIA＝ENGAGED VIEWERS」というWeb記事の中に、テレビとソーシャルメディアの関係性についての調査が載っているのですが、アメリカでは58%の人がテレビを観ながらインターネットをしているそうです。

さらには、

- 53%の人が、SNSで話題に乗り遅れないようにテレビを観続ける
- 49%の人が、テレビとSNSが連動していればよりテレビを観ると思う

という調査結果も出ています。近い将来、Facebookとライブで連動するテレビ番組などが出てくるかもしれません。注目していきましょう。

この節のまとめ

- アメリカでは、従来型のケーブルテレビから、インターネット動画ストリーミングへの転換が進んでいる
- サイバーエージェントのAbemaTVは、アメリカでのインターネット動画配信サービスの成功事例に沿って、地方テレビ局並みのユーザー数を誇るまでに成長している
- 特に北米において、これ以上広告枠を増やせないFacebookは、テレビの「ながら視聴」層を狙ってテレビCMを実験的に開始している

第5章

個人課金ビジネス
の決算

動画・音楽配信や
課金メディアの動向を知る

動画コンテンツや音楽の新たな楽しみ方として普及し出した
インターネット配信サービスや日本でもなじみ深いグルメ系メディアは、
一部の機能を有料でユーザーに提供するモデルが広まっています。
この章では個人課金ビジネスの決算を通じて各社の戦略を見ていきます。

● 個人課金ビジネスで押さえておきたい方程式

売上＝広告売上＋課金売上
ユーザーあたりの売上（ARPU）＝広告ARPU＋課金ARPU

● 個人課金ビジネスの決算を読み解く3Step

【1】 ARPUを「広告ARPU」と「課金ARPU」に分解
【2】「課金ユーザー数」を増やすための施策を確認
【3】「課金ARPU」を増やすための施策を確認

5-1 個人課金ビジネスの決算を読むコツ

個人課金ビジネスと広告ビジネスは、

売上＝ユーザー数×ユーザーあたりの売上（ARPU）

の公式が成り立つという点では非常に似ています。決算で押さえるべき重要指標も、基本は4章の広告ビジネスと同じです。

強いて違いを挙げるならば、個人課金ビジネスの売上は直接「ユーザー」からもたらされ、広告ビジネスの売上は間接的に「広告主（企業）」からもたらされることです。

また、サービス提供者は全ユーザーに課金をすると（無料でサービスを提供する場合に比べて）ユーザー数を大きくするのが困難になるため、**フリーミアム***型を採用しているケースも少なくありません。この場合、実質は広告型と個人課金型をハイブリッドしたビジネスモデルになります。

ゆえに、「売上」については

売上＝広告売上＋課金売上

という方程式が成り立ち、「ARPU」についても

ユーザーあたりの売上（ARPU）＝広告ARPU＋課金ARPU

という方程式が成り立ちます。

用語解説

フリーミアム……提供しているサービスのうち一部の機能を無料にし、特定の機能を利用したいユーザーにだけ課金するモデル。

個人課金型と広告型、それぞれの長所・短所を知る

個人課金ビジネスの中でも近年特に大きく成長しているのが、継続課金型のビジネスです。

日本では、iモード全盛の時代に着メロなど複数のサービスが継続課金型のサービスで一世を風靡したことがありますが、現在の継続課金型ビジネスで世界王者と呼べる存在となっているのはアメリカ生まれの動画配信サービスNetflix（ネットフリックス）です。彼らがどのように成長してきたのかを知らずして、現代の個人課金ビジネスを語ることはできません。そこでこの章のはじめに、本稿執筆時点（2017年6月）で有料会員数が世界で1億を突破しているNetflixの決算を分析します。

そして、Netflixの次に注目すべきは音楽**ストリーミング***でしょう。

動画配信業界は、動画という大容量のデータを配信するためのコストが大きいためか、4章で取り上げたAbemaTVのような特例を除きほとんどのプレーヤーが個人課金型モデルになっています。一方の音楽ストリーミング業界は、広告型と個人課金型がいまだ混在しており、どちらが将来有望かという優劣もまだついていません。

それぞれどんな長所と短所があるのかを明らかにするために、「個人課金型」のSpotify（スポティファイ）と「広告型」のPandora（パンドラ）の決算を比較していきます。

個人課金型と広告型のハイブリッド事例

日本国内の課金型メディアビジネスで代表的な存在となっている、クックパッドと食べログの決算を見ていきます。

両社とも「広告型」と「個人課金型」のハイブリッドでありながら、クックパッドは

用語解説

ストリーミング……動画や音声コンテンツなどの配信技術の一つ。データをダウンロードしながら同時に再生する。

個人課金型を、食べログはトランザクションビジネスを深掘りする方向へと進化しつつある点で非常にユニークです。

この2社の決算を比較しながら、特徴と傾向を読み解くことで、個人課金型と広告型の違いがさらに浮き彫りになるでしょう。

スマホアプリと個人課金ビジネス

ユーザーとの接点という意味で、もはや無視できないレベルに達しているスマートフォンアプリですが、アプリと課金ビジネスは切っても切れない関係にあります。

特に日本は、iモード時代に携帯電話での個人課金ビジネスが世界で最も進化した国でした。そこでこの章の最後は、ユーザーがスマートフォンのアプリ内課金でいくら消費しているのか、詳細にデータを整理します。

第5章　個人課金ビジネスの決算　177

5-2 Netflixが動画配信の王者になった理由

💡 **この節でわかること**

● Netflixの決算から見えてくる、動画配信ビジネスにおける競合との差別化戦略とは？

● 差別化戦略を実現するための、Netflixのユニークな資金調達とは？

急成長したNetflix「5つのすごいポイント」

　最初に、この章の冒頭で「現在の継続課金型ビジネスで世界王者と呼べる存在」と書いたNetflixを取り上げます。

　Netflixとは、定額の月額課金で映画やドラマなどの動画をストリーミングで観ることができる**サブスクリプション***型のサービスです。近年は世界展開に注力しており、2017年4月に全世界の有料会員数が1億を突破しました。

　ここでは、どんな過程で成長してきたのかをチェックするために、少し古い時期の決算から新しいものまで、時系列に見ていきます。

　はじめは2015年10-12月期の決算です。図5-1が、この期の決算で発表された連結損益計算書で、2015年通年の売上は約$6.78 Billion（1ドル100円換算で約6780億円）、営業利益が約$306 Million（約306億円）となっています。

　この規模のサービスに成長するまでに、Netflixにはいくつかの転機がありました。それを「5つのすごいポイント」として挙げていきます。

1. 郵送DVDレンタルから動画ストリーミングへの事業転換

　Netflixの創業は1997年。動画ストリーミング事業に転換したのは2011年で

用語解説
サブスクリプション……動画配信サービスなどが、ユーザーの「利用期間」に応じて課金する方式のこと。いわゆる継続課金。

●図5-1：Netflixの連結損益計算書（2015年10-12月期決算）

Consolidated Statements of Operations
(unaudited)
(in thousands, except per share data)

	Three Months Ended			Year Ended	
	December 31, 2015	September 30, 2015	December 31, 2014	December 31, 2015	December 31, 2014
Revenues	$ 1,823,333	$ 1,738,355	$ 1,484,728	$ 6,779,511	$ 5,504,656
Cost of revenues	1,249,365	1,173,958	1,014,332	4,591,476	3,752,760
Marketing	224,173	208,102	203,671	824,092	607,186
Technology and development	180,859	171,762	125,876	650,788	472,321
General and administrative	109,042	110,892	75,803	407,329	269,741
Operating income	59,894	73,641	65,046	305,826	402,648
Other income (expense):					
Interest expense	(35,429)	(35,333)	(13,353)	(132,716)	(50,219)
Interest and other income (expense)	(3,734)	3,930	(6,177)	(31,225)	(3,060)
Income before income taxes	20,731	42,238	45,516	141,885	349,369
(Benefit) provision for income taxes	(22,447)	12,806	(37,855)	19,244	82,570
Net income	$ 43,178	$ 29,432	$ 83,371	$ 122,641	$ 266,799
Earnings per share:					
Basic	$ 0.10	$ 0.07	$ 0.20	$ 0.29	$ 0.63
Diluted	$ 0.10	$ 0.07	$ 0.19	$ 0.28	$ 0.62
Weighted-average common shares outstanding:					
Basic	427,668	426,869	422,244	425,889	420,544
Diluted	438,257	437,606	432,514	436,456	431,894

す。それまでは、郵送DVDレンタル事業が主な事業でした。新しいDVDを借り
たい時は、古いDVDを送り返すという形で、日本でもTSUTAYA(ツタヤ)が似た
ようなビジネスをしていました。

　Netflixがすごいのは、郵送DVDビジネスでシェアNo.1だったにもかかわらず、
自ら率先して動画ストリーミングビジネスに事業を転換した点です。通常、シェ
アNo.1のプレーヤーは「イノベーションのジレンマ」に陥り、事業転換が遅れが
ちですが、見事な事業転換を果たしました。

2. アメリカの全トラフィックの3分の1を占有するサービス

　図5-2は、同社のIR資料にあった「北米のインターネットトラフィックのピーク
時にNetflixがどの程度トラフィックを占有しているか」を示したものです。

　Netflixは動画ストリーミングサービスなので、インターネットのトラフィックが必
要です。要は、速いネット回線が必要だ、ということです。

　図5-2を見ると、2015年時点では北米の全インターネットトラフィックの37％
をNetflixが専有しています。同じ動画配信サービスであるYouTubeの倍以上
です。

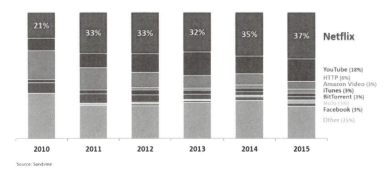

●図5-2：北米におけるNetflixのトラフィック占有率（2015年10-12月期決算）

動画ストリーミングのトラフィック占有率は年々増えていますが、その中でもNetflixが圧倒的にシェアを増やしていることがよくわかります。

3. 独自コンテンツも開始して巨額を投資

Netflixは、最近まで自社でコンテンツを作らずに、コンテンツ製作者（テレビ局や映画制作会社）が作ったコンテンツを配信してきました。ところが、ここ数年間の間に、独自コンテンツを製作し始め、業界を震撼させています。

2015年10-12月期決算には、「2015年に4.5億時間分のオリジナルコンテンツが追加された」ことや、「2016年には6億時間分を追加する」と書いています。特にファミリー系、キッズ系のコンテンツ製作に注力し、2016年中に35組（シーズン）の新番組を追加する予定だそうです。

この施策の影響もあってか、Netflixのコンテンツ調達費はうなぎ登りに増えています。2015年は、年間で$10.9 Billion（約1兆1000億円）分の独自コンテンツ発注を行っていました。

これは「2015年に発注した分」であって、この額すべてを2015年内に支払ったわけではありません。そこで実際にいくらコンテンツ調達に使ったのかを調べてみると、カナダのRBC Capital Marketsが行った調査には$3.3 Billion（約3300億円）とありました。

この数字は、Amazonプライムの会員向けにオリジナルの動画コンテンツを配信しているAmazonや、動画配信サービスのHulu(フールー)といった競合に比べて倍程度大きく、コンテンツ調達で差別化しようという強い意思が見られます。

Netflixの決算から2015年のコスト構造を分析すると、67.7%が「原価」に相当するもので、ここがほぼすべてコンテンツ調達コストに相当すると考えられます。独自コンテンツにお金をかけ続けるのは、短期的な利益率改善よりも、他社との差別化のためでしょう。

4. 加入者数がいまだに2桁で成長中

冒頭で、Netflixのビジネスモデルは「定額制の月額課金」であると述べました。従って、個人課金ビジネスにおける成功の方程式である

売上＝ユーザー数×ユーザーあたりの売上(ARPU)

で考えると、ユーザー数≒有料会員の加入数が最も大事な指標になります。そこで、同社の決算で有料会員加入数の推移を調べてみると、綺麗な右肩上がりになっていました。アメリカ国内だけでも、2015年10-12月期に156万もの有料会員を獲得しています。YoYで＋14%です。

前年同期がYoY＋16%だったので、それに比べるとアメリカでの成長スピードがやや下がっていますが(アメリカでのシェアはすでに十分高いからだと考えられます)、それでもすさまじい数の新規会員を獲得していることになります。

5. 国際展開も着手

Netflixがさらに素晴らしいのは、アメリカでの成長が頭打ちになる前に、積極的に国際展開に着手している点です。アメリカ外での会員獲得は、YoYで＋64%と急成長を続けています。日本でも2015年8月にソフトバンクと業務提携をしており、グローバルではまだまだ伸びしろが大きいと考えられます。

実際に、2015年10-12月期決算では、ストリーミングビジネスにおけるアメリ

カ国内での売上が$1.1 Billion（約1100億円）だったのに対して、アメリカ外での売上はすでに$566 Million（約566億円）もありました。つまり、2015年の時点で、アメリカ外での売上がアメリカの半分にまでなっていたわけです。

とはいえ、この時点ではアメリカ外での事業が赤字なので、先行投資を行ってシェアを獲りにいったというのが現状でしょう。

2016年のコンテンツ投資はAbemaTVの約25倍に

続いて、ちょうど1年後にあたる2016年10-12月期の決算を見てみましょう。

動画ストリーミングサービスの世界では、Amazonもプライム会員向けの独自コンテンツ配信に力を注ぐなど、年々競争が激しくなっています。それゆえ、Netflixの成長スピードに対しては疑問の声も上がっていました。

しかし、そんな外野の声をよそに、Netflixはこの四半期も非常に好調な結果を残しています。図5-3が、売上や会員数などをまとめたサマリーです。決算説明用のスライドがなく、少々見づらいと思いますので、主要な数字を抜き出して説明していきます。

まず、四半期ベースでは有料会員の増加数が過去最高を記録しています。

次に、全体の売上は$2.35 Billion（1ドル100円換算で約2350億円）、限界利益（売上−変動費）が$470 Million（約470億円）となっています。

地域別に見ると、アメリカ国内では190万の新規有料会員を獲得し、四半期の売上が$1.4 Billion（約1400億円）、限界利益が$536 Million（約536億円）、限界利益率が38.2%となっていました。

アメリカ以外のグローバルでは、510万の新規有料会員を獲得し、四半期の売上が$948 Million（約948億円）、限界利益が$67 Million（約67億円）の赤字でした。

四半期ベースで国内外合わせて約700万もの有料会員を獲得しており、非常に速いペースで成長し続けています。この成長を支えているオリジナルコンテンツへの投資額は、年間で$5 Billion（約5000億円）に上っていました。1年間にこれだけの金額をコンテンツ製作に投資できる会社は、グローバルに見てもあまりないでしょう。

●図5-3：Netflixの決算サマリー（2016年10-12月期決算）

(in millions except per share data and Streaming Content Obligations)	Q4 '15	Q1 '16	Q2 '16	Q3 '16	Q4 '16	Q1 '17 Forecast
Total Streaming:						
Revenue	$ 1,672	$ 1,813	$ 1,966	$ 2,158	$ 2,351	$ 2,516
Contribution Profit	$ 270	$ 309	$ 345	$ 407	$ 470	$ 623
Contribution Margin	16.2%	17.0%	17.6%	18.8%	20.0%	24.8%
Paid Memberships	70.84	77.71	79.90	83.28	89.09	95.34
Total Memberships	74.76	81.50	83.18	86.74	93.80	99.00
Net Additions	5.59	6.74	1.68	3.57	7.05	5.20
US Streaming:						
Revenue	$ 1,106	$ 1,161	$ 1,208	$ 1,304	$ 1,403	$ 1,471
Contribution Profit	$ 379	$ 413	$ 414	$ 475	$ 536	$ 607
Contribution Margin	34.3%	35.5%	34.3%	36.4%	38.2%	41.3%
Paid Memberships	43.40	45.71	46.00	46.48	47.91	49.86
Total Memberships	44.74	46.97	47.13	47.50	49.43	50.93
Net Additions	1.56	2.23	0.16	0.37	1.93	1.50
International Streaming:						
Revenue	$ 566	$ 652	$ 758	$ 853	$ 948	$ 1,045
Contribution Profit (Loss)	$ (109)	$ (104)	$ (69)	$ (69)	$ (67)	$ 16
Contribution Margin	-19.2%	-16.0%	-9.1%	-8.0%	-7.0%	1.5%
Paid Memberships	27.44	31.99	33.89	36.80	41.19	45.48
Total Memberships	30.02	34.53	36.05	39.25	44.37	48.07
Net Additions	4.04	4.51	1.52	3.20	5.12	3.70
Total (including DVD):						
Operating Income	$ 60	$ 49	$ 70	$ 106	$ 154	$ 239
Operating Margin	3.3%	2.5%	3.3%	4.6%	6.2%	9.1%
Net Income*	$ 43	$ 28	$ 41	$ 52	$ 67	$ 165
EPS*	$ 0.10	$ 0.06	$ 0.09	$ 0.12	$ 0.15	$ 0.37
Net cash (used in) operating activities	$ (245)	$ (229)	$ (226)	$ (462)	$ (557)	
Free Cash Flow	$ (276)	$ (261)	$ (254)	$ (506)	$ (639)	
EBITDA	$ 111	$ 107	$ 129	$ 164	$ 212	
Shares (FD)	438.3	438.0	438.2	438.4	440.1	
Streaming Content Obligations** ($B)	10.9	12.3	13.2	14.4	14.5	

* Q4'15 Net Income/EPS includes a $13m / $0.03 benefit from a tax accrual release related to resolution of tax audits.

**Corresponds to our total known streaming content obligations as defined in our financial statements and related notes in our most recently filed SEC Form 10-K

　参考までに、近年の日本で最もコンテンツ製作に投資をしているインターネット企業とされるAbemaTVでさえ、年間200億円の投資額と言われています。つまり、NetflixはAbemaTVの約25倍もの金額をコンテンツ製作に投資していたことになります。同社の投資額がいかに大きいか、ご理解いただけるのではないでしょうか。

　中でも目を向けるべきなのが、ローカルコンテンツの製作にも積極的だという点です。ここで言う「ローカルコンテンツ」とは各国のユーザー向けに製作・調達した独自コンテンツのことで、例えば日本ではフジテレビの「テラスハウス」をいち早く買い付けたり、吉本興業と共同で又吉直樹さんの芥川賞受賞作「火花」のドラマを製作したりもしています。2016年11月にはNHKと歴史ドラマを共同製作することも発表しており、各国の地域性に根ざしたコンテンツへ積極的に投資をしています。

2016年10-12月期の決算で紹介されていた他の事例として、例えばブラジルでは「3%」というブラジルで製作したオリジナル作品が大きなヒットを飛ばしたそうです。

こうしたローカルコンテンツが海外でどの程度人気なのか?は日本にいる皆さんにはピンとこないかもしれませんので、具体的なテレビ番組名を挙げながら紹介していきます。

Googleが発表した「Year In Search 2016」(日本語名は「検索で振り返る2016」)では、グローバルで最も検索された検索キーワードがカテゴリー別に発表されています。その中の「テレビ番組」カテゴリーにおいて、上位5位の中にNetflixの製作番組が3つ、TOP10の中には5つも入っていました。

以下が上位の10番組で、(★)印をつけたのがNetflixの製作番組です。

【2016年に検索された「テレビ番組」TOP10】

1位. Stranger Things(★)

2位. Westworld

3位. Luke Cage(★)

4位. Game of Thrones

5位. Black Mirror(★)

6位. Fuller House(★)

7位. The Crown(★)

8位. The Night Of

9位. 太陽的後裔(Descendants of the Sun)

10位. Soy Luna

このように、Netflixはコンテンツ面でも「世界王者」となりつつあるのです。

他方、四半期あたりの限界利益は$536 Million(約536億円)、年換算すると$2 Billion(約2000億円)の状態で、2017年は前年よりも投資が増えて$6 Billion(約6000億円)もの金額をコンテンツ製作に投資するという発表がなされています。現状では短期的な利益を出すよりも、市場シェアを獲りにいく戦略を採っているわけですが、財務状況はどのようになっているのでしょうか。

この期の決算発表で、2015年末時点と2016年末時点のバランスシート（貸借対照表）比較が載っていたので、そのまま転載します。図5-4を見ると、手持ちの現金を減らしてでもコンテンツを製作していることがよくわかります。

まず、Cash and cash equivalents（現金）を見ると、2015年末の$1.8 Billion（約1800億円）が、2016年末には$1.47 Billion（約1470億円）へ減少しています。

一方のCurrent content assets, net（コンテンツ資産）は、$2.9 Billion（約2900億円）から$3.7 Billion（約3700億円）へ増加しています。Non Current Content Asset（オリジナルコンテンツへの投資を資産化したもの）も、$4.3 Billion（約4300億円）から$7.2 Billion（約7200億円）に増加しています。

最後にLong-term debt（長期借入）を見てみると、2015年末の$2.3 Billion（約2300億円）が2016年末には$3.3 Billion（約3300億円）に増加しています。

つまり、2016年末の時点では文字通り「借金をしてコンテンツに投資している」というわけです。

この時点での長期借入は、年換算した限界利益の1.5〜2倍程度に収まっているため、まだ大丈夫な範囲かもしれませんが、今後どこまでアグレッシブな投資を続けていくのかが気になります。

Netflixは月額課金のサービスであるため、解約率が低いことを前提に、先行投資を積極的に行うという戦略は理にかなっています。とはいえ、成長率と借入のバランスをどのように取っていくのでしょうか？

そこで、今度は2017年1-3月期の決算で開示された財務諸表を見ながら、この点を検証していきます。

コンテンツに巨額を投じても経営を軌道に乗せる策

2017年1-3月期の決算で最初に目を引いたのは、動画ストリーミングの有料会員が9436万に達しており、有料会員1億人の大台が目の前に迫っていることでした。そして、この章の冒頭で記したように、後の2017年4月には無事に1億を突破しています。

売上は2.6 Billiom（約2600億円）で、YoYは＋34.7%でした。営業利益は$257 Million（約257億円）、営業利益率は9.7%です。

●図5-4：Netflixの2015年末と2016年末のバランスシート比較

	As of	
	December 31, 2016	December 31, 2015
Assets		
Current assets:		
Cash and cash equivalents	$ 1,467,576	$ 1,809,330
Short-term investments	266,206	501,385
Current content assets, net	3,726,307	2,905,998
Other current assets	260,202	215,127
Total current assets	5,720,291	5,431,840
Non-current content assets, net	7,274,501	4,312,817
Property and equipment, net	250,395	173,412
Other non-current assets	341,423	284,802
Total assets	$ 13,586,610	$ 10,202,871
Liabilities and Stockholders' Equity		
Current liabilities:		
Current content liabilities	$ 3,632,711	$ 2,789,023
Accounts payable	312,842	253,491
Accrued expenses	197,632	140,389
Deferred revenue	443,472	346,721
Total current liabilities	4,586,657	3,529,624
Non-current content liabilities	2,894,654	2,026,360
Long-term debt	3,364,311	2,371,362
Other non-current liabilities	61,188	52,099
Total liabilities	10,906,810	7,979,445
Stockholders' equity:		
Common stock	1,599,762	1,324,809
Accumulated other comprehensive loss	(48,565)	(43,308)
Retained earnings	1,128,603	941,925
Total stockholders' equity	2,679,800	2,223,426
Total liabilities and stockholders' equity	$ 13,586,610	$ 10,202,871

　ただ、純利益は$178 Million（約178億円）と非常に大きな額にもかかわらず、営業活動からのキャッシュフローがマイナス$344 Million（－約344億円）になっていました。

　これはどういうことかというと、本業で約178億円分の利益が出ているにもかかわらず、何かに投資をして、結果として営業活動からのキャッシュフローがマイナス344億円になっているということです。ここまでの記事で何度も取り上げてきたように、この「投資」は明らかにオリジナルコンテンツの製作・調達費でしょう。

　そこで、営業黒字の会社がこれだけのキャッシュを放出している仕組みを、同社の**キャッシュフローステートメント**＊でも確認してみました。

　すると、「税引き後の利益」が$178 Million（約178億円）である一方、トータル

での「営業活動からのキャッシュフロー」はマイナス$344 Million（－約344億円）になると書いてありました。これらの数字からも、やはりNetflixがとてつもない金額を自社コンテンツへ投資していることがわかります。

さらに、「2017年はキャッシュフリーキャッシュフローがマイナス$2 Billion（－約2000億円）になる予定だ」と決算資料に記してありました。P&Lだけ見たら黒字の会社が、その利益にプラスしてさらに約2000億円分をコンテンツに投資するという宣言です。

では、年間2000億円もの投資金額は、どのように調達してきたのでしょう。改めてバランスシートを見てみます。

図5-5が、2016年12月末時点のバランスシートと、2017年3月末時点の比較です。これによると、中段にあるLiablity（負債）の項目のうち、保有コンテンツ以外で最も大きいのが長期借入金（Long-term debt）の約$3.4 Billion（約3400億円）となっています。約3400億円分を借入で調達しているわけです。

約3400億円の借入金というのは、年間の営業利益の約3倍に相当する額であり、借入の水準としてはそこまで無茶をしているわけではありません。それでも、非常に大きなレバレッジをかけようとしていることだけは確かです。

2016年10月24日、米メディアのBusiness Insiderは「Netflix is taking on another $800 million in debt」と題する記事で、$800 Million（約800億円）を新たに資金調達したと報じています。これも、自社コンテンツを増やすための投資ですぐに消えていく、ということなのでしょう。

さて、この節の最後に、Netflixがなぜここまで大規模な投資を続けるのかを改めて説明しましょう。

最大の要因は、競争が激化している市場環境にあります。動画ストリーミングサービスにはAmazonプライムやAppleのiTunesといった競合がひしめき合っているので、独自コンテンツに魅力がないと、ユーザーがNetflixを選ぶ理由が価格以外になくなってしまいます。最終的に価格競争に陥ってしまった場合、巨大な競合に勝てるという保証はありません。そこで、今のうちに強力な差別

用語解説

キャッシュフローステートメント……キャッシュフロー計算書のことで、会社の現金の増減を一会計期間で示したもの。

●図5-5：Netflixの2016年末と2017年3月末のバランスシート比較

Consolidated Balance Sheets
(unaudited)
(in thousands, except share and par value data)

	As of	
	March 31, 2017	December 31, 2016
Assets		
Current assets:		
Cash and cash equivalents	$ 1,077,824	$ 1,467,576
Short-term investments	263,405	266,206
Current content assets, net	4,026,615	3,726,307
Other current assets	292,486	260,202
Total current assets	5,660,330	5,720,291
Non-current content assets, net	8,029,112	7,274,501
Property and equipment, net	275,083	250,395
Other non-current assets	394,571	341,423
Total assets	$ 14,359,096	$ 13,586,610
Liabilities and Stockholders' Equity		
Current liabilities:		
Current content liabilities	$ 3,861,447	$ 3,632,711
Accounts payable	294,831	312,842
Accrued expenses	296,258	197,632
Deferred revenue	458,693	443,472
Total current liabilities	4,911,229	4,586,657
Non-current content liabilities	3,035,430	2,894,654
Long-term debt	3,365,431	3,364,311
Other non-current liabilities	73,323	61,188
Total liabilities	11,385,413	10,906,810
Stockholders' equity:		
Common stock	1,669,132	1,599,762
Accumulated other comprehensive loss	(45,859)	(48,565)
Retained earnings	1,350,410	1,128,603
Total stockholders' equity	2,973,683	2,679,800
Total liabilities and stockholders' equity	$ 14,359,096	$ 13,586,610

化要因を作っているのです。

　なお、Netflixがここまでリスクを取って投資をしている理由に関して、CEOのリード・ヘイスティング氏は米Business Insiderの記事「Netflix will burn $2 billion in 2017, and negative free cash flow will continue 'for many years'」(2017年4月18日掲載)でこのように説明しています。

Over the long run, we believe self-producing is less expensive (including cost of capital) than licensing a series or film, as we work directly with the creative community and eliminate additional overhead and fees.（中略）In addition, we own the underlying intellectual property, providing us with global rights and more business and creative control.

（日本語訳）

長い目で見ると、他社コンテンツのライセンスを受けるよりも、自社コンテンツに投資をした方が余計な間接費や手数料を払わずに済むため、（コンテンツ製作をするための）資金調達コストを含めて考えても結果的に「割安」になる。(中略)さらに、コンテンツの知財やグローバルの権利などすべての権利を自社で保有でき、二次ビジネスなども可能になる。

Combined with the success of our portfolio of originals and the positive impact on our member and revenue growth, we believe this is a wise investment that creates long term value. Consequently, we plan on investing more, which will continue to weigh on free cash flow.

（日本語訳）

これまでのところ、自社コンテンツはとても人気で、有料会員増・売上増に大きく貢献しており、自社コンテンツへの投資は正しい戦略だったと証明できている。今後もフリーキャッシュフローを大きくマイナスにしてでも、長期的に自社コンテンツへ投資を続けていく予定だ。

　要するに、「他社コンテンツのライセンスを受ける場合」と「自社でコンテンツ製作する場合」の費用比較をデータに基づいてしっかり行った上で、アグレッシブな投資をしていると説明しています。

　コンテンツを買うよりも、自社コンテンツを製作した方が長期的に見ると「割安」だから投資をしている。Netflixの決算を読み解くと、そんな考えが透けて見えてくるのです。

この節のまとめ

- Netflixは競合との差別化のために、2017年時点で約2000億円にも上る「独自コンテンツ製作への投資」を行っている
- コンテンツに巨額を投資する戦略は、2017年3月末時点で約3400億円の「長期借入金」(年間営業利益の約3倍)に支えられている

5-3 「個人課金vs広告型」のARPU比較

この節でわかること

- 音楽ストリーミングの二大巨頭であるSpotifyとPandoraの収益モデルの違い
- 2020年の音楽ストリーミング業界の売上&ユーザー数予測
- 音楽ストリーミングにおける個人課金型vs広告型の将来予測

SpotifyとPandora、未来が明るいのはどっち?

　動画ストリーミングの雄Netflixの決算分析では、同社の成長を支えているのは有料会員の加入数であり、そのために自社オリジナルのコンテンツ製作に巨額を投資していると説明しました。

　他方、音楽配信サービスは、同じストリーミングビジネスでも「個人課金型」と「広告型」のそれぞれで伸びてきた企業が存在しています。スウェーデン生まれのSpotifyと、アメリカで生まれたPandoraです。

　ここでは、両サービスのビジネスモデルを説明しながら、双方に共通する方程式である

売上＝ユーザー数×ユーザーあたりの売上（ARPU）

のうち、ARPUに着目して将来を予想してみます。

　その前に、SpotifyとPandoraのサービス概要を紹介していきましょう。米コンサルティング会社のActivateが2015年10月に発表した「Activate Tech and Media Outlook 2016」というレポートの中に、この2社を比較したデータがあるので参照していきます。

　はじめに取り上げるのは、「個人課金型」の代表格であるSpotifyです。これは「定額制音楽聴き放題サービス」と呼ばれるもので、2016年には全世界で月間

●図5-6：SpotifyとPandoraのビジネスモデル比較（Activate調べ）

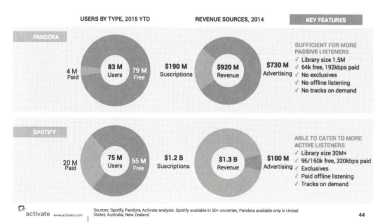

※Slide by Activate Inc - Activate Tech and Media Outlook 2016/CC BY 4.0

　アクティブユーザー数が1億を突破している世界最大級の音楽ストリーミングサービスです。

　ユーザーは無料でも利用できますが、機能に制限があり、全機能を利用するには月額$9.99（日本では980円）の有料プランに申し込む必要がある、という形です。日本では、LINE MUSIC（ライン・ミュージック）やAWA（アワ）といった類似サービスがあります。

　図5-6によると、2014年時点の売上$1.3 Billion（1ドル100円換算で約1300億円）のうち、92％にあたる$1.2 Billion（約1200億円）が、月額課金による売上でした。同じく2014年時点の有料会員数（2000万ユーザー）は、全会員数（7500万ユーザー）の27％と非常に高いのも特徴です。

　最近は、Apple Musicなど大手企業がSpotifyのビジネスモデルをコピーしてサービスを展開していますが、2016年第1四半期における有料会員数を調べてみると、Spotifyが約3000万ユーザーだったのに対して、Apple Musicは約1100万ユーザー。有料会員数ではSpotifyに先行者利益がある、というのが

現状です。

　ただし、大手の新規参入がユーザー獲得コストのさらなる増大につながるの
も事実で、2016年3月には$1 Billion（約1000億円）もの金額を**社債***で調達する
など、赤字解消から収益化への道はまだ遠いようにも見えます。

　続いて、「広告型」の代表であるPandoraを紹介しましょう。こちらは「インタ
ーネットラジオ」と呼ばれており、一部の有料機能を除いて無料で利用できます。
ユーザーは自身で選曲するというより、ラジオを聴くように受け身で音楽を聴い
ています。日本の読者にはなじみが薄いかもしれませんが、アメリカを中心に人
気を博し、2015年には月間で約8000万ユーザーが利用していました。

　収益源はほとんどが広告で、サービスを運営するPandora Mediaの2015年
通期決算（図5-7）では売上が$1.16 Billion（約1160億円）となっています。

●図5-7：Pandora Mediaの2015年通期決算サマリー

	Three months ended December 31,		Twelve months ended December 31,	
	2014	2015	2014	2015
Revenue				
Advertising	$ 220,087	$ 268,989	$ 732,338	$ 933,305
Subscription and other	47,913	57,001	188,464	220,571
Ticketing service (1)	-	10,167	-	10,167
Total revenue	268,000	336,157	920,802	1,164,043
Cost of revenue				
Cost of revenue - Content acquisition costs	115,326	142,933	446,377	610,362
Cost of revenue - Other (2)	17,206	22,168	61,627	79,858
Cost of revenue - Ticketing service (1), (2)	-	7,121	-	7,121
Total cost of revenue	132,532	172,222	508,004	697,341
Gross profit	135,468	163,935	412,798	466,702
Operating expenses				
Product development (2)	14,865	28,115	53,153	84,581
Sales and marketing (2)	76,914	112,574	277,330	398,169
General and administrative (2)	31,074	42,774	112,443	153,943
Total operating expenses	122,853	183,463	442,926	636,693
Income (loss) from operations	12,615	(19,528)	(30,128)	(169,991)
Other income (expense), net	70	(1,637)	306	(1,220)
Income (loss) before benefit from (provision for) income taxes	12,685	(21,165)	(29,822)	(171,211)
Benefit from (provision for) income taxes	(407)	1,756	(584)	1,550
Net income (loss)	$ 12,278	$ (19,409)	$ (30,406)	$ (169,661)
Basic net income (loss) per share	0.06	(0.09)	(0.15)	(0.79)
Weighted-average basic shares	208,434	220,625	205,273	213,790
Diluted net income (loss) per share	$ 0.06	$ (0.09)	$ (0.15)	$ (0.79)
Weighted-average diluted shares	217,567	220,625	205,273	213,790

用語解説

社債……事業会社が、資金調達のために投資家からの金銭払込みと引き替えに発行する債券のこと。企
業の借金証書。

一方で、原価は$697 Million（約697億円）で、原価率が60%と非常に高いのが特徴です。Pandoraのようなモデルでは、配信する楽曲のライセンスコストが高くつくからです。ここに、営業費用が$636 Million（約636億円）ほど加わり、2015年は$171 Million（約171億円）の営業赤字となっていました。

なお、有料機能の月額課金による売上は、全体の売上である$1.16 Billion（1160億円）のうち、19%にあたる$220 Million（約220億円）となっています。有料会員数は、全会員数の5%と非常に低いのも特徴です。

さて、ここからが本題の「ARPUによる将来予想」です。SpotifyもPandoraも、ここで分析した決算の時点では赤字なわけですが、将来はどうなるのでしょう。決算に未来のことは書いてありませんので、引き続き「Activate Tech and Media Outlook 2016」に載っていた数字を参考にしてみます。

このレポートには世界のストリーミングサービス市場予測（図5-8）が載っており、「有料課金型」と「広告型」の2つのビジネスモデルについて、次のように述べています。

●図5-8：2020年までのストリーミングサービス市場予測（Activate調べ）

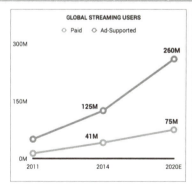
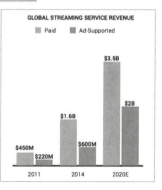

※Slide by Activate Inc - Activate Tech and Media Outlook 2016/CC BY 4.0

まず、ユーザー数について。有料課金型は、2014年の4100万ユーザーが2020年には7500万ユーザーまで増えるとされています。一方の広告型は、2014年の1億2500万ユーザーから2020年には2億6000万ユーザーへと倍以上に増えると予想されています。つまり「広告型＞有料課金型」です。

次は売上ですが、有料課金型は2014年の$1.6 Billion（約1600億円）から2020年には$3.5 Billion（約3500億円）に成長するとされている一方、広告型は2014年の$600 Million（約600億円）が2020年には$2 Billion（約2000億円）になると予想されています。両方ともに伸びてはいるものの、「有料課金型＞広告型」になるという予想です。

これらの数字から、2014年と2020年それぞれの「1ユーザーあたりの月間売上」（ARPMAU）を算出すると、こうなります。

【有料課金型のARPMAU】
2014年：（1600億円÷4100万ユーザー）÷12カ月＝325.2円
2020年：（3500億円÷7500万ユーザー）÷12カ月＝388.8円

【広告型のARPMAU】
2014年：（600億円÷1億2500万ユーザー）÷12カ月＝40円
2020年：（2000億円÷2億6000万ユーザー）÷12カ月＝64.1円

有料課金型のように、月間300円〜400円くらいの売上があれば利益が出そうな気もしますが、広告型の月間100円以下だと、ライセンスコストやデータ配信コストなどを回収するだけで大変そうな印象を受けました。

それを知ってか、Pandoraも2016年9月から「Pandora Plus」という低料金のサブスクリプションサービスを開始しています。今後は、次の節で詳しく紹介する「広告型と個人課金型をハイブリッドしたビジネスモデル」に変わっていくのだと考えられます。

この節のまとめ

- Spotifyは売上のうち有料課金の割合が92%になっているのに対して、広告型のPandoraは売上のうち有料課金の割合が19%しかない
- 2020年の音楽ストリーミング業界は、ユーザー数が「広告型＞有料課金型」となる反面、売上は有料課金型の方が上回ると予測される

5-4 「広告」と「課金」のハイブリッドで成長する クックパッドと食べログ

この節でわかること

- 広告と課金のハイブリッドサービスにおける決算の注目点
- 2016年に「会員事業への回帰」を宣言したクックパッドのその後
- カカクコムの主力事業に成長した食べログのさらなる伸びしろ

絶好調のクックパッドに潜む3つのリスク要因

ユーザーから直接利用料をもらう個人課金型のビジネスは、無料でサービスを提供する広告型ビジネスに比べてユーザー数を大きくするのが困難になりがちだと冒頭で記しました。それゆえ、広告型と個人課金型をハイブリッドしたビジネスモデルを採用するサービスは少なくありません。

ここでは、日本におけるハイブリッド型の代表格と言えるグルメ系メディアの決算事例を基に、このモデルの特徴を紐解いていきます。

はじめは、料理レシピ検索を中心に人気を誇るクックパッドを取り上げます。

同社は無料で閲覧できるレシピ検索サービス(つまりビジネスとしては広告型になります)を入り口に、プレミアム会員と呼ばれる有料会員を獲得することで収益を上げてきました。また近年は、さらなる規模拡大を狙って海外展開や事業の多角化にも力を入れていました。

しかし2016年、その経営方針に対する意見の食い違いから、創業者と当時の経営陣が対立。社長および経営陣の退任・交代というニュースが世間の注目を集めました。この一件でクックパッドがどのように変わっていくのかを見るために、2つの四半期の決算を見ていきます。

まずは、一連の混乱の渦中にあった2016年4-6月期の決算を見てみましょう。この期の売上は89億1000万円(対前年同期比＋44.3%)、営業利益が41億3000万円(対前年同期比＋57.6%)と、非常に良いペースで成長を続けています。中でも、レシピサービス事業の売上推移と内訳を示しているのが図5-9です。

● 図5-9：クックパッドのレシピサービス事業の売上推移（2016年4-6月期決算）

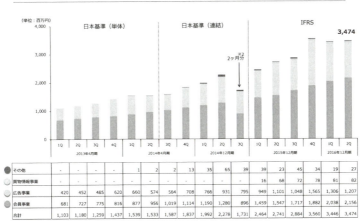

　グラフの下にある内訳を見ると、会員事業・広告事業共に急成長が続いており、経営陣交代の影響は全くと言っていいほど見受けられません。
　クックパッドは、すでにブランドが確立されているだけではなく、ネットワーク外部性が非常に強いサービスであるため、担当する社員が変わったくらいでは（短期的には）びくともしないレベルのサービスになっているのだと考えられます。
　実際に、この期の決算説明会の後に出された「主な質疑応答の要約」という資料には、以下に引用するような回答があったと記してあります。

Q11.
マスコミが面白おかしく記事を書いていますが、どういう経緯で、なぜ人材が流出しているのか教えてください。また、今後、優秀な人材が採用できる目途は立っているのでしょうか。

A11.
昨年度末と比較して、人数は減っておりませんし、離職率に著しい変化もありません。また、社員の退職に伴い、事業運営に影響があるとは考えておりません。新しく採用しており、十分に事業運営はできている状態です。ただ、今後の成長

のためには、まだまだ海外含めて人員の採用が必要だと思っています。

　このように、短期的には盤石に見えるクックパッドですが、経営陣の刷新後にいくつかの大きな方針変更が発表されています。そのうちの一つは、国内での多角化戦略から「料理レシピ単品での海外展開」に転換する動きです。
　具体的には、「世界100カ国で1位になるレシピサービスを作る」「そのためにエンジニア・デザイナーを毎年200人ずつ増やす(投資する)」「広告事業のウェイトを下げていく」などを決算説明会で言及しています。
　これらの方針転換が今後の経営にどのような影響を与えるのか、そのリスク要因を3つほど推察してみました。

1. プレミアム会員の純増数が減速

　2016年4-6月期の決算で気になったのは、クックパッド最大の事業である会員事業で、プレミアム会員の純増数が減速していた点です。

●図5-10：プレミアム会員の「純増数」推移(2016年4-6月期決算)

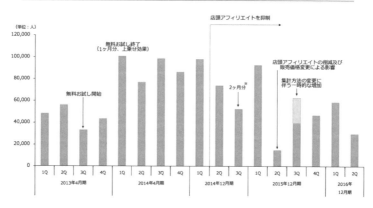

第5章　個人課金ビジネスの決算　　199

　図5-10を見ての通り、プレミアム会員の純増数が減速しています。過去の四半期でも減っていた期がありますが、図5-10にコメントが記載されているように何かしら明確な理由があって減っていました。しかし、この期は大きな理由もなく減速しています。

　この点について、決算説明会の後に出された「主な質疑応答の要約」には、このような記載がありました。引用して紹介します。

Q30.
国内のレシピサービスのファンの増加について、月次利用者数に占めるプレミアム会員の比率が3%程度で上昇していないと思いますが、この比率を4%等に上げていくことを目指すのでしょうか。それとも、それよりはCtoCの新規事業の方がこの先数年においては成長ドライブになっていくのでしょうか。

A30.
プレミアムサービス会員数を増やしていきたいということはゆるぎないです。これまでは無料サービスの上にどうやって新しい付加価値を付けてプレミアムサービスを伸ばしていくのかを検討していました。一方で、現状を見ていると、たくさん使ってくださっているファンと言えるようなユーザーが少ない状況で、そういうユーザーを増やすためには、既存の無料サービスの上に有料サービスを作る方法では限界があり、無料のサービスを含めて変えていかないといけないと考えています。そのため、開発体制も今までは会員事業と検索事業とで分けていましたが、これを一緒にして、サービス開発の土台ごと変えていきたいと思っています。

　フリーミアムモデルを採用している以上、有料会員の割合を劇的に上げるのは難しく、今後は「最初から有料」の新規サービスも検討している、という発言があります。

　クックパッドの短期〜中期業績を占う意味では、このサービス開発の動向に加えて、プレミアム会員の純増数がどう変わっていくのかをしっかり見極める必要があるでしょう。

　また、長期の業績を占うという意味では、日本以外の国で「レシピサービスにお金を払うユーザー」がどのくらいいるのか？も鍵を握ると考えられます。日本は

"ガラケー"、すなわちフィーチャーフォンの時代から、コンテンツ課金が成立しやすい国の一つでしたが、海外で同じようにいくかどうかは全く読めません。

いずれにせよ、プレミアム会員の純増数は今後の決算発表で引き続き注視していきたい部分です。

2. 広告事業のウェイトを下げるという経営判断の是非

広告事業に関しては、2016年度は前年比でプラスマイナスゼロくらいの着地になるというガイダンスが出ています。再び決算発表時の質疑応答から引用します。

Q2.
広告を見直すということですが、これまで好調に伸びてきた広告をなぜこのタイミングで見直すのでしょうか。
A2.
広告を見直す一つの大きな理由はサービス開発のスピードをあげるためです。広告は枠が設定されているため、サービス開発をする度に、事前に広告主との間で、「広告枠をずらしても大丈夫か」等の調整が多く必要になります。今、ユーザー数を大きく伸ばしていく必要がある中で多くのことに挑戦してくため、サービス開発のスピードを上げる必要がありますが、その中で上記の調整に時間を取られすぎることのないようにするため、広告枠の見直しをしています。また一部、広告の対象商材でレシピサービスにそぐわないものがあることを認識しているので、その点の改善も進めていきます。

要は「広告をたくさん入れると、広告枠の調整コストが大きくなり、サービス改善のスピードが遅くなる」ため、広告枠を減らしていくということです。

この経営判断は、短期的にはほぼ間違いなく減益要因になるでしょう。前述した「プレミアム会員の純増数の減速」や、「エンジニア・デザイナーを毎年200人ずつ増やす」という方針とも関連しますが、クックパッドの現経営陣は「短期的には減益も厭わない」という覚悟をしていることが見えてきます。

3. 新規事業（CtoCプラットフォーム）はどうなるのか？

　この期の決算発表では、2017年12月期から5年間の集中領域の一つとして、「料理に関連するCtoCプラットフォームの開発」が挙げられていました。

　その構想について、これも質疑応答の資料に載っていたので引用します。

Q3.

既に「クックパッド」そのものが良質なコミュニケーションの場という認識ですが、ここにさらにCtoCプラットフォームを新しく作るのは、どのようなサービスを志向しているのか、ユーザーのニーズをどう反映させたものを作ろうとしているのか、もう少し具体的に教えてください。

A3.

CtoCのプラットフォームについては、これからどんどんアイディアを募って進めていきたいと考えています。既に存在しているものとして、料理教室のサービスがあります。料理を教えてほしいユーザーと教えたいユーザーを我々がマッチングし、フィーをいただくビジネスモデルです。また、例えば、器を作って多くの人に販売したいという個人事業主を助けるようなサービスや、料理に関するクラウドファンディングを通して料理に関する新しいアイディアがあるユーザーや、農業をこういう風に変えていきたい、という思いのあるユーザーとそれを支援したいユーザーをマッチングしてフィーをいただくようなサービスを作っていきたいと考えています。

Q27.

CtoCプラットフォームの話は大変興味深いと思いますが、具体的に動いているプロジェクトが何件程度あるのか教えてください。

A27.

いくつか議論しているものはありますが、既にあるものとしては料理教室はCtoCビジネスそのものです。

　まずは、既存サービスである「クックパッド料理教室」をしっかり立ち上げると

いうことのようです。これは、インターネットサービスと違って実際に人とモノと場所が必要なビジネスなので、レシピ検索のクックパッドほど素早く立ち上がらないのは間違いありません。

どのくらいのタイミングで収益の見込める事業として立ち上がるのか、注目しておく必要があるでしょう。

「会員事業」に回帰したクックパッドのその後を検証

続いて、2016年の経営陣刷新後に打ち出した方針転換が、その後の決算にどのような影響を及ぼしているのかを検証していきます。

ここで改めて、ピックアップした3つのリスク要因をまとめると

1. プレミアム会員の純増数が減速
2. 広告事業のウェイトを下げるという経営判断の是非
3. 新規事業（CtoCプラットフォーム）はどうなるのか？

になります。「3. 新規事業」を育てるのは中長期の取り組みになるはずですので、ここでは「1. プレミアム会員」と「2. 広告事業」の動向を意識しながら、2016年7-9月期の決算を見ていきます。

まずは売上と利益です。売上収益は123億円（対前年同期比＋36%）、営業利益は61億円（対前年同期比＋48%）でした。対前年同期比で見ると絶好調に見えますが、QoQ（四半期ベース）での増減にも目を向けると、売上・利益共にこの1年間で「ほぼ横ばい」か「減少」となっていました。

これらの内訳を、もう少し詳しく見ていきます。はじめは「1. プレミアム会員の純増数が減速」に関連する、プレミアム会員の純増数です。

図5-11を見ると、前四半期の時点では落ち込んだかと思われたプレミアム会員の純増数が、再び上昇傾向に戻ってきました。この四半期におけるプレミアム会員の売上は22億9200万円（対前年同期比＋14.6%、対前四半期比＋2.9%）となっていたので、成長軌道に乗っていると言えます。

もう一つ、プレミアム会員の純増数にかかわる点として、海外事業の状況も

●図5-11：プレミアム会員の「純増数」推移（2016年7-9月期決算）

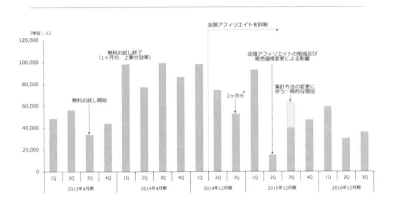

確認します。

　決算資料にあった「言語別月次利用者数」の推移によると、2016年9月末時点の海外ユーザー数は2929万人で、対前年同期比は＋74.1％と増えているものの、対前四半期比ではマイナス7.6％となっていました。

　「海外展開のスピードを上げ、世界100カ国でNo.1になることを目指す」という方針を考えると、これからどうなっていくのか引き続き注目していく必要があるでしょう。

　最後は、「2. 広告事業のウェイトを下げるという経営判断の是非」に関連する、広告事業の結果を見てみましょう。

　この事業はさっそく方針転換の影響が表れており、四半期の売上は10億8500万円、対前四半期比だとマイナス10.1％となっていました。特にネットワーク広告とタイアップ広告の2つが減少しており、それぞれ対前四半期比でマイナス20.8％とマイナス9.9％でした。

　これらの数字から、サービス改善のスピードアップを優先するために、外部との調整コストのかかる広告事業のウェイトを下げるという宣言通りに進んでいることがよくわかります。

まとめると、ポイントは以下の4点になります。

- 売上と営業利益は大幅プラスも、QoQでは横ばい〜減少傾向
- 会員事業は絶好調で、プレミアム会員の純増数も復調傾向
- 海外事業は伸び悩み気味
- 広告事業は「宣言どおり」に減少傾向

今後は、前経営陣の蓄えをうまく利用しながら、広告事業から会員事業への転換を進めていくのだと思われますが、広告事業の減少よりも速いスピードで会員事業を成長させられるのか、あるいは海外事業をきちんと事業化できるのかといったところがチェックポイントになるでしょう。

┃「食べログ」はまだまだ伸びしろが大きい

個人課金と広告のハイブリッド型メディアで、クックパッドと同じく「食」の領域で興味深い動きを見せているのが食べログです。

運営元のカカクコムの決算を分析してみると、食べログの場合はクックパッドとは異なる部分に成長の伸びしろが隠されていそうだと感じました。そこで次は、この「伸びしろ」が何なのかという考察をしていきます。

さっそく、カカクコムの2016年1-3月期決算から、食べログ事業の状況を見てみましょう。

図5-12を見ると、売上はYoY＋24.9%の42億5500万円、ユニークユーザー数はYoY＋10.4%の7609万人となっています。

また、食べログにおける売上の主要ドライバーである「課金飲食店数」を記した資料を見ると、日本国内の課金飲食店数は4万9000店まで増え、ユーザーあたりの売上（ARPU）も四半期で1万9600円と上昇を続けています。個人向けの有料サービスも、有料会員が157万3000人と右肩上がりでした。

参考までに、**FY***2015では、食べログはカカクコムの全体売上の38.2%を占

用語解説

FY……Fiscal YearもしくはFinancial Yearの略で、当該企業の「会計年度」を示す。

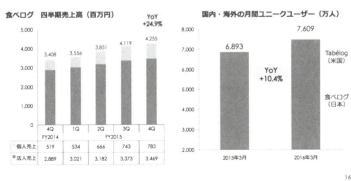

●図5-12：食べログ事業の売上とユーザー数（2016年1-3月期決算）

める最大の事業になりました。4年前のFY2011には売上構成比が13.7%であったことを考えると、カカクコムにとっての「孝行息子」であることは間違いないでしょう。

　これらを見るに、少なくとも「過去」はとても順調であったことに疑いの余地はありません。では、「将来」はどうでしょうか？アメリカのレストランレビューサービスYelp（イェルプ）との比較を通じて、食べログの将来を考えていきます。

　Yelpというのは、アメリカで非常によく使われている、レストランなどスモールビジネスのレビューサイト・アプリです。ユーザー投稿型で、コンテンツの作られ方は食べログとほぼ同じです。ですからビジネスモデルも非常に似ています。

　そこで、Yelpの2016年1-3月期決算で、主要な数字を確認してみました。売上は$158.6 Million（1ドル100円換算で約159億円）、アプリの利用者数は2120万デバイス、Webサイトのユーザー数が1億4600万人、広告アカウント数が12万社、となっています。

　これらの数字を基に、食べログとYelpのユニットエコノミクスを比較してみました。図5-13がその一覧で、Yelpの数字は1ドル100円で計算しています。

●図5-13：食べログとYelpのユニットエコノミクス比較（ともに2016年1-3月期決算）

	食べログ	Yelp	倍率=Yelp/食べログ
ユニークユーザー数	7600万	1億6720万	2.2
売上	42億5500万円	158億6000万円	3.7
課金店舗数	4万9000	12万1000	2.5
店舗ARPU(四半期)	1万9600円	13万1074円	6.7
ユーザーあたりの売上(四半期)	56円	95円	1.7

　ユーザー数で2.2倍、売上で3.7倍、課金店舗数で2.5倍の違いがありますが、これは日本とアメリカの人口比、GDP比を考えれば納得できる範囲でしょう。

　他方、店舗ARPUは6.7倍も違います。食べログは月額課金＋広告、Yelpは広告が主である点など、ビジネスモデルが若干違うのですが、この差は非常に大きいといえます。ユーザーあたりの売上(有料課金ではなく、単純に売上÷ユーザー数)も、1.7倍とまだまだ食べログに伸びしろがあるように見えます。

　これらの数字を見る限り、食べログは、ユーザー数や店舗数の伸びがある程度停滞しても、まだまだ売上を増やすことができそうなイメージが強く持てます。

　では、具体的に、どの辺りに伸びしろがあるのか、Yelpとの比較から具体的に考察していきましょう。

　一つ目の伸びしろは、広告ラインアップの拡充にあると考えられます。

　Yelpが展開している広告は、「Local search ads」と呼ばれる検索連動型広告や、「Photo Slideshow」という写真のスライドショーの間に挟み込む形の広告など、非常に良く考えられています。食べログは、これらをそのまま真似するだけでも、広告収益を増やすことができるでしょう。

　この広告を強化していく上でポイントになるのが、アプリユーザーを増やすことです。Yelpの場合、Webで取り込んだユーザーを、アプリでリテンションするということを積極的にやっています。ディープリンクなどの対応も非常に早かったです。

　実際、Yelpのアプリを利用するユーザー数はYoY＋32%と大きく伸びており、アプリユーザーはWebユーザーの10倍ものページを閲覧する、ということが同社の決算資料で説明されています。

　ユーザー体験を考えれば、やはりサクサク動くアプリでユーザーとの接点を持

つのがベターだということの証明でしょう。

二つ目は、デリバリー・ピックアップです。

Yelpは、デリバリー・ピックアップの会社Eat24を買収して、自社サービスの中に組み込みました。デリバリー・ピックアップでの売上は、2016年1-3月期決算で年間$45 Million(約45億円)になっており、全売上の10%近くに達しています。ここも、食べログにとっては大きなビジネスチャンスになるはずです。

最後の三つ目は、レストラン予約サービスです。

このサービスの運営は座席管理などの面で非常に複雑ですが、YelpはSeatMeというサービスを買収して、こちらも自社サービスに組み込んでいます。すでに2万ものレストランで利用されており、3000社が有料プランを利用中とのことで、着々と業績を伸ばしています。

食べログ「3つの伸びしろ」で最有力なのは予約サービス

では、クックパッドの時と同じように、想定される3つの「伸びしろ」である

1. 広告ラインアップの拡充
2. デリバリー・ピックアップ
3. レストラン予約サービス

について、実際にどの程度のインパクトを残せそうなのかを、その後の食べログ事業の決算から検証してみましょう。

まずは、基本の売上＆ユーザー数の推移を確認します。カカクコムの2016年7-9月期決算に載っている食べログ事業のサマリー(図5-14)を見ると、売上はYoY＋19.6%、月間のユニークユーザー数がYoY＋10.8%と順調に成長していました。

ただ、すでに月間で7632万ユーザーが使っているサービスでもあり、これからの伸びしろはどこにあるのかというのを疑問に思う人は少なくないかもしれません。課金事業(食べログの場合は飲食店への月額課金と個人向けの課金)の数字を見ても、個人向け有料サービスの方は有料会員数が150万会員程度で伸びが鈍

化し始めていました。

そこで前述した1〜3の分野に関連しそうな数字をさらってみると、「3. レストラン予約サービス」について、目を引く結果が出ていました。

食べログが取り組んでいるのは、レストランを予約する際に電話ではなくオンラインで予約ができる「食べログオンライン予約」というサービスです。

2016年7-9月期の時点では、まだ東京エリア限定で試験をしているような状態ですが、月額2万5000円〜10万円のプランがあり、インターネットからの予約人数に応じて

- ランチの場合：1人あたり100円
- ディナーの場合：1人あたり200円

をレストランに課金する形になっています。

図5-15には、このレストランオンライン予約のサービスが、四半期あたり171万人に使われるまでに成長し、対前年度比で2.1倍まで急成長していると説明さ

●図5-14：食べログ事業の売上とユーザー数（2016年7-9月期決算）

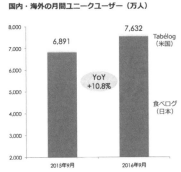

れています。

　これは私見ですが、これまでは電話で行うのが一般的だったレストラン予約も、将来を考えた時にはオンライン予約が一般的になるのではないかと思っています。1人1台スマートフォンを持つのが当たり前の時代に、スマートフォンからオンラインで予約をするというのが、最も一般的な方法になるでしょう。

　実際、カカクコムの決算発表会の質疑応答でも、以下のようなやり取りがあったようです。「2017年度3月期第2四半期 決算説明会 主な質疑応答の要約」という資料に載っている内容を引用します。

Q12.
食べログ経由の電話及びオンライン予約人数
A12.
電話予約については、正確なカウントができないためあくまでも推計となるが、課金飲食店舗に対する予約の割合はオンライン予約が10％、電話予約が90％となる。

●図5-15：「食べログオンライン予約」の推移（2016年7-9月期決算）

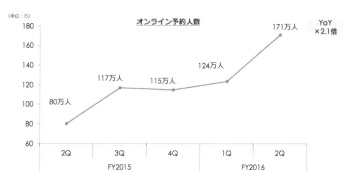

現時点ではまだ電話予約がメインですが、逆に言えばオンライン予約が普及する可能性が非常に大きいとも言えます。

以下のように「オンライン予約の掲載店舗数の伸び悩み」を心配する質問もありましたが、ユーザー視点で考えれば「一度オンライン予約をしてしまうと電話予約には戻れない」という人が大半なのではないかと考えられます。

Q7.
食べログオンライン予約掲載店舗数の伸びの鈍化
A7.
予約を受け付けている飲食店は多く存在しているので市場は広いと考えているが、現状食べログにオンライン予約を掲載することで受けられる効果を、飲食店に十分ご理解いただけていないことが要因だと考えている。オンライン予約活用による集客実績を示しながらご理解いただき、オンライン予約掲載店舗数を伸ばしていきたい。

食べログは、他にも予約台帳サービスなどを提供していますが、オンライン予約サービスに比べると市場が大きくならないという読みの下、オンライン予約サービスにフォーカスしていくようです。

Q9.
予約台帳アプリ「ヨヤクノート」の販売戦略について
A9.
今後、多額の投資を伴う新規開拓は行わない方針である。オンライン予約が普及したとき、予約台帳の市場とオンライン予約メディアの市場とでは、圧倒的にオンライン予約メディアの市場の方が大きくなると予想されるため、ヨヤクノートの拡販は一旦保留としオンライン予約の普及とオンライン予約での送客の最大化に注力する。

このオンライン予約については、日本国内で食べログよりもはるかに進んでい

るプレーヤーがいます。それはリクルートのホットペッパーグルメです。

リクルートホールディングスの2016年4-6月期決算によると、ホットペッパーグルメでは、半年間の累計で1940万人がオンライン予約をしていたそうです。一方の「食べログオンライン予約」は、四半期で171万人なので、この四半期の時点ではホットペッパーグルメが食べログの5倍以上ということになります。

ホットペッパーグルメと食べログは全く同じサービスではありませんが、この数字だけを見ると、食べログのオンライン予約はまだまだ伸びしろがあるのではないかと推察できます。

個人的にも、オンライン予約ができるレストランがどんどん増えることを祈っています。

この節のまとめ

- ● ハイブリッドサービスの決算でも、基本は売上とユーザー数に着目。加えて、有料課金の売上と広告売上それぞれの「成長率」も確認

- ● クックパッドが今後も順調に成長していけるかどうかは、決算の「プレミアム会員の純増数」と「海外事業」の推移に注目してみよう

- ● 食べログの中で最も大きな「伸びしろ」になりそうなのは、レストラン予約サービスにおける店舗課金。決算でもこの推移をチェック

5-5 アプリにおける課金ビジネス

この節でわかること

- スマートフォンユーザーの中で、「アプリ内課金」でお金を払っているユーザーはどの程度いるのか？
- iOSとAndroid、アプリ内課金の消費額が大きいのはどっち？
- どんなジャンルのアプリが課金されやすいのか？

アプリ内課金で平均いくら使っているかをご存知ですか？

この章の最後は、食べログの節でYelpについて言及した際にも触れた「スマートフォンアプリ」の活用についてです。個人課金ビジネスにおいて、このアプリ戦略はとても重要なポイントになるからです。

そこで、スマートフォンアプリの各種分析ツールを提供しているAppsFlyer社が2016年に発表したレポート「The State of In-App Spending: Global & Regional Benchmarks」を参考に、アプリ内課金の戦略について考えていきます。

ちなみにこのレポートは、2016年4月〜5月に行われた$300 Million（約300億円）分のアプリ内課金のデータトランザクションを基に制作されています。かつ、データは1000以上のアプリを対象に、1億ユーザー以上から収集されているそうなので、非常に精度の高い数字です。

1. アプリ内課金で課金するユーザーの割合

最初に、アプリ内課金で課金するユーザーの割合を見ると、全体の約5％に上るユーザーがアプリ内課金を使っているという結果でした。

この5％のユーザーは月あたり約$9.6（約960円）程度使っており、これを全ユーザーの平均にすると月あたり約$0.5（約50円）の消費額となります。

アプリ内課金でお金を使うユーザーは全体の5%と非常に小さく見えますが、平均ユーザーの48倍も消費していることになります。

地理的に見ると、全世界では5.2%のユーザーがアプリ内課金でお金を払っており、特にアジア（5.9%）や北米（5.8%）は他地域より高い割合でアプリ内課金が使われています。

2. iOSとAndroidの比較

次にiOSとAndroidでアプリ内課金の利用率を比較してみると、iOSユーザーの方がAndroidユーザーよりも多くアプリ内課金を使っている傾向にあります。図5-16を見ると、アプリ内課金機能がついているアプリの平均で、iOSでは月あたり$12.7（約1270円）、Androidでは月あたり$6.2（620円）となっています。

ゲームアプリの場合も、この傾向は同じです（図5-17）。アプリ内課金があるアプリの平均で、iOSは月あたり$15.34（約1534円）、Androidは月あたり$7.31（約731円）の売上があるようです。

ただし、ゲームアプリの場合は課金ユーザー率が全体で3.4%と、それほど高い割合にはなっていません。

他方、EC関連のショッピングアプリのデータ（図5-18）を見ると、アプリ内課金

●図5-16：OS別のアプリ内課金利用率（AppsFlyer調べ）

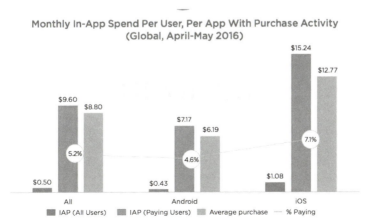

●図5-17：OS別の「ゲームアプリ」内課金利用率（AppsFlyer調べ）

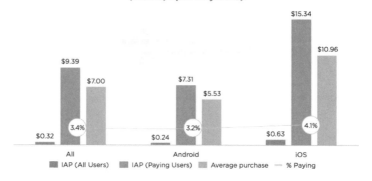

●図5-18：OS別の「ショッピングアプリ」内課金利用率（AppsFlyer調べ）

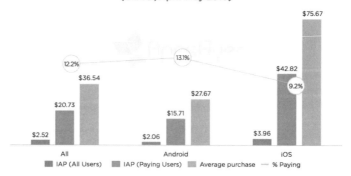

があるアプリの平均での課金ユーザー率が全体の12.2%となっています。他のカテゴリーに比べて非常に高い割合です。消費額も、課金ユーザーで見ると月あたり$20.7（約2070円）と高くなっています。

●図5-19：OS別の「ユーティリティアプリ」内課金利用率（AppsFlyer調べ）

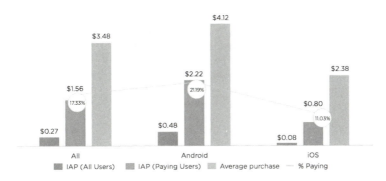

3. Androidの方が圧倒的に課金されやすいカテゴリーは？

　一般的にはiOSでもAndroidでも課金率はさほど変わらない、というのがトレンドですが、一つだけ例外があります。ユーティリティ系のアプリでは、Androidの方がiOSよりも圧倒的に課金率が高いと図5-19に載っています。
　これはおそらく、AndroidはiOSに近いレベルの操作の自由をアプリデベロッパーに与えているからだと思われます。そして驚くべきは、ユーザーはそれらのカスタマイズに対してお金を払っているということです。
　アプリ内課金は今後も増加傾向になると考えられるので、トレンドをより詳細にチェックしたい方は、AppsFlyerのレポートをダウンロードしてみてください。

この節のまとめ

- AppsFlyerのレポートによると、スマートフォンユーザー全体の5%がアプリ内課金でお金を払っている

- iOSの方が、Androidよりもアプリ内課金での消費額が大きい

- ショッピングアプリは、iOSの方が消費額が大きく、Androidの方が課金率が高い。また、例外的にユーティリティ系のアプリはAndroidの方が課金率が高い

第6章

携帯キャリア
の決算

変化の少なかった業界に生まれた
「新たな胎動」を知る

「iモード」の成功しかり、2000年代は栄華を極めていた日本の携帯キャリアにも、近年はさまざまな逆風が吹き始めています。ユーザー数の高止まりや「格安携帯キャリア」の普及は、この業界をどう変えていくのでしょう? 決算で各社の状況を確認してみましょう。

● 携帯キャリアビジネスで押さえておきたい方程式

ユーザーあたりの売上（ARPU）＝
「音声ARPU」＋「データARPU」＋「サービスARPU」

● 携帯キャリアの決算を読み解く3Step

【1】 ユーザーあたりの売上を上記の「3つのARPU」に分解

【2】 「3つのARPU」のうち、どのARPUが伸びているかを確認

【3】 上記の【2】を踏まえて、各社の差別化戦略に注目

6-1 携帯キャリアの決算を読むコツ

　携帯キャリアのビジネスは、シンプルに説明すると「キャリア側が敷いた電波網・通信網を、携帯電話ユーザーに貸し出し、利用料を得る」というものです。ですからユーザーを増やし、利用頻度を上げることがビジネスの基本路線であり、成功の方程式は広告ビジネスや個人課金ビジネスと同じように

売上＝ユーザー数×ユーザーあたりの売上（ARPU）

となります。

着目するべきは「3つのARPU」

　ただ、携帯キャリアにおけるARPUは以下の3つに分類されます。

- ・音声ARPU
- ・データARPU
- ・サービスARPU

　「音声ARPU」というのは、いわゆる「通話料」に相当する部分であり、「データARPU」はデータ通信量に相当する部分です。

　日本のような先進国では、携帯電話がほぼ上限に近いくらい普及しているため、通話時間そのものは増えにくくなっています。それに**IP電話***などの廉価な代替手段も台頭してきたため、「音声ARPU」は横ばい〜減少傾向となるトレンドです。

用語解説

IP電話……インターネットプロトコル（Internet Protocol）電話の略で、インターネット網を使用した電話サービスのこと。

他方、データ通信量は、スマートフォンの普及や通信技術の進歩によってうなぎ登りに増えており、これからも指数関数的な増加が見込まれます。通信量あたりの料金は（技術革新と価格競争により）下がる一方ですが、「データARPU」を上げるための努力を各社が続けています。

ただし、携帯キャリアは規制産業ゆえ、各社ともサービスレベルが同程度になるように集約されていきます。それゆえ、「データARPU」でも差別化が非常に困難です。

そこで各社が力を入れているのが「サービスARPU」を上げること。かつての「iモード」のようなビジネスモデルは、日本のお家芸とも呼べる（呼べた）ものです。AppleがApp Storeを立ち上げる際に参考にしたと言われるほど、「サービスARPU」を上げることにおいては秀逸でした。

しかし、ガラケーからスマートフォンへの移行が進むにつれて、携帯キャリアのユーザーとの接点は減り続けています。つまり、携帯キャリアの決算を見る際は、「ユーザー数もARPUも増やすのが非常に大変である」という前提を理解しておく必要があるのです。

本章では、こうした背景の中で、3大キャリア（NTTドコモ、KDDI、ソフトバンク）がどのような差別化戦略で収益を上げようとしているのかを決算から読み解いていきます。

スマホ成熟期に生まれた新しい競争

携帯キャリア市場が「ユーザー数もARPUも増やすのが非常に大変である」ということ以上に特殊なのが、規制産業であるという点です。

携帯キャリアを始めるには、携帯電話の通信に利用する「電波」を取り扱うための免許を取得する必要があるだけでなく、その「電波」を送受信するためのインフラを日本国中に展開する必要があります。

従って、他のビジネスと比べて圧倒的に新規参入が起こりにくいビジネスであるのは言うまでもありません。だから競争が活発にならず、携帯電話料金も高止まりする傾向にあります。

そんな中、既存の携帯キャリアから回線部分だけを借り受けてサービスを展

開するMVNO（Mobile Virtual Network Operator／仮想携帯通信事業者）が市場を盛り上げています。2016年はまさに「MVNO元年」だったと言えるでしょう。

MVNOが普及を始めた要因はいくつかあります。

第一に、MVNOは携帯電話料金を安価にしやすい仕組みであるため、価格面で競争を挑むことができるからです。

第二に、NTTドコモがMVNOに対して提供するインフラ利用料の「卸価格」が下がり続けてきたという点があります。NTTドコモの（親会社のNTTグループの）大株主は国であり、国（＝総務省）としては、携帯キャリア市場での積極的な競争を促進する狙いがあると考えられます。

第三に、特にスマートフォンにおいては、携帯キャリアのユーザー接点が減り、携帯キャリアが「土管化しつつある」という現状です。ただの通信回線であれば、どこのサービスであっても大差がない、と感じるユーザーも少なくありません。

こうした背景によって、非常に大きなユーザー数を誇る楽天やLINEといったインターネット企業が、付加サービスとしてMVNOを提供し始めたのです。

ここでは、LINEモバイルを中心に、MVNOのビジネスモデルと収益性を分析していきます。

日本の携帯電話業界の未来を占う？あの会社の戦略

「規制産業で新規参入が起こりにくい」というのはどの国でも同じです。こういった産業は、ユーザー目線でのサービス改善があまり進まないというのも世界共通です。

その定説を覆す会社が、アメリカのT-mobile（ティー・モバイル）という会社です。T-mobileといえば、ソフトバンクが過去に買収を検討して断念した会社でもあります（2017年6月時点）。「規制産業でもここまでユーザー目線になることができる」という良い教材なので、この章の最後に紹介します。

6-2 決算から紐解くドコモ、KDDI、ソフトバンクの差別化戦略

この節でわかること

- 2015年10-12月期の決算に見る、1ユーザーあたりの売上（ARPU）
- 携帯キャリアの1ユーザーあたりの利益はどの程度なのか？
- 各社の差別化戦略と、その結果が表れやすい「サービスARPU」の状況

3大キャリアの主要指標を比較すると見えてくるもの

　携帯キャリアビジネスは、インフラビジネスである上に規制産業でもあるので、インフラへの投資が必要な半面すさまじく儲かります。一方で、冒頭でも記したように、携帯電話先進国である日本は、すでに「ユーザー数もARPUも増やすのが非常に大変」という状況になっています。

　そんな中、主要な携帯キャリアがどのように売上収益を増やそうとしているのかを確認するために、NTTドコモ・KDDI・ソフトバンクをいくつかの指標で比較していきます。

　参照する決算は、上記3社の2015年10-12月期決算です。少々古い情報になりますが、ここでは「比較」を第一目的にして分析します。

　まず、携帯キャリアの主要KPIをピックアップしておきましょう。

　図6-1の表は、可能な限り「携帯キャリアビジネス」セグメントだけを切り抜いたものです。

　ドコモは携帯だけですが、KDDIとソフトバンクは決算の数字から「固定電話ビジネス」が分離できないのでそのまま引用しています。

　3社の数字を比較した結果、日本の携帯キャリアビジネスは

- EBITDAマージン（EBITDA÷売上高）：30％以上
- 営業利益率：20％程度

●図6-1：3大携帯キャリアの売上・EBITDA・営業利益比較（2015年10-12月期決算）

	NTTドコモ	KDDI	ソフトバンク
売上	1兆1690億円	9160億円	8340億円
EBITDA	―	2990億円	2860億円
EBITDAマージン%	34.80%	32.62%	32.24%
営業利益	2230億円	1740億円	1720億円
営業利益率%	19.08%	18.95%	20.67%
設備投資額	1430億円	1090億円	900億円

　となっています。設備投資額が非常に大きいにもかかわらず、これだけの利益率が出るビジネスは、この本で取り上げてきた他業種の企業に比べても他にないでしょう。そのくらい儲かるビジネスだということがよくわかります。

　次に、3社の市場シェアを比較していきます。

　図6-2の「契約数」は、3社の決算で開示されている情報から、なるべく携帯「電話」のみの数字に近いものを抽出したものです。

　2015年10-12月期決算の時点では、ドコモが約48％、KDDIが約28％、ソフトバンクが約24％となっています。

　ここで特筆すべきは、解約率の低さです。四半期あたり0.58％〜1.41％しか解約されないというのは、サブスクリプション（継続課金）のビジネスをやったことがある人であれば「特異的に低い」と言えるでしょう。これだけ解約されないから儲かるし、MNP（ナンバーポータビリティ）にあれだけキャッシュバックすることができた、とも言えます。

　続いて比較するのは、1ユーザーあたりの売上（ARPU）です。全社ともに、決算発表スライドには必ず「ARPU」のスライドが入っていて、

・音声ARPU

・データARPU

・サービスARPU

の比率もグラフで示してあります。ぜひチェックしてみてください。

　ここではスライドの紹介は割愛して、各社の「ユーザーあたりの月間売上」

●図6-2：3大携帯キャリアの契約数シェア比較（2015年10-12月期決算）

	NTTドコモ	KDDI	ソフトバンク
累計契約数	6496万9000	3784万	3168万6000
契約数シェア%	48.31%	28.13%	23.56%
QoQ純増契約数	94万	41万	7万4000
QoQ純増契約数シェア%	66.01%	28.79%	5.20%
解約率%	0.58%	0.91%	1.41%

（ARPMAU）を数字のみ取り上げます。

ドコモは1ユーザーあたり、割引前で「月あたり5470円」、割引適用後は「月あたり4490円」の売上があります。

KDDIは、割引前で「月あたり6160円」でした。割引額は開示していません。

ソフトバンクは、割引前で「月あたり5200円」、割引適用後は「月あたり4720円」となっていました。

これらの数字を大雑把にまとめると、日本の携帯キャリアは、1契約あたり

- **割引前で、ARPMAUは5500円〜6000円**
- **割引後で、ARPMAUは4500円〜5000円**

になると覚えておけばいいでしょう。

ここまでが、基本の公式である

売上＝ユーザー数×ユーザーあたりの売上（ARPU）

に関連する数字比較でしたが、携帯キャリアビジネスはインフラ投資が大きいため、実際の「利益」を見る際にどの指標を見るべきかを説明しておきます。

一般的に「利益」と言うと「営業利益」をイメージする方が多いかと思いますが、他にもEBITDA（償却前の営業利益）やキャッシュフローを見ることも重要です。そこで、これらの数字を図6-3にまとめてみました。少し複雑な図なので、各項目について説明しておきます。

まず、A〜C2の項目には、各社のARPUの詳細を入れています。その上で、

Dの項目にはEBITDAマージン％を転載し、Eの項目には割引適用後のEBITDA（償却前の営業利益）を記載しています。

Fには営業利益率％を転載し、Gには営業利益を計算してあります。

さらにHの項目には、四半期あたりの設備投資額÷累計契約者数÷3として「1ユーザーあたりに必要だった設備投資額」を記載しています。

これとEとの差分を取ることで、Iの項目に「1契約あたりのキャッシュフロー」が記載されています。

なお、KDDIに関しては、前述したように決算で割引額が開示されていないため、ドコモとソフトバンクの間をとって「月あたり1000円」と推計して入れています。

もう一つ注釈として、EBITDAマージン％、営業利益率％を計算する際は、可能な限り「携帯キャリアビジネス」セグメントだけを切り抜いてあります。繰り返しになりますがKDDIとソフトバンクは「固定電話ビジネス」が分離できていませんので、実際の数字とは多少異なる可能性があります。

結果を簡単に整理すると、携帯キャリアの1ユーザーあたりの売上・利益は大雑把に以下のようになります。

（すべて「月あたり」の平均値）
・売上（割引前）：約5500円
・売上（割引後）：約4500円
・EBITDA：約1500円
・営業利益：約900円
・キャッシュフロー：約800円

つまり、1契約を取る＝ユーザーが1増えると、毎月約900円ずつ営業利益が出るビジネスで、かつ解約率が1％程度と非常に低い、夢のようなビジネスです。しかも、規制産業で事実上新規参入が難しく、国民のほぼ全員が1人1台持つもの、という巨大なビジネスです。

これで携帯キャリアビジネスの基本はある程度押さえたことになるので、次は各社がどのような差別化戦略を採っているのかを見ていきましょう。

●図6-3：3大携帯キャリアの「1ユーザーあたりの利益」比較（2015年10-12月期決算）

		NTTドコモ	KDDI	ソフトバンク
A	通信ARPU 除・割引	4730円	5720円	5200円
A1	割引額	−980円	—	−1.30円
A2	通信ARPU	3750円	—	4170円
B	サービスARPU	740円	440円	560円
C1	ARPU 除・割引	5470円	6160円	5760円
C2	ARPU	4490円	—	4730円
D	EBITDAマージン%	34.80%	32.62%	32.24%
E=C2*D	1契約あたりのEBITDA/月	1563円	1683円	1619円
F	営業利益率%	19.08%	18.95%	20.67%
G=C2*F	1契約あたりの営業利益率/月	857円	978円	978円
H	設備投資額÷累計契約数÷3	733円	958円	946円
I=E-H	1契約あたりのキャッシュフロー/月	829円	725円	673円

差別化が難しい時代の「差別化戦略」とは？

　ここで改めて、近年の携帯キャリアビジネスではなぜ差別化が難しいのかをおさらいしておきます。

　第一に、従来は自分たちでコントロールできていた「携帯電話端末」と「搭載OS」のコントロールを失い、3社ともほぼ同じ端末を販売せざるを得なくなっているからです。おそらく、これだけスマートフォンが一般化している中での差別化要因は、Android端末でのプリインストールアプリくらいではないでしょうか。

　第二に、ネットワークの「質」すなわち通信速度です。今の日本では、どのキャリアでも十分な品質で「つながる」し「高速」にもなっているかと思います。各社とも主要な周波数帯を与えられ、4G／LTEの人口カバー率も90％を超えているので、ネットワークの「質」で勝負するのが難しくなっている、というのが現状でしょう。

　通信品質や速度についてこう書くと、「いやいや、あの携帯キャリアはこのエリアでは遅い」といったような感想を持つ方もいらっしゃるかもしれません。ただ、アメリカに住んでいる私の感覚では、日本の携帯キャリアのネットワークは完全に

「誤差」のレベルです。それくらい、日本の携帯通信の質は圧倒的に高いです。

ドコモの2015年10-12月期決算の資料には、「ダウンストリームの中央値で58〜71Mbps*も出ている」と書いてあります。5Gへの移行期間の間は、ネットワークの「質」が差別化要因になるかもしれませんが、現状だとこれ以上速くしてもユーザーの体感速度はほとんど変わらないでしょう。しかも、各社のデータプランには上限がありますので、通信速度をさらに速くするメリットもあまりありません。

では、これらを前提にして、各社がどのように差別化しようとしているのかを考察していきます。考察の糸口になるのは、スマートフォン時代になって「入り口」を失った携帯キャリアはどう戦えばいいのか?という視点です。

ガラケーが一般的だった時代は、iモードに代表される「携帯キャリアが提供するポータル(入り口)」がすべてを牛耳っていました。この「入り口」を経由しなければ、インターネットにもつながらない、アプリも探せないという、ある意味で自社ユーザーを独占できた時代でもありました。

それがスマートフォン時代に移り変わり、メール、ポータル、アプリという3つの「入り口」をOSレイヤー(AppleやGoogle)に取られてしまいました。

とはいえ、海外の携帯キャリアに比べたら、それでもまだ「自社ポータル」に多くのユーザーを抱えているのが日本の3大キャリアです。ガラケー全盛の時ほどではないにしろ、携帯キャリアのポータルがまだユーザーに使われていると仮定した場合、そのポータルにはどういったアプリやコンテンツを配置するのがいいのでしょうか?

この問いへの答えが、スマートフォン時代の差別化戦略になります。

さっそくドコモ・KDDI・ソフトバンクそれぞれの戦略を見ていきましょう……となる前に、もう一つ、データを頭の中に入れておきましょう。

アメリカのデータになりますが、米の独立系リサーチ会社Forrester Researchが「スマートフォンユーザーのアプリ利用時間」をカテゴリー別に調べたところ、上から順にこのような結果になっていました。

用語解説

Mbps……Megabits per secondの略で、秒あたりでデータを送受信する速度のこと。

【アプリ利用時間のカテゴリー別割合】

1位. SNS：14%

2位. テレビ・ビデオ・電話：9%

3位. コミュニケーション：7%

4位. ゲーム：6%

4位. 地図：6%

4位. 音楽：6%

7位. ショッピング：5%

7位. ユーティリティ：5%

9位. メール：4%

10位. 天気・ニュース・スポーツ：3%

10位. ビジネス系：3%

12位. 書籍・マガジン：2%

12位. ファイナンス・銀行：2%

これはいわば、「スマートフォンでよく使われる機能」や「よく見られるコンテンツ」の人気ランキングのようなものです。この順位とジャンルを知った上で各社の決算資料を見ていくと、興味深い事実が浮かんできます。

はじめにドコモですが、決算資料に毎回出てくるスライドがあります。それは「dマーケット」の資料です。

図6-4にある「dTV」や「dアニメストア」、「dマガジン」といったアプリは、有料でエンタメ系コンテンツにアクセスできるものです。

先ほど紹介したデータのうち、「テレビ・ビデオ・電話」、「音楽」、「書籍・マガジン」あたりのジャンルを獲りにいくためのアプリ群ともいえます。

「dマーケット」の1人あたりの利用料は、月あたり1350円と順調に増えているようで、着実に成長している様子が見て取れます。

また、ドコモはエンタメ以外に「ファイナンス・銀行」ジャンルにも力を入れているようです。ドコモの携帯料金をドコモ発行のクレジットカードで支払い、ポイントも貯まるという施策です。非常にオーソドックスではありますが、教科書通りの作戦かと思います。

次はKDDIのサービスの特色を見てみましょう。KDDI（au）のサービスでドコモの「dマーケット」に該当するのは「auスマートパス」です。スマートパスとは、月額372円で、エンタメ・クーポン・割引などのコンテンツにアクセスできるサービスです。

　「スマートパス」以外にも、有料でエンタメ系コンテンツ（ビデオ、アニメ、音楽、書籍など）にアクセスできるサービスが提供されています。

　さらに、KDDIもドコモと同様に「au WALLET」として金融サービスを提供しています。ドコモとの違いは、携帯料金支払いのポイント還元だけではなく、オフラインとの融合（O2O*）を強く意識している点です。「au WALLETポイントアップ店」という提携店舗で何かを購買するとポイントが付与されます。

　決算資料でも、金融系サービスへの言及が非常に多いのがKDDIの特徴です。図6-5を見ると、2015年末時点で「au WALLET」のカード発行数がYoY+110％の1810万まで伸びていると書いてあります。

　最後はソフトバンクのサービスの特色を紹介します。ソフトバンクも他の2社と同様に、エンタメ系コンテンツ（書籍、クーポン、スポーツ、アニメなど）を提供するアプリを多数擁しています。

　近年の目玉は、2015年8月、5章でも取り上げたNetflixとの独占契約を獲得したという点でしょう。それ以外に関しては、他の2キャリアほど積極的でないように見えます。

　理由は、連結子会社にヤフーを持っているからだと考えられます。「我々はインフラビジネスに徹するので、サービスレイヤーはヤフーに託す」という戦略なのでしょう。

　最後に改めて、携帯キャリア各社のサービス売上を紹介しておきます。具体的には、2015年10-12月期決算における「サービスARPU」を見ます。

　まずはドコモから。同社の決算は音声ARPU、パケットARPU、スマートARPUの3つに分けて開示されています。中でもスマートARPUが「サービスARPU」に該当するもので、決算資料では

用語解説

O2O……Online to Offlineの略で、インターネットから「オフライン＝ネット外」での行動や購買活動を促す施策のこと。

●図6-4：NTTドコモの「dマーケット契約数」（2015年10-12月期決算）

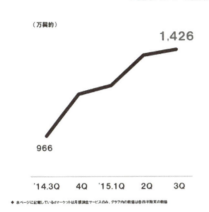
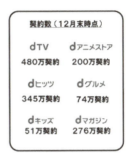

●図6-5：auスマートパスとau WALLETの普及状況（2015年10-12月期決算）

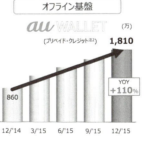

スマートARPU：その他の営業収入の一部（コンテンツ関連収入、料金回収代行手数料、端末補償サービス収入、広告収入等）÷稼働契約数

と定義されています。2015年10-12月期のスマートARPUは、月あたり740円でした。

次にKDDIです。同社の決算では、音声とデータが分けて開示されておらず、まとめて「au通信ARPA」となっています。ARPAとはAverage Revenue per Accountの略で、ARPUと同義です。

それ以外に「付加価値ARPA」が開示されています。これがサービスARPUです。決算資料では「付加価値ARPA」を

バリューセグメントの付加価値ARPA収入（「auかんたん決済・au WALLET決済手数料収入 + auスマートパス・物販をはじめとする自社サービスおよび広告収入等」を対象とした売上）÷ au契約者数

と定義しており、2015年10-12月期のバリューセグメントの付加価値ARPA収入は、月あたり440円でした。

最後にソフトバンクです。こちらもKDDI同様に、音声とデータを分けずに「通信ARPU」として決算開示をしており、それ以外に「サービスARPU」があります。

同社の決算資料では、「サービスARPU」を

サービスARPU＝（端末保証サービス収入、広告収入、コンテンツ関連収入など）÷稼働契約数

と定義しており、2015年10-12月期のサービスARPUは、月あたり560円でした。

この「サービスARPU」は、携帯キャリア各社にとってすでに無視できない規模になっています。

前の記事で、「携帯キャリアの1ユーザーあたりの営業利益は月あたり1000円」

と書きました。通話・通信ARPUは売上こそ大きいですが、膨大な設備投資が必要となります。他方、サービスARPUは（通信インフラを構築するのに比べて）圧倒的に投資額が小さくて済み、利益貢献が非常に大きいと言えます。

　読者の皆さんがこれから携帯キャリアの決算を読む時は、この「サービスARPU」の推移に注目すれば、各社の差別化戦略と経営状況を把握することができるでしょう。

この節のまとめ

- 2015年10-12月の決算で見ると、携帯キャリア3社のARPMAUは4500円〜5000円程度で各社大差なし
- インフラ投資が大きくなるキャリアビジネスだが、「1ユーザーあたりの利益」は毎月約900円と大きい
- サービス内容の差別化戦略は「エンタメのドコモ」「金融のKDDI」「ヤフー任せのソフトバンク」に。2015年10-12月決算の時点では、ドコモ＞ソフトバンク≧KDDIの順でサービスARPUが大きい

6-3 参入増えるMVNOのポテンシャル

この節でわかること

- 3大キャリアそれぞれが、MVNOなどの「格安携帯キャリア」と連携を強めている裏事情
- MVNOのビジネスモデルと、LINEモバイルの売上推計
- MVNOビジネスの収益性を知るには、「グロス売上」だけでなく、「原価」を理解した上で粗利を見る必要がある

携帯キャリアがMVNOとの「相互補完」し合う理由

ここまで、「ユーザー数もARPUも増やすのが非常に大変である」という前提の下、日本の携帯キャリアがどのように収益を増やそうとしており、どう差別化しようとしているのかを説明してきました。

次は、この業界で比較的ホットな話題となっているMVNO（Mobile Virtual Network Operator／仮想携帯通信事業者）がなぜ増えつつあるのかを、決算資料を見ながら説明していきます。

世間一般に「格安携帯キャリア」と呼ばれているように、MVNOはNTTドコモ・KDDI・ソフトバンクの3大キャリアが提供する携帯利用料よりも安価でサービスを提供することで、ユーザーシェアを広めようとしています。

この動きの背景には、実はキャリア側の意向が隠されています。

すでに説明したように、日本のように成人がほぼ1人1台携帯電話を持っている国では、これ以上、携帯人口を増やすのは困難であるため、大きな成長が見込めるということはありません。

ガラケーからスマートフォンへの置き換えで発生する「データ通信量の増加」に便乗してARPU（1ユーザーあたりの売上）を増やすことはできるものの、今後はスマートフォン普及率も急激には上昇しないでしょうから、成長戦略を作るのが非常に困難です。

こういった市場環境の中で、3大キャリアに共通する戦略が3つあります。それを説明する上で最もわかりやすいのが、図6-6で紹介するソフトバンクの決算スライドです。

このスライドに書いてある「コスト重視」「大容量」「長期ユーザー」という戦略が、そのまま3大携帯キャリアに共通する重点領域になっています。

●図6-6：ソフトバンクの国内通信事業サマリー（2016年7-9月期決算）

続いて、具体的にどんな「共通戦略」なのかを項目ごとに説明していきます。

1. 格安ブランド戦略

これまで携帯キャリアが設定していた携帯電話利用料に割高感を抱いた利用者が、格安SIM*業者に乗り換える動きが広がっています。実際、日本の携帯料金は、あまり利用しない人には高価であると思いますし、それだけでなく「対面でのサービスは不要」と考える上級ユーザーは現状のような手厚いサポートもいらないので、少しでも安くしたいという人が多いのでしょう。

用語解説
SIM……電話番号を特定するためのIDが記録された、携帯やスマートフォンが通信するために必要なICカード。

総務省によると、格安SIM業者の契約数は1346万件（2016年6月末時点）で、携帯電話契約の8.2％を占めるまでになっているそうです。

携帯キャリア側からすれば、市場が伸び続けている局面であれば「安いプランしか買わないユーザーよりも、高いプランを買ってくれるユーザーにフォーカスする」という戦略が採れますが、今はそういう時代ではありません。ましてや、ユーザー数のパイが増えない以上、自社が1ユーザーを失うと、競合にそのユーザーを取られるケースが多いため、事実上マイナス2になるのです。

そこで、ドコモ・KDDI・ソフトバンクはそれぞれ、この「格安ユーザー」を競合に取られないための善後策としてMVNOを活用しているのです。

例えばドコモは、総務省からの要請もあり、MVNO網をリーズナブルな価格で開放せざるを得ませんから、それを逆手に取って徹底的なオープン戦略を採っています。

要は、「（ドコモの）MVNOに流れると、ARPUは落ちるけど、競合に取られるよりはマシ」という感覚かと思います。

KDDIも2016年10月から、傘下の企業UQコミュニケーションズがMVNOとして展開するスマートフォン向け通信サービスUQ mobile（ユーキューモバイル）を開始しています。おそらくは、上記したドコモの心境と同じような考えで採った施策でしょう。

そしてソフトバンクは、決算スライドにあったように連結子会社のヤフーによるY!mobile（ワイモバイル）で格安ブランドを持ち、競合へのユーザー流出を防いでいる状態です。ソフトバンクからすると、自社ユーザーが他の携帯キャリアに紐づいているMVNOに流出するのを食い止めるために、Y!mobileを「他のMVNO潰し」として使っているのでしょう。

2. 主ブランドで売上向上を狙う

別ブランドとはいえ「格安ユーザー」を許容し続けると、自社の利用者数は増えませんから、売上が減りかねません。そこで各社そろって、主ブランドユーザーのARPUを上げる努力をしています。

一番わかりやすい例が、ソフトバンクの「大容量データプラン」です。月間

20GBなどの大容量プランを、(GB単価は下げつつも)高い価格で販売し始めたというのは、この戦略の一貫でしょう。

プラン内容に多少の差こそあれ、3キャリアとも似たようなプラン構成になっています。

3. 解約率低下を狙うための囲い込み

3つ目は、解約率を下げるための取り組みです。

「格安ブランド戦略」のところで述べたように、ユーザーが自社との契約を解約すると、自社のユーザーが1減り、競合他社のユーザーが1増えます。つまり、トータルでマイナス2になるので、パイが増えない市場では非常に苦しいです。

そこでソフトバンクの決算スライド(図6-6)にあったように、「長期ユーザーを優遇する」ことや「固定回線とのセット販売」などを行って解約しにくくなるようにしているのです。

こうして携帯キャリアがユーザー流出によるダメージを少しでも軽減しようと苦心している中、MVNOはこれからどんな地位を占めるようになっていくのでしょうか。

携帯キャリアがMVNOに回線を開放すれば、MVNO事業者が増えます。当然MVNO事業者は低料金で参入するので、キャリアの携帯料金も下がりそうなものですが、現実にはそうはなっていません。

一番大きな要因は、多くのMVNO事業者が、携帯端末の分割払いに対応していないからでしょう。

スマートフォンが高度化するにつれて、端末の値段は高騰しています。例えばiPhoneは10万円近くする超高級機種で、見方によってはノートPCよりも高価だとも言えます。

この10万円近い高級品を一括払いで買える人は非常に少ないと考えられます。ましてや、既存の携帯キャリアが分割払いでの支払いに対応している中、わざわざ一括払いで買うユーザーは限られるでしょう。

この「端末の分割払い」が解決しない限り、MVNO事業者が大きくシェアを奪うのは難しいのではないかと考えています。楽天モバイルがMVNOでシェアを

増やしているのは、いち早く端末の分割払いに対応したからでしょう。3章の FinTechビジネスでも説明したように、金融ビジネスを持っている楽天であれば、携帯端末の料金を分割払いにするのはさほど難しくなかったはずです。

楽天モバイル以外にも、最近は多くのMVNOが端末の分割払い対応を始めているので、今後の動向に引き続き注目していきましょう。

MVNOの「グロス売上」をLINEモバイルで試算すると……

では、仮にMVNOが携帯ビジネスの中で大きな存在になっていくとして、事業者側はどのくらい儲けることができるのでしょうか。

この点を解き明かすべく、2016年9月、MVNOビジネスに新規参入したLINEモバイルの「グロス売上」と「粗利」予想を通じて、このビジネスのポテンシャルを探っていきます。

現状、LINEモバイルが主なセールスポイントにしているのは、「月額500円から利用可能」という低価格プランや、LINEのサービスはもちろん、FacebookやTwitterのような主要SNSのデータ通信料も無料にすることなどです。

これらのメリット訴求もあってか、2016年10月と2017年2月の「月別の週次平均申込完了件数」を比較すると約2.4倍になったとLINEが発表していました。

また、月間申込完了件数ベースでの「平均月額基本利用料」は、1290円（2016年10月）から1600円（2017年2月）へと増えているそうです。立ち上がりは順調そうに見えます。

ただ、実際にどの程度の売上収益となっているかは、本稿を執筆している2017年6月時点では明らかになっていません。

そこで、「MVNO事業を展開している上場企業」で、かつ決算で「セグメント開示」をしている日本通信とインターネットイニシアティブの決算を参照しながら、LINEモバイルのグロス売上を推計してみます。

はじめに、b-mobile（ビーモバイル）というMVNOサービスを展開している日本通信を見ていきます。

同社の2015年10-12月期決算（図6-7）では、データプランのみのARPUが1106円、音声通信込みのARPUが1234円となっていました。

●図6-7：日本通信b-mobileのARPU推移（2015年10-12月期決算）

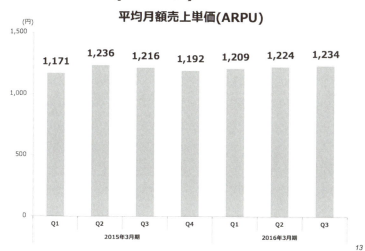

続いて、MVNOサービスのIIJmio（アイアイジェイ・ミオ）やIIJモバイルを運営するインターネットイニシアティブの2015年10-12月期決算（図6-8）を見てみます。個人回線に限った実績としては、68万5000ユーザー、30億3000万円の売上となっていました。ここからARPUを算出すると、1474円になります（こちらは、データのみ、音声付きの両方が混ざった数字だと思われます）。

この2社の決算から、

・MVNOのARPUは、月あたり1000〜1500円くらい

と覚えておけばいいでしょう。

ちなみに、前の節で3大携帯キャリアのARPUは「割引適用前で月あたり約5500円」「割引適用後で月あたり約4500円」と試算したので、MVNOのARPUは携帯キャリアの3分の1〜5分の1くらいになるということがわかります。

MVNOサービスは端末購入代が別途かかり、携帯キャリアのような端末割引もないケースが多いので単純比較は難しいですが、MVNOの方が携帯キャリア

●図6-8：IIJmioおよびIIJモバイルの回線数・売上推移（2015年10-12月期決算）

よりも月あたり3000〜4000円くらい安いという計算になります。

　比較に用いたサンプル数が少ないので、実際のMVNOの平均ARPUはもう少し高い気もしますが、個人的には「思ったよりもずいぶん低い」という印象です。現時点でのMVNOの主な用途として、携帯キャリアとの契約を完全に置き換えるというよりは、2台持ちのケースやあまりデータ通信を使わない人などが多いのかもしれません。

　さて、ようやく本題です。LINEモバイルのMVNO事業は、グロス売上がどの程度になりそうかを推計してみます。

　日本のLINEユーザー数は、4章で取り上げた2016年10-12月期の決算に「MAU6600万人」と書いてありました。が、今回参照した日本通信とインターネットイニシアティブの決算期＝2015年10-12月には、4000万人だったと仮定して計算します。

　LINEユーザーのうち、1％がLINEモバイルに加入し、ARPUが月あたり1500円だとすると、グロス売上が月間6億円(年間72億円)という計算になります。

　以下、同じように計算すると、こんなイメージになります。

【MVNOユーザー数 → 月間のグロス売上】
1％(40万ユーザー)→ 6億円(年間72億円)

5%（200万ユーザー）→ 30億円（年間360億円）
10%（400万ユーザー）→ 60億円（年間720億円）

　リサーチ・コンサルティングのMM総研が調査した「国内MVNO市場の2015年9月末実績」によると、この時点のMVNO契約総数は405万8000回線（YoY+76.1%）とのことなので、当面の予想としては「LINEユーザーの5%がLINEモバイルを利用する」というのが楽観的なラインかと考えられます。

　また、LINEの2015年通期業績によると、2015年の年間売上は1207億円だったので、仮に5%のユーザー（200万ユーザー）がLINEモバイルを使い始める（＝年間360億円の売上貢献をする）とすると、割と大きな数字になります。

　しかし、そんなに甘くないのがMVNOビジネスです。MVNOは基本的にはインフラ投資を携帯キャリアに依存するビジネスになるので、グロスでの売上だけでなく、原価をしっかり理解しておく必要があります。

　そこで、次は「粗利」を試算してみましょう。

MVNOの「粗利」をLINEモバイルで試算すると……

　その前に、実は複雑なMVNOビジネスの仕組みを説明しておきます。

　MVNO事業は、「回線を保有する携帯キャリア（MNOと呼びます）がMVNO事業者に回線をまた貸しする」ことで運営されていると思われがちですが、そんなに単純ではありません。実際には、MNOとMVNOの間にMVNE（Mobile Virtual Network Enabler／仮想移動体サービス提供者）という「中間業者」が入っています。

　SIMチェンジというWebサイトが2015年7月26日付けで公開している記事「MVNEは、MVNOの格安SIMを比較する重要な要素だった！」によると、MVNEの仕事は以下のようなものです。

・*MVNOの課金システム構築・運用*
・*MVNOの代理人として行うMNOとの交渉*
・*スマホやタブレットなど端末の調達業務*
・*事業用電気通信設備を設置し、MVNOに卸電気通信役務を提供*

・*MVNO事業全体のコンサルティング業務*

　また、この記事には「MVNEは総じて自らMVNO事業も行っている」と書いてあります。つまり、MVNO事業者がMVNE事業も行う場合は、その分コストがかさんでいくわけです（ちなみにLINEモバイルの場合は、自らMVNE事業を行わず、MVNEはNTTコミュニケーションズになっているようです）。

　さて、ようやく本題です。前の記事で、MVNO事業者のARPUは「月あたり1500円くらい」と書きましたが、MVNEを第三者に依存するとなると、実は粗利はずっと小さくなるはずです。この場合、

・MVNO事業者の粗利＝MVNO売上－MVNE（＋MNO）への支払い

となるので、1ユーザーあたりMVNE（＋MNO）への支払いがいくらくらいになっているのかを推計してみます。

　ヒントは、インターネットイニシアティブの2015年10-12月期決算の資料にある「モバイルサービスの進捗」というスライドに書いてありました。同社はBtoBとしてのMVNE事業と、BtoCとしてのMVNO事業を両方提供しています。MVNO事業は、この四半期で68万5000回線、30億3000万円の売上でした。ここから算出されるARPUは「月あたり1474円」です。

　他方のMVNE事業は、2015年4-6月期で10万4000回線、2015年7-9月期で13万6000回線、2015年10-12月期で18万2000回線となっていました。2015年4-12月の累計売上は13億9000万円なので、単純計算すると、1エンドユーザーあたり月間1098円の売上があったことになります。

　つまり、こういうことです。

・（自前MVNEの）MVNO事業のARPU：月あたり1474円
・IIJにMVNE部分を委託する場合のコスト：月あたり1098円
・差分＝MVNO事業の粗利：月あたり377円

　大雑把でサンプル数も少ない推計ですが、仮にLINEモバイルのMVNE委託

先であるNTTコミュニケーションズがインターネットイニシアティブと同じくらいの
ARPUだった場合、LINEモバイルの1ユーザーあたりの粗利は「月あたり377円」
という試算になります。

　別の言い方をすると、第三者MVNEと提携してMVNOを始めると、こんな感
じのユニットエコノミクスになると想定されるわけです。

ARPUは月あたりで1500円くらいになるが、

MVNE+MNOへの支払（原価）が月間約1100円あり、

粗利として残るのは、月間で約400円（粗利益率は26.7％）

LINEモバイルの場合、LINEのサービスやFacebook、Twitterなど主要SNS
のデータ通信料はカウントしないので、粗利率はもっと下がるはずです。

　前の記事で「グロス売上」を試算した時と同じように粗利を推計してみると、
以下のようになります。日本でのLINEユーザー数が4000万人、ARPUは月あた
り1500円、粗利が月間400円として計算し、複数のパターンを見てみましょう。

【MVNOユーザー数 → 月間のグロス売上 → 月間の粗利】

**1％（40万ユーザー）→6億円（年間72億円）→1億6000万円（年間19億2000
万円）**

5％（200万ユーザー）→30億円（年間360億円）→8億円（年間96億円）

10％（400万ユーザー）→60億円（年間720億円）→16億円（年間192億円）

LINEの2015年の年間売上1207億円に対して、仮に5％のユーザーがLINE
モバイルを使い始めるとすると、年間360億円のグロス売上となりますが、粗利
での貢献は96億円ということになります。

この節のまとめ

- 3大キャリアがMVNOや「格安携帯キャリア」と連携を強める理由は、競合へのユーザー流出を防ぐため
- MVNOビジネスの月あたりのARPUは1000〜1500円くらいと試算できる
- ただし、MVNO事業者の粗利は「MVNO売上－MVNE(＋MNO)への支払い」となる。LINEモバイルの試算だと、粗利は年間約96億円

6-4 世界一ユーザーに優しい携帯キャリア T-mobile

この節でわかること

- アメリカにおける携帯キャリアの勢力図と、最下位だったT-mobileが急激にシェアを伸ばしている理由
- 携帯キャリアビジネスの常識をDisrupt（破壊）する、T-mobileの「Un-Carrier」戦略の具体像

孫正義氏もほれ込んだT-mobileがすごい理由

2012年10月〜2013年7月の間に起こった、ソフトバンクのSprint（スプリント）買収。Sprintとはアメリカの携帯キャリアで、業界順位では4位につけている会社です。

そのSprintを買収した後、ソフトバンクグループの孫正義代表はT-mobileを買収してSprintと統合しようとしていた、という説明をニュースでご覧になった方も多いかと思います。

この背景にあったのは、アメリカの携帯キャリアを「3強」状態にしたいという考えだったのではないかと推察されます。先ほどSprintがアメリカで業界4位の携帯キャリアだと書きましたが、実質はVerizon（ベライゾン）とAT&Tという2強が市場シェアのほとんどを獲得しているからです。

2013年くらいの時期は、T-mobileとSprintの市場シェアは2強の半分ずつくらいしかありませんでした。しかし、2014年まで4位だったT-mobileは、近年急激にシェアを伸ばして、Sprintを抜いて3位になりました。「純増契約者数」だけを見ると、T-mobileは1位のVerizonを抜きかねない勢いです。

T-mobile成長の理由は、CEOのジョン・レガ氏を抜きにして語れません。このCEOが次々と発表してきた、「Un-Carrier」（アン・キャリア）という戦略が大ヒットしています。

「Un-Carrier」というのは「古臭い携帯電話会社らしからぬことをしよう」という

ようなニュアンスで、これまでの携帯キャリアビジネスのタブーを次々と覆していく戦略です。T-mobileは、この「Un-Carrier」の名の下に、10の施策を次々と発表してきました。

　携帯電話産業は、無線免許が必要な規制産業なので、ともすると「ユーザー目線」が欠けてしまいがちですが、T-mobileの施策はどれもユーザー視点で素晴らしいものばかりです。

　では、一つずつ内容を紹介していきます。

Un-Carrier 1.0：

　最初のUn-Carrierは、携帯電話契約の2年縛りをやめる、というアナウンスでした。電話本体はリースされ、2年以内に解約する場合、ユーザーは(1)電話を返却するか、(2)リース期間の残額を払って買い取るといういずれかの選択ができます。

Un-Carrier 2.0：

　次のUn-Carrierは「JUMPプログラム」と呼ばれるものでした。これは、ユーザーが毎月少しだけ余分に料金を払うと、2年以内であっても新しい機種に機種交換できる、という内容です。

Un-Carrier 3.0：

　3.0は、海外でも追加料金なしに、音声通話・SMS・データが使える、という内容でした。

Un-Carrier 4.0：

　この辺から、内容がさらに過激になっていきます。4.0では、他の携帯キャリアからの乗り換え機種変更(MNP)の場合、古いキャリアで発生する途中解約違約金をT-mobileが全額負担します、という内容です。

Un-Carrier 5.0：

　Voice over LTE(VoLTE)が提供されました。アメリカの携帯の音声通話は本

当に音が悪いので、VoLTEで音質がかなり良くなります。

Un-Carrier 6.0：

主要な音楽ストリーミングサービスの通信分はデータ利用量としてカウントしない、という内容です。アメリカでは、運転中にスマートフォンで音楽ストリーミングを流す人が多く、これがデータ利用量を圧迫しがちでした。そこに目をつけたT-mobileは、ユーザーがデータ利用量を気にせず音楽をストリーミングで聴けるようにしたのです。

Un-Carrier 7.0：

Wi-fi Calling（Wi-fiの電波を使って通話ができるサービス）を提供。これで、ビルの中で電波が悪い状態でも、Wi-fiさえつながっていれば通話ができるようになりました。VoLTEと同様、音質が良くなるという効果もあります。

Un-Carrier 8.0：

未使用分のデータ通信量を翌月に自動的に振り替える、ということが可能になりました。

Un-Carrier 9.0：

法人向けに、「通話・SMSは無制限、データは1回線あたり月1GBまで」という非常にシンプルなプランを発表しています。

Un-Carrier X：

極めつけがこれです。3GB以上のデータプランを契約しているユーザーは、Netflixなど主要サービスのビデオストリーミングもデータ使用量にカウントしない、と発表しました。しかも、ビデオの配信クオリティはDVD並みです。さらに、ほとんどのプランで、料金据え置きでデータ通信量を2倍にする、という発表もなされました。

いかがでしたでしょうか。どれもユーザー目線での施策で、T-mobileがシェ

アを増やしている理由がよくわかるでしょう。

　これらの施策でどのくらいT-mobileの契約者数が増えたかを決算で調べてみたところ、2013年からの2年半で1.5倍になっていました。スマートフォン大国アメリカにおいて、これは本当にすごいことです。

　日本の携帯キャリアだけでなく、本気でMVNOで勝ちたいと思っている会社は、これに似た施策を打てばシェアも増えるでしょう。

この節のまとめ

- アメリカにおける携帯キャリア競争で、T-mobileは2015年からトップ3入り。純増契約者数ではシェア1位のVerizonに迫る勢い
- 「携帯電話契約の2年縛りを廃止」、「動画ストリーミングなどでのデータ使用量をカウントしない」といった10の「Un-Carrier」戦略が奏功している

第7章

企業買収（M&A）と決算

買収の前後に「買収効果」を推し量る方法

以前の「企業の買収・合併」は、大企業によるものが多かったですが、最近ではベンチャーが成長を加速させる目的でM&Aを行うケースも増えています。この章では、M&Aがどのような経緯で進み、その結果としてどんな効果があるのかを決算を通じて紐解きます。

● M&Aをした企業の決算で押さえておきたい方程式

売上マルチプル＝買収金額÷売上
営業利益マルチプル＝買収金額÷営業利益
のれん代＝買収金額－買収対象の純資産額

● M&Aをした企業の決算を読み解く3Step

【1】買収する会社の売上や営業利益をチェック
【2】その後に、買収金額でマルチプルを算出
【3】買収後は、「のれん代」の償却状況を確認

7-1 M&Aとその背景を読むコツ

　ソフトウェア・インターネット業界のように変化の激しい業界では、企業買収（M&A）を行うことで成長していく戦略が広く使われています。

　経営にスピードが求められる昨今は、自前主義ですべてをカバーするよりも、すでに何らかの形で成功している企業を買収する方が合理的、というシチュエーションが多々あるからです。

M&Aがどのように進むのかを理解しよう

　会社を丸ごと買収し、自社に取り込むというプロセスは、売り手・買い手の双方にとって非常にダイナミックなものです。このM&Aのプロセスは、一般的には当事者間のみで行われるもので、部外者が覗き見ることはできません。

　ただ、文書の形で買収取引の経緯が記録されていることもあるので、これを読むことで疑似体験することはできます。

　ここでは、米ビジネスSNS大手のLinkedIn（リンクトイン）を米Microsoftが買収した事例と、米Yahoo!の事業売却の事例を通じて、M&Aがどのように進んでいくのかリアルな実態を紹介していきます。

各社のM&Aを「マルチプル」で見てみる

　M&Aにおいて、買収金額はどのように決まるのでしょうか？

　基本的には、我々が普段利用するオークションサービスと同じ仕組みで、売り手の考える「売りたい値段」と、買い手の考える「買いたい値段」がマッチした時にM&Aが成立します。それゆえ買収金額はケースバイケースになるわけですが、買収金額を検討する際の目安は存在しています。

　買収金額が年間売上・営業利益・純利益などの何倍にあたるのか？という「マルチプル」を使うことが多くあります。

例えば、売上が10億円、営業利益が2億円、純利益が1億円の会社を100億円で買収するケースでは、

売上マルチプル＝買収金額（100億円）÷売上（10億円）で10倍

となります。他にも、「営業利益マルチプル」は50倍、「PER」（株価収益率）は100倍、などと計算されます。つまり、マルチプルは対象となる指標によって変わるということです。

マルチプルの計算式は指標によって複雑になることがあるので、本書では詳しい説明は割愛しますが、この章の扉で2つだけ紹介しています。一般に成長率の高い企業ほど大きなマルチプルが適用されます。買収時点での売上・利益よりも、将来の売上・利益が大きくなるためです。

このマルチプルの考え方を知ってもらうために、この章では4つのM&Aケースを紹介します。それぞれ全く異なるマルチプルで買収が行われていますが、決算を深く読み込むことで、なぜ各社がそのようなマルチプルでM&Aを行ったのかが理解できるようになります。

誰もが理解しておくべき「買収時」の財務・会計

M&Aを行うと、買収した会社の財務・会計はどうなるのでしょうか？

単純な連結（ほぼ足し算）になるだけなのでシンプルだ、とお考えの方は多いかもしれませんが、実はそんなに単純ではありません。特に、買収する企業の簿価と買収金額に大きな差がある場合は注意が必要です。

この差額は「**のれん代＊**」としてバランスシートに計上され、それを一定のルールに則って減価償却していく必要があるためです。

当然ながら、この減価償却はP&Lに影響します。よって、売上・利益を取り込むためのM&Aが、のれん代の減価償却によって営業利益を圧迫するという結果を招きかねません。

用語解説
のれん代……企業の買収・合併の際に発生する、「買収で支払った金額」と「買収先の純資産」の差額。

そして、この「一定のルール」というのが日本会計基準と国際会計基準（IFRS）で異なるため、さらに状況が複雑です。

この「のれん代」の扱いは、財務部・経理部の担当者だけが知っておけばいいという話ではありません。買収した後の事業のP&Lにも大きく影響するため、事業の担当者こそが仕組みを理解しておくべきです。

この章の最後では、日本会計基準と国際会計基準（IFRS）における「のれん代」の扱いの違いを整理した後、DeNA、楽天の具体例をケーススタディとして取り上げます。

第7章　企業買収（M&A）と決算　251

7-2 M&Aの現場を実況生中継！

この節でわかること

- Microsoftに買収されたLinkedInの超具体的な交渉内容
- 米Yahoo!のVerizonへの事業売却の経緯
- 「買収金額」が決まる交渉プロセス

LinkedInの巨額買収、水面下の駆け引きが面白い

2016年6月、世界的なビジネスSNSであるLinkedInが、米Microsoftに買収されるというニュースがありました（買収完了は同年12月）。買収額は約2兆7000億円で、いわゆる大型M&Aです。

その交渉の舞台裏について、米国証券取引委員会（SEC）が2016年7月1日に公開した文書「Proxy Statement」（プロキシ・ステートメント）に詳しく出ているので、内容を紹介していきます。

その前に、なぜM&Aの交渉内容が公開されるのかを説明しておきましょう。

LinkedInは株式公開企業で、**Dual Class Stock***を採用しており、創業者で取締役会長のリード・ホフマン氏が過半数以上の議決権を有していました。つまり、リード・ホフマン氏は他の株主が反対しようとも、彼が売りたいと思えば、M&Aを決めることができてしまったわけです。

とはいえ、M&Aで株式を譲渡する際に、彼「だけ」がおいしい取引をすると他の株主から訴訟されかねません。そこで、売却にいたる経緯をしっかり公開し、利益相反などがなかったことを他の株主に説明するための文書が作成されるのです。

上記のSECの文書には、「Party A（A社）」という表現で、実際にM&Aの交渉

用語解説

Dual Class Stock……証券取引の専門用語で、「クラスA」と「クラスB」という2つのクラスの株を発行する仕組みのこと。一般投資家と創業者らで持株を分ける際に使われる。

をした会社が複数、匿名で記載されています。これが実際にどの会社だったのか?という予測も、さまざまなメディアに出ていました。例えば米メディアのRecodeが2016年7月1日に出した記事は、「Google and Facebook also looked at buying LinkedIn」というタイトルでした。タイトルを見れば、どんな会社が買い手候補になっていたのかがわかるでしょう。

では、実際にどんなプロセスでM&Aの交渉が行われたのか、Proxy Statementの内容を順に説明していきます。

1. 売却交渉を開始

LinkedInが2015年の通年決算を発表した直後に、弱気な業績予想を出したためか、株価が1日で40%も暴落しました(図7-1)。

M&Aの交渉は、決算発表の12日後となる2016年2月16日に始まります。この日に、LinkedInのCEOであるジェフ・ウェイナー氏が、MicrosoftのCEOサティア・ナデラ氏とミーティングの場をもうけて「何か一緒にできませんか」という相談を始めます。M&Aの話も、この時に出たようです。

2. Microsoft以外にも、SalesforceやGoogleと交渉開始

約1カ月後の3月10日に、LinkedInはA社のCEOとミーティングの場を持ちます。A社はSalesforce(セールスフォース)であると噂されているので、CEOはマーク・ベニオフ氏です。内容は、M&Aを含めた協業の可能性を模索するため、と記載されていました。

3月14日には、A社(Salesforce)のCEOより、「この話をもっと進めましょう」という打診がありました。同日、LinkedInの創業者であるリード・ホフマン会長は、B社(Googleとの噂)の上級役員とミーティングをします。

この日の夕方には、B社(Google)の上級役員から「買収検討を進めるために再度ミーティングしたい」という連絡が来ます。

そして翌日の3月15日、LinkedInのウェイナーCEOが、MicrosoftのナデラCEOに電話をかけ、「LinkedInを今すぐ売りたいわけではないのだけれど、

●図7-1：LinkedInの2015年通年決算発表後の株価

※Google Financeでの調査結果

M&Aに興味はあるか？」と打診。ナデラCEOは、Microsoftの取締役会で検討すると返答しました。

　さらに翌日の3月16日、LinkedInのウェイナーCEOは、A社（Salesforce）のCEOと再度会います。A社（Salesforce）のCEOは、LinkedInを買収するため、すでにファイナンシャル・アドバイザーと契約したことを伝え、買収に前向きであることを伝えます。同じく3月16日、MicrosoftのナデラCEOが、「当社も買収に前向き」という連絡をしてきます。

　そこで3月18日、LinkedInの取締役会が開催されました。ウェイナーCEOから、「Microsoft、A社（Salesforce）、B社（Google）の3社がM&Aに関心を示している」という報告がなされました。

　また、ホフマン会長が、「自分が過半数以上の議決権を有しているが、他の株主にも不利にならないような取引にしたい」と宣言します。

3. C社とD社も買収協議に加わり、日ごとに状況が変わる

　これを受けて、LinkedInの取締役会は、Transactions Committee（買収検討委員会）を設置します。ファイナンシャル・アドバイザーには、投資銀行であるQatalyst Partnersを選定します。

　3月21日、A社（Salesforce）のCEOから、LinkedInのウェイナーCEO宛てに「買収検討のミーティングをしたい」というメールが来ます。

3月22日、ウェイナーCEOはA社（Salesforce）のCEOに「ミーティングしましょう」と返事。合わせてB社（Google）とMicrosoftにも、「ミーティングしませんか?」とメールします。

さらに同日、ファイナンシャル・アドバイザーのQatalyst Partnersから「C社とも話してみては?」と打診され、買収検討委員会でC社との協議を承認。

そして3月25日、LinkedInのウェイナーCEOはC社のCEOとミーティングの場をもうけます。また、この日はLinkedInのホフマン会長とウェイナーCEOがA社（Salesforce）のCEOともミーティングを行い、A社（Salesforce）のCEOから「買収することになっても、LinkedInのCEOをウェイナー氏に続投してほしい。ホフマン会長にはA社（Salesforce）の取締役になることを検討してほしい」と打診されます。

3月29日は、ファイナンシャル・アドバイザーのQatalyst PartnersがC社の上級役員、事業開発担当者とミーティング。同日、LinkedInのホフマン会長とウェイナーCEOは、B社（Google）の上級役員とミーティングをしています。

3月31日は、LinkedInのホフマン会長とCFOが、MicrosoftのナデラCEOや他の役員とミーティング。買収後のお互いのメリットを議論します。

4月1日、買収検討委員会にて、LinkedInのホフマン会長が「もしかしたらD社（Facebook）も興味を持つかもしれないから、D社（Facebook）のCEOとのミーティングをセットした」と報告します。ここで、D社とも交渉することを同委員会が承認します。

4月2日、C社の事業開発担当者から、ファイナンシャル・アドバイザーのQatalyst Partnersに「事業提携には興味があるけれど、買収は無理だ」という旨の連絡が来ます。

4月4日、B社（Google）の上級役員が、LinkedInのウェイナーCEOへ「当社も買収に興味があります。事業開発チームから、Qatalyst Partnersへ連絡させます」と報告します。

4月7日、LinkedInのホフマン会長が、D社（Facebook）のCEOとミーティング。「LinkedInは今、複数の買収オファーをもらっている」と伝えるものの、D社（Facebook）のCEOはM&Aに関心を示しません。

4月18日、買収検討委員会を開催。ここでC社がM&Aに関心がないことを

報告。追加で、ファイナンシャル・アドバイザーを1社追加することを承認します。

4月20日、LinkedInのホフマン会長の下にB社（Google）から連絡があり、買収後の双方のメリットを議論。その後の5月3日、B社（Google）は「今回は無理です」と交渉から降りることを決めました。

4. ついに正式な買収オファーが届き、ビル・ゲイツ氏も登場

4月25日、A社のCEOから「買収のオファーレターを準備している」と連絡が来ます。その後「1株$160〜$165で買収する気があります。最大50%まで現金で払い、残りは株式交換で」というレターが届きます。

5月4日、今度はMicrosoftから「1株$160で買収したい。株式交換も可能です。ここから先は独占交渉にしたい」というレターが届きます。

5月6日、買収検討委員会で「LinkedInとしては1株$200を払ってくれるなら独占交渉してもいい」と決定。その旨をMicrosoftとA社に連絡するも、両社ともこの値段にコミットしてまで独占交渉をしたいとはなりませんでした。

ですが5月9日、LinkedInのホフマン会長が、Microsoftの創業者であるビル・ゲイツ氏とミーティングの場を持ちます。

5. 買収金額が釣り上がり、独占交渉の相手が決まる！

5月9日、A社より「買収金額を1株$171まで上げます。半分は現金で、半分は株式交換にて」というレターが届きます。

5月11日、今度はMicrosoftから「買収金額を1株$172まで上げます。Microsoftとしては全額現金払いが理想だけれど、そちらが希望するなら一部を株式交換でも可能です。そろそろ独占交渉させてくれませんか？」というレターが届きます。

5月12日、買収検討委員会で「5月13日の取締役会までにMicrosoftとA社（Salesforce）の両社に最終提示価格を提示してもらおう」と決め、両社へその旨を通知。この日の委員会後、LinkedInのホフマン会長はMicrosoftに電話をして、「1株$185まで上げられるなら、LinkedInは私が説得する」と発言したそうです。

5月13日、Microsoftから「買収金額を1株$182まで上げます。株式交換も

可能です」という連絡が、A社（Salesforce）からは「買収金額を1株$182まで上げます。1株$85分までは現金で、残りは株式交換にて」という連絡が来ます。両社とも、独占交渉を希望しています。

同日、LinkedInの取締役会が開催され、ここでMicrosoftとの独占交渉を承認しました。翌14日に、LinkedInはMicrosoftとの独占交渉契約（期限は6月12日まで）に署名しました。

6. 一件落着と思いきや、さらに波乱が続く

5月20日、A社（Salesforce）より「当社の買収提案は1株$85の現金＋株式交換（株式数固定）だったが、株価が上がったので、今なら1株$188で買うことができます」という連絡が来ます。

6月5日には、再びA社（Salesforce）から「さらに当社の株価が上がったので、今なら1株$200で買うことができます」というレターが届きます。当初の提案期限だった5月13日以降のSalesforceの株価（図7-2）を見ると、確かに上がっています。

6月6日、買収検討委員会にて、「A社（Salesforce）の株価が上がっているので、Microsoftに『当初話をしていた1株$182では無理です。1株$200にしてほしい』と通達すべき」と決定します。

6月7日、LinkedInのホフマン会長が、MicrosoftのナデラCEOに「別の会社から株式交換で提案があって、そちらの株価が上がっているので、1株$182で売却するのは無理です。1株$200にしてくれるなら、全額現金払いでもいいです」と通達。

6月10日、Microsoftからは「1株$190まで上げます」という連絡が来ます。同日、買収検討委員会にて、「1株$196、全額キャッシュで妥協するとMicrosoftを説得すべし」と決定。さっそくMicrosoftへ通達します。

6月11日、Microsoftの取締役会で、ついに「1株$196、全額キャッシュでのLinkedIn買収」が承認されます。

同日、LinkedInの取締役会でも、買収が承認されます。

●図7-2：2016年5月13日前後のSalesforceの株価

※Google Financeでの調査結果

7. 怒涛の買収プロセスを振り返ってみると……

M&A交渉の実況中継、いかがでしたか？

私の感想としては、2兆7000億円ものM&Aが、取引を開始してから4カ月（実質3カ月）で締結しているというスピード感に驚きました。

また、LinkedInの株価の底値は約$100だったので、約$200で売却できたという点では「売り手」が強かった印象です。LinkedInには同規模の競合サービスがないこともあってか、Microsoft、Salesforceがオークションでビッドを釣り上げたのが印象的でした。

最終的にMicrosoftに与えられた独占交渉期間は6月12日までで、その前日に買収の取引が完了したというのも、ギリギリまで交渉が続いていたことを示唆しています。

もし、この独占交渉期限を過ぎていたら、当然Salesforceが有利になる状況でしたから、Microsoft・LinkedIn共に、この日までに手続きを完了させたかったのでしょう。

今回開示された内容では、計5社と買収の話をして、2社（MicrosoftとSalesforce）が本格的にLetter of Intent（買収する意思がある旨を記した手紙）を出していたことになります。そして、Salesforceの提案の一部が株式交換であったために、Microsoftの独占交渉が始まった後も買収金額が（Salesforceの株価に

連動して）釣り上がる形になり、LinkedInとしては良い方向に話が進んだと考えられます。

　他方、Microsoftとしては、「買収金額が上がってしまった」というのが本音かと思われます。独占交渉を開始した後でも価格が変動し得るというのが、M&Aの面白いところです。

「新ヤフー」誕生もあり得た？ 米Yahoo!事業売却の経緯

　次は、2017年6月、アメリカの携帯キャリア最大手Verizon（ベライゾン）に中核事業を売却した米Yahoo!の事例を紹介しましょう。

　このM&Aは、買収計画が発表されてから実際に完了するまで1年近くかかっています。2016年7月25日に約5100億円での買収が決定するまでも、かなりの紆余曲折があったと報道されています（実際の買収額は、その後400億円ほど下がっています）。

　このくらい大きな買収の場合、米Yahoo!の取締役会は売却交渉の経緯を株主に対して説明し、この売却が株主利益に最もかなうものだと説明する義務があります。それを説明する文書が、前述したProxy Statementというわけです。

　LinkedInのケースと同様に、米Yahoo!のM&AでもProxy Statementの中に「どういった会社と、どのような交渉をしていたのか」が詳しく書いてあります。

　なんと日本のソフトバンク＋ヤフージャパン連合も買収提案をしており、彼らが自ら交渉を降りたということも明らかになっています。

　その交渉内容を詳しく見ていく前に、そもそもなぜこの買収が起こったのか？という背景を紹介しておきます。

　答えは、Proxy Statement の中にある「Background of the Sale Transaction」に詳しく記してありました。正確性を期すために、原文のまま引用します。

Based on the relative market prices of Alibaba, Yahoo Japan, and Yahoo, as well as Yahoo's net cash balance, the Board believed that the market was significantly undervaluing Yahoo. The Board believed at that time that separating Yahoo's equity stakes in Alibaba and Yahoo Japan from its core operating business would create value by, among other things: providing the investor community with greater clarity and focus with respect to the value of Yahoo's operating business; enabling the management of Yahoo to focus exclusively on its operating business; enhancing Yahoo's ability to attract, retain, and incentivize management and employees by creating equity-based compensation that more accurately and efficiently reflects the performance of Yahoo's operating business; and enhancing Yahoo's ability to pursue strategic acquisitions by creating a more efficient equity currency.

　要するに、米Yahoo!の「本業」が非常に低く評価されていたため、同社の株を保有していた中国のアリババやヤフージャパンの持ち分を「本業から切り離すことが最適だ」という判断を下した、と説明しています。

　図7-3は米Yahoo!が持っていた資産の分類図で、「本業」とは一番左下にある丸囲みの部分を指します。

　ページサイズの都合で図をこれ以上拡大できないので、図7-3に書いてある内容を補足しておきましょう。

　図7-3の下に並ぶ丸囲みの左から2番目と3番目がアリババ株、左から4番目

●図7-3：米Yahoo!の資産分類図（同社のProxy Statementより転載）

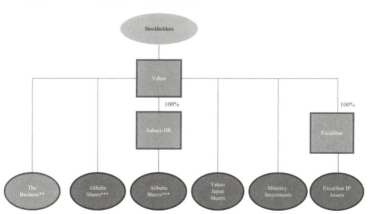

がヤフージャパン株です。その他は、マイノリティー出資、知財という分類となっています。

一番左の「本業」以外は、事実上「金融資産」となっています。なので、この2つが混在している状態ではコングロマリットディスカウント（さまざまな事業を手掛ける複合企業の株式時価総額が、個々の事業の価値を合算した額に比べて割安になること）が大きくなり、全体としての価値が低く評価されるため、分離した方がいいという話です。

実は当初の案は「アリババ株のみを切り離す」というものだったようです。Proxy Statementには、アリババ株のみを切り離す場合に、税金がかかるかどうかという点をIRS（アメリカ国税局）に質問していたと書いてあります。

ただ、2015年9月に「個別事例には回答しない」というレターがIRSから届いたようです。さらに、IRSから返答があった同じ日に、IRSが「これと似たようなケースに対するルールを制定する可能性がある」と発表しています。

つまり、米Yahoo!がアリババ株のみを切り離す場合に「税金がかからない」という確証は得られず、むしろその逆に税金を徴収するようなルールを制定する方向で考えているという意向が公表されたわけです。

そこで次の案として検討したのが「本業」の売却です。2016年1月15日に、米Yahoo!が「本業」と「金融資産」を切り離すという方向で合意。同年の2月2日には、決算発表で「strategic alternatives for separating Yahoo's operating business from its Alibaba Shares」（要は、アリババ株を切り離すのではなく、本業を切り離す）方向で検討していることを公表します。

それから数日後、Verizonだけでなく、ソフトバンク＋ヤフージャパンから連絡があったとProxy Statementに書いてあります。ソフトバンクは、30日間の独占協議を要求したようです。

続く2016年2月19日に、「本業」を売ることを決断し、買い手候補への打診を開始すると決定。同日、プレスリリースを出しています。

その後は、数週間で計51社からコンタクトがあり、2016年4月6日までに32社と秘密保持契約を締結。内訳は、10社が事業会社、22社が投資会社でした。

その間の2月25日に、当時のYahoo!でCEOを務めていたマリッサ・メイヤー氏は、ソフトバンクの関係者とミーティングを行っています。同日、ソフトバンクか

ら買収提案レターを受領。このレターに書いてある買収提案の内容を要約すると、こうなります。

- 米Yahoo!とヤフージャパンを合併する。この合併後の会社をレターでは「新ヤフー」と書く

- 米Yahoo!の既存株主は、「新ヤフー」の50%の株式と$14 Billion（1ドル100円換算で約1兆4000億円）の現金を受け取る

- それ以外に、アリババが、米Yahoo!が保有するアリババ株の約半分を6年間に渡って6分の1ずつすべて買い取る（自社株買い）

- この提案の条件は、2016年3月1日から30日間の独占交渉が条件

　これを受け、米Yahoo!は2月26日、29日の売却委員会でソフトバンクの提案内容を議論。委員会は、「米Yahoo!の事業価値に対して、プレミアムが乗っていない」「アリババ株の売却では、売却益に対して課税されるため、米Yahoo!の株主にとっては望ましくない」という判断のもと、慎重な姿勢を見せたそうです。
　引き続き、（米Yahoo!にとって）より良い条件を引き出すべく、ソフトバンク＋ヤフージャパンとの交渉を続けるために秘密保持契約を結びたいと伝えるものの、ソフトバンク＋ヤフージャパンがこれを拒否します。
　一方、4月1日〜8日までの間に、計19社が米Yahoo!の資産を詳細に**デューデリジェンス***するための秘密保持契約にサイン。ここから、「買収オークション」が本格的に始まります。
　4月11日、事業会社A社が「$1 Billion〜$2 Billion（約1000億円〜2000億円）を米Yahoo!に投資した後、本業を分離する」という提案を提出。
　4月18日、事業会社A社以外にも14社（事業会社3社、投資会社11社）が買収提案を提出。主要な提案は、このような内容でした。

用語解説
デューデリジェンス……M&Aの際に、企業の資産価値を適正に評価する手続きのこと。

【オークション第1ラウンド】
買収案1：アリババ・ヤフージャパン以外の全資産＋Yahoo!本社不動産
・投資会社A社　7500〜8000億円
・Verizon　　　3750億円

買収案2：アリババ・ヤフージャパン以外の全資産（本社不動産は除く）
・事業会社B社　4500億円
・投資会社B社　5000〜5500億円

買収案3：本業のみ（金融資産と本社不動産は除く）
・投資会社C＋D社　5500億円
・投資会社E　　　6000億円
・投資会社F　　　5000億円
・投資会社G　　　5000〜6000億円
・投資会社H　　　4510億円

　これを受けて、5月2日に米Yahoo!はVerizonのCEOとミーティング。米Yahoo!からは、Verizonの提案に対する懸念事項を伝えたそうです。

　5月12日、売却契約書の初版が完成。この初版では、「契約合意後に米Yahoo!が契約破棄した場合は売却金額の2.5％を買い主へ支払う」「逆の場合は7.5％を買い主から米Yahoo!へ支払う」という案が盛り込まれます。

　5月23日の週には、米Yahoo!のメイヤーCEOらが、Verizonと事業会社B社の2社とミーティングの場を持っています。

　そして6月6日、2回目の買収提案を受領します。詳細は以下です。

【オークション第2ラウンド】
・Verizon：ベース買収金額3850億円
・事業会社B社：ベース買収金額3750億円
・投資会社A社：ベース買収金額5000億円
・投資会社B社：ベース買収金額4000〜4500億円

第7章　企業買収（M&A）と決算　　263

・投資会社C＋D社：ベース買収金額2750億円
・投資会社E＋F社：ベース買収金額5250億円

その後の6月8日、投資会社C＋D社は次の提案へ進めないことを決議。7月18日と19日には、計5社から改めて買収提案を受領します。

【オークション第3ラウンド】
・Verizon：ベース買収金額4826億円
・事業会社B社：ベース買収金額2900億円
・投資会社A社：ベース買収金額4000億円
・投資会社B社：ベース買収金額4050億円
・投資会社E＋F社：ベース買収金額4350億円

7月18日と19日には、米Yahoo!の売却委員会でVerizonの提案が最も魅力的であると議論し、取締役会にてVerizonとの交渉を優先すべきという結論に達します。

7月22日に行った事業会社B社とのミーティング後、4800億円での買収提案を受けますが、同日の米Yahoo!取締役会で「早くサインしないとVerizonが逃げてしまうかも」と議論され、最終的にVerizonへの売却を決議します。

結果、7月23日に契約書へサインし、7月25日の買収決定を迎えて米Yahoo!とVerizonが共同でプレスリリースを出しました。

以上、2つ目のM&A実況中継はいかがでしたか？

こちらもLinkedInのケースと同様に、めまぐるしく状況が変わっていく様子がうかがえました。

この節のまとめ

- MicrosoftとLinkedInの買収交渉には、他にも4社の存在があった
- 米Yahoo!の買収には、ソフトバンク＋ヤフージャパンも交渉に参加していた
- M&Aでは、買い手がオークションのように入札することで買収金額が上下していく

7-3 大手とベンチャー、M&Aの背景にある各社の思惑

🔍 この節でわかること

● 「マルチプル」で見えてくる各社のM&A戦略

● ソフトバンクのARM社買収、リクルートのIndeed買収の狙い

● 急成長企業以外を買収する「コツコツ型M&A」のメリット

■ ソフトバンクがARM社の買収に約3兆円もの巨額を投じた理由

2016年7月18日、ソフトバンクが英ARM社を買収すると発表しました。それも、3兆2000億円というソフトバンク史上最大の買収額です。

金額、タイミング、買収先すべてに驚くばかりですが、イギリスのEU離脱が決定した影響でポンド安になっていた時期ということもあり、為替を上手く利用したタイミングだったと言えるでしょう。

ここでは、章の冒頭で予告した通り、M&Aで買収金額の目安となる「マルチプル」を見ながら買収の狙いを読み解いていきます。

その前に、ARM社が何をしている会社なのかを説明しましょう。一般にはあまり知られていないかもしれませんが、一言でいうと「組込み型半導体のライセンス提供」をしている会社です。

ライセンスビジネスというのは、長きに渡る研究・開発と、そこで投じたコストを長期的に回収する販売戦略が必要不可欠です。同社のWebサイトのカンパニーページにも、

・基礎研究に2〜3年

・製品化に3〜4年

・その後25年以上に渡って販売する

というビジネスモデルが記してあります。例えばソフトウェア開発などに比べる

と、圧倒的に長いサイクルでビジネスを構築しています。

では、本題に戻りましょう。この買収のマルチプルを見ていきます。

まず、ARM社の売上を見てみましょう。2016年第1四半期決算によると、この四半期の売上は$398 Million（1ドル100円換算で約398億円）でした。

ソフトバンクは、年換算で約1600億円の売上を生んでいる会社を、3兆2000億円で買ったことになりますから、

・3兆2000億円÷1600億円＝「売上マルチプル」は20倍

となります。

これは非常に大きな倍率で、実際に買収報道があった直後は「高値でつかまされている」という批判の声も挙がっていました。

2015年の営業利益で見ても70倍、EBITDAの50倍という金額で買収することになるので、財務・会計に詳しい人たちの常識では「こんな高値で買うのは無謀だ！」となりかねません。

ただ、ソフトバンクの企業買収は、一見「高すぎる」という値段でも、後で振り返るとそんなに高くなかった（＝皆が価値に気づかなかった）というケースが多々あります。そこで、ソフトバンクはなぜARM社に高い値段をつけたのかを考察してみます。

まず、ARM社が持っている"商材"の観点から見ていきます。

PCであれスマートフォンであれ、コンピューターにはCPUが必要ですが、CPUには大きく2つの系統があります。

・主にPC・サーバーなどに搭載されているx86/64系
・主にスマートフォン・IoT*製品などに搭載されているARM系

こんなに大雑把な分類をすると専門家に怒られそうですが、今回は専門外の

用語解説

IoT……Internet of Thingsの略で、さまざまな物がインターネットに接続され、各種情報を交換することで相互に制御し合う仕組み・世界のこと。モノのインターネットと呼ばれる。

読者にもわかりやすく伝えるためにあえて単純化しています。

　前者のx86/64系は、主に半導体メーカーのIntel（インテル）とAMD（アドバンスト・マイクロ・デバイセズ）の2社が知財管理・製造・販売を行っています。一方のARM系は、ARM社が知財を有し、その知財を他のメーカーにライセンスする形で製造・販売されています。

　x86/64系は垂直統合で製造されているのに対して、ARM系はオープン戦略の下で製造されているのです。

　この戦略の違いも影響してか、市場シェアも変わりつつあります。

　米のテクノロジーメディアEnterpriseTechが2014年5月5日に掲載した「AMD To Unify X86, ARM Systems With SkyBridge」という記事には、スマートフォンの普及前はx86系のシェアが大きかったものの、2018年にはx86/64系とARM系がほぼ同じくらいになっているという予想が出ています。

　各市場の市場規模と、そこでのARM系の市場シェアは、ARM社の決算資料に載っていたので傾向をそのまま紹介します。

- **スマートフォン市場では独占に近いレベルでシェアを獲得済み**
- **サーバー市場ではほぼゼロ**
- **車載用途では10％と伸びしろあり**
- **家電市場では40％のシェアがあるが、市場が伸びる見込みなし**

　つまり、現代のスマートフォンはARM系の部品がないと製造できないレベルになっており、車載や家電といったIoTに関連する分野でも健闘しているということです。

　また、ARM社の決算スライド（図7-4）によれば、スマートフォンの製造台数は2015年〜2020年に**CAGR***6％で伸びる見込みで、その間にARM社のロイヤリティ収入はCAGR約15％で伸びていく予定とのことです。

　これは、スマートフォンがどんどん高スペック化していくと、CPUコア数やGPUなど、より高度なチップが必要になるからです。

用語解説

CAGR……compound average growth rateの略で、年平均成長率のこと。

●図7-4:スマートフォン製造で使われるARM系製品

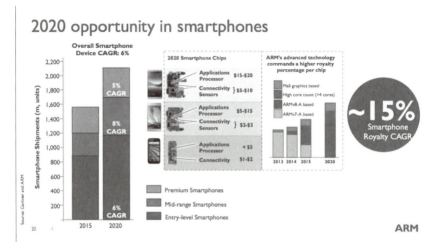

こうしたデータから考察すると、ソフトバンクが払った「売上マルチプル20倍」もの買収額は、現時点の企業価値というよりも「将来、ほぼ確実に伸びる領域」への先行投資の色合いが強かった、と言えるでしょう。

リクルートのIndeed買収は「お買い得」だったのかを検証

　次は、M&Aの「その後」を詳しく検証するために、リクルートが2012年にM&Aをした米Indeed(インディード)の事例を見ていきましょう。

　Indeedとは、企業が人材募集をする際に利用する検索エンジンです。非常にわかりやすいミッションステートメントを持つ会社で、「人々が職を探す手伝いをするためのサービス」を謳っています。

　具体的には、インターネット上にある企業の人材募集ページをクロールし、リアルタイムな人材募集情報を検索エンジンにインデックスします。

　企業は、自社の募集情報をIndeedに直接登録することもでき、ユーザーはIndeedの検索窓に「職種」と「場所」を入力すれば希望の(かつ希望する地域の)募集情報を探すことができます。

　ビジネスモデルはGoogleなどの検索エンジンと同じで、検索連動型広告です。

ユーザーが検索した職種と場所に応じて広告が表示され、広告表示・クリックに対して課金がされる仕組みです。

リクルートは2012年9月にIndeedを買収し、買収金額は約1000億円でした（実際の買収金額は非公開でしたが、各種メディアの報道によってこの金額だとされています）。

この数字を念頭に置いて、リクルートホールディングスの2016年10-12月期決算を見ていきます。この期の「人材メディア事業の業績」という決算資料によると、この四半期までの累計売上が1兆3007億円（対前年同期比＋14.2％）、EBITDAが1668億円（対前年同期比＋13.8％）となっています。

Indeedの業績を表す「海外人材募集」は、対前年同期比で＋46.3％と、非常に高い成長率を見せています。

続いて、この期のIndeedの決算資料を確認すると、売上は2011年から2015年にかけて年間平均で＋67％ずつ成長していることがわかります。

図7-5のグラフによれば、2012年度の売上は$156 Million（約156億円）でしたので、1000億円で買収したとすると、

・1000億円÷156億円＝「売上マルチプル」は約7倍

●図7-5：Indeedの2011年〜2015年売上推移（2016年10-12月期決算）

となります。先に紹介したソフトバンクとARM社のM&A（売上マルチプル20倍）に比べれば低い倍率ですが、それでも売上マルチプルが7倍というのは安い買収ではありません。

しかも、その後の成長曲線を見る限り、今となってはこのM&Aはとても成功したケースだと言えます。

リクルートがIndeedを買収した当初は、「1000億円という買収金額は高すぎる」という声もちらほら聞こえてきていました。日本のインターネット企業の海外でのM&Aは、楽天をはじめDeNAやグリーといった会社も苦戦してきた経緯があります。

しかし、このM&Aに関しては「買収後の成長スピード」が非常に速く、成功しているケースに見えます。

では、Indeedの収益性はどの程度なのでしょう。この期の決算資料には、Indeedの主要指標に関する数字もひと通り公開されていたので、それらを基に分析してみます。ポイントは、以下の5つでしょう。

（すべて2016年10-12月期時点の数字）
・2016年度の9カ月間での売上は$795 Million（約795億円）
・月間ユニーク訪問者数が2億人
・8000万人の履歴書が登録
・アプリのダウンロードは1億以上
・1300万以上の企業に対するレビューが登録済み

年間売上は数字が出ていませんでしたが、単純にこの9カ月分の売上を均等に12か月分に直すと$1.06 Billion（約1060億円）になります。

月間2億人の利用者がいて、そこから年間1060億円の売上が上がるとすると、ユニットエコノミクスは

・月間ARPU：$0.44（約44円）
・四半期ARPU：$1.33（約133円）
・年間ARPU：$5.30（約530円）

となります。2億人から毎月$0.44（約44円）ずつ売上が上がるという、非常にスケールの大きなビジネスです。

ユーザー側のトレンドとしては、オンラインで職探しをする人はこれからも右肩上がりで増えていくことは間違いありません。ですから収益性に関しても、広告のフィルレート（広告枠在庫に対する広告主在庫の満稿割合）を改善していけばもっと上がっていくでしょう。

これらから推察すると、Indeedは今以上にリクルートの業績に貢献していきそうです。

「コツコツ型M&A」で成長する2社：じげんとメタップス

ソフトバンクやリクルートによる「成長を買うM&A」の次は、違ったアプローチのM&A事例を紹介しましょう。

上場企業の中でも特に成長を期待されている会社は、成長率を維持するために「今はまだ小さいけれども、これから明らかに伸びそうな会社」に対して大きなプレミアムを払う傾向にあります。

こうしたM&Aとは対照的に、ある意味で地味な「コツコツ型」のM&Aをして成長を続けている会社があります。ここでは、共にマザーズに上場している、じげんとメタップスの2社を取り上げます。

最初はじげんが2016年12月16日に発表した、「株式会社三光アドの買収」を見ていきましょう。

じげんとは、ライフイベント領域（求人・住まい・結婚・車など）を中心に、その領域ごとに特化したWebサイトを多数運営している会社です。2016年3月期の売上高は50億3000万円、営業利益は16億円、総資産は88億4000万円でした。

そのじげんが、新聞の折り込み求人広告を扱う会社である三光アドを買収しました。三光アドは、折り込み広告の発行部数が300万部もあり、東海地方では市場シェアが1位とのことです。

このM&Aの買収金額ですが、EBITDAが約5億6000万円の会社を21億円で買収したと発表されています。つまりマルチプルは4倍以下で、成長を買う買収と比べれば割安なM&Aだったと言えるでしょう。

●図7-6：じげんのM&A実績（2016年12月16日時点）

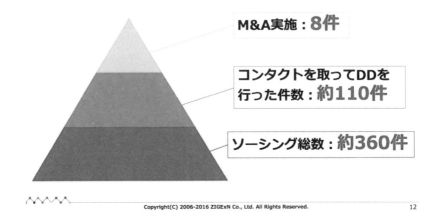

　じげんによる三光アド買収の発表資料（2016年12月16日）には、他のM&A実績も載っていたので紹介しておきます（図7-6）。
　金融機関やファンドからの紹介だけではなく、経営陣やオーナーからの直接の持ち込み案件や、じげんからのダイレクトオファーで割高なM&Aを回避し、過去8件で総額約70億円と比較的小粒なM&Aを繰り返してきたことがわかります。
　また、PMI（Post Merger Integration＝買収後の経営統合）を非常に重視しているようで、買収後の売上と営業利益の伸びが高いと別資料に記しています。
　次はメタップスが2016年6月28日に発表した「ビカム株式会社の買収」を見てみます。
　メタップスは、データ分析を軸に決済プラットフォーム、マーケティング支援、Webサービスなどを提供している会社です。2016年8月期の売上高は88億8000万円、営業利益はマイナス3億1000万円、総資産は169億円でした。
　一方のビカムは、ショッピング検索エンジンを作っている会社です。同社の

●図7-7：メタップスのM&A戦略（2016年10月17日発表の中期経営方針資料より）

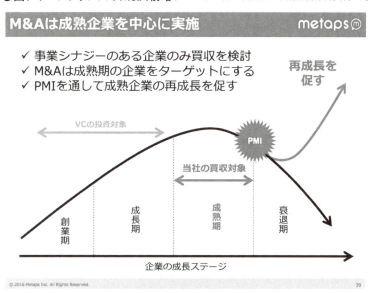

2015年12月期決算を見ると、売上高は10億円程度、営業利益は7600万円となっています。売上高の推移は、ほぼフラットかマイナス成長です。

メタップスとビカムのM&Aは、売上高10億円で営業利益が7600万円の会社を3億2000万円で買収したことになります。

メタップスはその他のM&Aでも、対象は企業として成熟していて、割安で買収ができ、かつメタップスの既存事業に融合させることで再成長が可能であることを重視しているという記載があります（図7-7）。

同社は2016年10月17日に発表した中期経営方針の中で、M&Aにおける「PMIの方針」を説明した資料まで掲載しており、非常に明確な意思と戦略を持ってM&Aを行っていることがわかります。

じげんとメタップスの2社に共通しているのは、

・成熟期の会社をターゲットにし、
・高いプレミアムを払わずに買収し、
・PMIに注力して成長エンジンに変える

という点です。こういったコツコツ型のM&Aのメリットを考えてみたいと思います。

メリットは、高いプレミアムを支払うことなく、比較的割安な値段で買収できるということでしょう。

比較的割安の値段で買収できると、いろいろと良いことがあります。

一つ目は、「のれん代」の償却負担が重くならないという点です。日本の会計基準であれ国際会計基準であれ、買収金額と純資産の差分はのれん代として計上しなければなりません。

割安な価格で買収できるということは、のれん代が比較的小さいということであり、日本の会計基準の場合はのれん代の償却額が小さくなります。国際会計基準の場合でも、万が一買収後にうまくいかなくなったとしても、のれん代の減損による影響が相対的に小さくなるため、ダウンサイドのリスクが小さくなると考えられます。

二つ目は、PMIを行う力が自社に蓄積されるという点です。

M&Aを経験したことのある方はおわかりかと思いますが、PMIというのはそう簡単ではありません。文化や価値観が全く異なる2つの会社が一緒になるわけですから、ある意味でお見合い結婚よりも難しいと言えるでしょう。

じげんやメタップスは急成長しているベンチャーなので、買収する対象の企業は必ずしもそうではないかもしれません。特に成長に対する概念が異なる会社を買収した場合、自社と同じスピード、あるいはそれよりも速いスピードで成長する会社に変えていく作業は、そんなに簡単なことではありません。

そういった、ある意味でドロドロしたPMIを繰り返し行うことで、自社の「PMI力」が高まっていくのは間違いないと思います。

そして、その「PMI力」が高まることで、より大きな企業を買収した後のPMIが、より上手にできるようになるという好循環も生まれます。

一方で、デメリットも考えられます。

一番大きなデメリットは、じげんやメタップス自身の企業規模が拡大するにつれ、彼らのサイズに見合う買収先の候補が減っていくという問題です。

自社の売上が100億円の時は、売上10億円の会社を買収してPMIで成長させると大きな売上貢献をもたらします。しかし、自社の売上が1000億円規模に

なった場合、自社の成長に貢献でき、かつ割安な値段で買収できる会社が少なくなるということは、容易に想像できるでしょう。つまり、自社が大きくなればなるほど「割高なM&A」を回避できなくなるのです。

もう一つのデメリットは、PMIの難易度が買収先の大きさに比例して高くなるという問題です。

例えば社員が20人の会社を買収してPMIを行う場合と、社員が500人の会社を買収してPMIを行う場合、後者の方が圧倒的に難しいです。

難しいだけではなく、PMIにかかる時間と労力（コスト）も当然拡大します。PMIにかかる時間が長くなればなるほど、買収時点から自社の成長に貢献し始めるまでの時間も長くなるので、経営上、頭が痛い問題になるのではないかと思います。

以上、じげんとメタップスによる「コツコツ型M&A」の事例と戦略を分析しました。この2社のM&A戦略は非常にユニークなので、これからも注目していきましょう。

この節のまとめ

- ソフトバンクのARM社買収やリクルートのIndeed買収は、成長市場における成長企業を買収した案件であり、売上・利益マルチプルが大きくなり、結果として買収金額が大きくなった

- 急成長企業以外を買収する「コツコツ型M&A」は、買収後の統合（PMI）をしっかり行うことで、短期間に収益化できるM&Aとなる

7-4 買収時・買収後の財務・会計ってどうなるの？

この節でわかること

- 国際会計基準（IFRS）と日本基準の違いについて
- M&A時の財務に必ず登場する「のれん代」とその償却ルールは？
- M&A後の「のれん代の減損リスク」の読み解き方

国際会計基準と日本基準で異なる「のれん代」の扱い

ここ数年間の間に、国際財務報告基準（International Financial Reporting Standards、以下IFRS）に会計基準を変える上場企業が増えてきました。

この本で取り上げた企業だと、NTTドコモやKDDI、ソフトバンク、ヤフー、楽天、クックパッドなどがIFRSを採用しています。それ以外にも、多数の「1兆円企業」がIFRSへの移行を発表している状況です。

日経BP社のWebメディアであるITproが2010年9月10日に掲載した「2016年度 IFRS移行が決まった企業とは？」という記事には、IFRS対応が日本企業の「グローバル化」に必須であると書いてあります。

以下、一部を引用します。

これらの企業の共通点は、米国の会計基準で連結財務諸表を作成していること。ニューヨーク証券取引所など海外の市場で資金を調達するために、米国会計基準を使って米証券取引委員会（SEC）に連結財務諸表を提出している。こうした企業は、日本国内でも、米国基準の連結財務諸表を提出・開示できるという特例の適用を受けている。

ところが、この特例を定めた連結財務諸表規則が、2009年12月の内閣府令で改正・公布された。「国内での米国基準による開示は2016年3月期まで」に限定するという内容である。

この結果、連結財務諸表に米国基準を採用している上記の企業各社は、遅くと

も2016年4月に始まる会計年度から、別の会計基準に切り替えなければならなくなった。日本で認められる会計基準は、日本基準かIFRSのどちらかであり、米国市場では日本基準による上場が認められていない。つまり、日米で上場を維持するにはIFRSしか選択肢はない。

　ただ、日本基準からIFRSへの移行は、血のにじむような大変さです。移行を担当したことのある人が、「もう二度とやりたくない」と話すのをよく耳にします。会計基準が変わるわけですから、経理・財務担当者は、実際には膨大な作業を行う必要があります。

　他方、「普通のビジネスパーソン」にとって影響はないのでしょうか？ IFRSと日本基準は何が違っていて、決算を読む上で気をつけるべきポイントがどう変わるのかについては、経理・財務担当者だけでなく、営業担当者からエンジニアまで広く知っておくべきことだと思います。

　そうしないと、経営者の意思決定や、競合が採る事業戦略の論拠が理解できなくなる可能性があるからです。

　また、スタートアップ（ベンチャー企業）の経営者や社員も、IFRSの理解は必須であるといえます。特に、M&Aで自社を売却する場合、売却先の財務会計基準がIFRSなのか日本基準なのかで、M&Aのディールそのものが大きく変わる可能性があります。

　そこでここでは、2つの財務会計基準の違いについて、「のれん代の償却」に焦点を絞って説明していきます。会計ルールを詳細に説明しようとすると、この本の趣旨から完全に外れてしまうので、事例を基に解説していきましょう。

　例えば、ある「大企業A」が「スタートアップB」を100億円の現金で買収するとします。それぞれ会社は、以下のような財務状態とします。

【大企業A】
・売上：100億円
・営業利益：10億円
・時価総額：500億円

【スタートアップB】
- 売上：10億円
- 営業利益：1億円
- 簿価：10億円

　簿価10億円の会社を100億円で買収するので、「大企業A」のバランスシートから100億円の現金が減り、「スタートアップB」の簿価分の10億円以外にも90億円分の「何か」をバランスシートに追加しないと、バランスシートがバランスしなくなります。

　その「何か（＝買収額と簿価の差分）」を「のれん（代）」と言います。

　次に、「減価償却」について簡単に説明しましょう。

　わかりやすい例で、企業が100万円のサーバーを買う場合を考えます。

　この場合、サーバー購入時に100万円の支出にとなります（現金が100万円減り、有形資産が100万円分増える）。

　他方、100万円を全額費用計上することは（通常）できません。

　ハードウェアであれば、物品ごとに耐用年数が定められ、この100万円の支出をその耐用年数に渡って「減価償却」していく必要があります。

　例えば「耐用年数が5年」の場合、1年ごとに20万円ずつ費用を計上します。

　1年目は、実際に100万円の支払いをしているのに、20万円だけを費用計上します。他方で、その後の2年目〜5年目は、現金支出がゼロにもかかわらず、年間20万円ずつ費用計上します（厳密に言うと、定額法と定率法があるのですが、ここでは簡略化のために定額法で説明しています）。

　さて、M&Aの話に戻すと、M&A時に発生する「のれん」も、ハードウェアと同じように「償却」する必要があります。

　この「償却」の考え方が、IFRSと日本基準で大きく異なるのです。

　改めて、さきほどの「大企業A」と「スタートアップB」の例を使って説明しましょう。ここでは、90億円の「のれん」を10年間の定額で償却するとします。

　つまり、連結時点から、毎年「9億円×10年間」を償却する必要があります。無事にM&Aが完了した場合、「大企業A」の売上・営業利益は次のようになります。

【日本基準の大企業A】

・売上：110億円

・のれん償却前の営業利益：11億円

・営業利益：2億円

　売上は、新たに10億円が加算され、100億円→110億円になります（なお、単純化のために、「大企業A」と「スタートアップB」の間の内部取引はないものとします）。

　営業利益は、新たに1億円が加算され、11億円になるのかと思いきや、そうはなりません。「のれん償却前の営業利益」は11億円になりますが、そこに新たな営業費用（＝のれん償却代）が9億円かかるので、営業利益は10億円→2億円と減ってしまいます。

　本来は成長するために行うM&Aであり、かつ、利益も出ている黒字の「スタートアップB」を買収するだけで、営業利益が減ってしまう、ということが起こり得るのです。

　ただ、のれんを毎年9億円ずつ償却せねばならないからといって、現金が9億円ずつ減るわけではありません。現金は、買収時に100億円を支払います。それにもかかわらず、会計上の営業利益は、このように買収前の5分の1に減るという事態が起こり得る、というのが、日本会計基準の特徴です。

　そして、営業利益が5分の1に減ってしまうわけですから、多くの株主から見ると「このM&Aは支持しにくい」ということが起こります。

　「大企業A」から見ると、「スタートアップB」のM&Aは100億円という金額以上に相当な覚悟がないとできないM&Aということになります。急成長する市場で、成長著しいスタートアップをたくさん買収したいような場合、「日本会計基準では極めてつらい」となるのです。

　では、IFRSの場合はどうなるのでしょう。

　「大企業A」の会計基準がIFRS適用の場合、買収直後の売上・営業利益は、以下のようになります。

【IFRS適用後の大企業A】

・売上：110億円

・営業利益：11億円

　（内部取引がないという前提で）売上・営業利益ともに、「大企業A」と「スタートアップB」のそれぞれを足し算したものになります。つまり、IFRSでは「のれん」を償却しなくていいように見えます。

　ところが、実際には、「のれん」を償却しなくていいのではありません。IFRSでは、毎年「減損テスト」というものを行い、それに従って「のれん」の償却額が決まります。

　「減損テスト」というのは、その時点での「のれん」の価値を再評価し、価値が著しく失われている場合は減損処理する必要があります。会社側が減損テストを行い、監査法人が意見します。

　例えば、買収1年後に、「スタートアップB」から継承した事業が思うように進まず、「減損テスト」にて当初は90億円あった「のれん」の価値が50億円しかないと判断されたとします。

　この場合は、40億円を費用として計上する必要があります。

楽天とDeNA、リクルートの「のれん代」と「減損」事例を見る

　続いて、「のれん代」の見方について具体的な事例を用いて説明してきます。2016年10-12月期の決算においては、IFRSを適用する日本の主要インターネット企業のうち、楽天とDeNAの2社でのれんの減損が発生していました。

　楽天に関しては、2013年に買収した動画サービスViki（ヴィキ）の評価損として、214億円が計上されていました。

　Vikiの買収金額は$200 Million（約200億円）と推定されていますので、今回の減損は買収金額のほぼ全額を、一括で減損した形になると考えられます。

　Vikiは売上モデルを変更し、売上が増え始めているにもかかわらず、一括での全額減損となっているため、コンサバティブに減損を行った可能性もあります。

　続いてDeNAの決算では、女性向けメディアMERY（メリー）など、キュレーションメディアを運営していたペロリとiemo（イエモ）、Find Travel（ファインドトラベル）の3社を買収した「のれん代」、合わせて39億円分の減損が発生しています。

第7章　企業買収（M&A）と決算　281

これらのキュレーションメディア全体を約50億円で買収したと推定されていますので、2016年10-12月期の決算で買収金額の大半を減損した形になります。

かつ、図7-8にも明記してあるように、DeNAが買収したキュレーションメディアは、2016年後半に著作権の二次使用問題などが発覚して一時運営そのものがストップしました。そのため図7-8の中で

のれん等関連する資産は、現段階では事業計画が未定であることから保守的に減損処理

と説明してあります。

両社とも、M&Aで異常に大きな金額を支払った後に、それらの金額をほぼ全額減損しているという、非常に厳しい状況になりました。

なお、楽天のVikiの例では、のれん減損部分は会計上のIFRS営業利益に大きくヒットしているものの、税務上は損金として認められないため、結果として楽

●図7-8：DeNAのキュレーションプラットフォーム事業についての説明

（2016年10-12月期決算）

新規事業・その他（キュレーションプラットフォーム事業）

- サービス再開の可否は協議中、第三者委員会の調査等を踏まえ判断予定
- のれん等関連する資産は、現段階では事業計画が未定であることから保守的に減損処理

経緯及び今後の予定

2016年
11月29日
- WELQの全記事を非公開化

12月1日
- MERYを除く9つのメディアの記事の非公開化

12月5日
- MERYを含む全てのキュレーションプラットフォームサービスの記事の非公開化を決定

12月15日
- 第三者委員会の設置

2017年2月8日現在
- 期間3ヵ月を目途に第三者委員会による調査中
- 調査等終了後は取締役会にて報告書を受領のうえ、速やかに公表予定

事業関連データ

直近の業績　（単位：百万円）

項目	2015年度		2016年度		
	3Q	4Q	1Q	2Q	3Q
売上収益*	494	669	976	1,484	1,229
損失*	-620	-349	-603	-236	-849

*本数値は、共通費等の配賦後の管理会計上の当該事業の業績であり、金融商品取引法に基づく監査手続を受けておりません

第3四半期末ののれん等に関する減損損失
（単位：百万円）

減損損失合計	3,859
のれん	3,576
株式会社ペロリ（MERYを運営）	2,653
iemo株式会社	793
株式会社Find Travel	130
ソフトウェア、ほか	283

15

天全体としての実効税率が49%にも上るという、非常に厳しい結果になっています。

従って、IFRSを採用している会社であれば「のれん代の償却をせずにM&Aを行える」というのは、ある意味正しい言い方ではありますが、今回の楽天とDeNAのように「買収時に見込んでいた成果が実現できない」となった場合には、大きな減損処理をしなければなりません。

その減損は、営業利益だけではなくて税務にも非常に大きなインパクトを与える、というデメリットもあるのです。

ここでIFRSと日本基準の「のれん代」償却に関するルールの違いをまとめておくと、こうなります。

【日本基準】
・のれんは毎年一定額を償却する必要あり
・急成長する市場で急成長スタートアップを買収したい場合に不利
・予定外の「のれん減損」のリスクは少ない

【IFRS】
・毎年減損テストを行い、実態に沿って「のれん」の評価損を計上
・急成長する市場で急成長スタートアップを買収したい場合に有利
・買収後に予定通りに進捗しない場合、（大）減損が起こり得る

もう少し具体的な例で考えてみましょう。

あなたが大企業側の事業責任者だとして、まだ赤字だがすさまじい成長スピードで市場シェアを取っているスタートアップを買収して取り込みたいとします。

あなたの会社が「日本基準」であるとすると、この買収に関して経営陣を説得するのはかなり困難になるでしょう。というのは、買収後に、（1）スタートアップの赤字分、だけでなく、（2）のれん代の償却分の両方があなたの担当事業のP&Lにヒットするからです。

買収後しばらくは、あなたの担当事業のP&Lは増収でも「（大幅な）減益」になることがほぼ確実です。このリスクを取ってまで買収を実行できる「大企業」の人

間は、ほぼいないと考えられます。

一方で、あなたの会社が「IFRS」を適用しているのであれば、買収に関して経営陣を説得できる可能性が高まります。

少なくても、上記の(2)のれん代償却分は、（減損テストをパスしている限り）あなたの担当事業のP&Lには影響しません。

つまり、買収するスタートアップの成長率が高く、買収シナジーによって黒字化が見えているのであれば、近い将来、買収効果で「増収増益」になる可能性が高くなると言えるでしょう。

また、このように「高成長率・すぐ黒字化」というのが実現できる＝減損リスクが小さくなる、とも言えます。

今度は、あなたが「スタートアップ」側の経営者だとして、上の話を逆の立場から考えてみてください。

「日本基準」の大企業に売却するには、現実的に考えると、（1）のれん代が小さい（＝売却額が小さい、つまり人材採用に近い形の身売り）、あるいは、（2）十分に利益が出ていて、買収後に「償却するのれん代」と「営業利益」がほぼ同じくらいにできる、つまり、「大企業」側のP&Lが「減益」に（ほぼ）ならない、というケースが現実的かと思います。

ただし、大企業がIFRSを適用している場合は、「赤字だけど超急成長中」というケースでも十分売却できる可能性があります。

再び事例を紹介しましょう。リクルートによる欧州オンライン美容予約のHotspring社の買収です。

2015年5月、リクルートは英Hotspring社を約204億円で買収しました。要は、欧州版の「ホットペッパー・ビューティー」を買収した形です。その時の発表資料に載っていたのが、図7-9になります。

このタイミングでは、リクルートは日本基準を採用していました（その後、2017年にIFRSの任意適用を発表）。

買収時点での前期の数字で、（1ポンド150円として）売上が約6億5000万円、EBITDAがマイナス9億5000万円の会社の価値を204億円とみた、ということです。ただし、図7-9の右側のグラフにあるように、店舗数が対前年同期比で2.5倍も増えています。

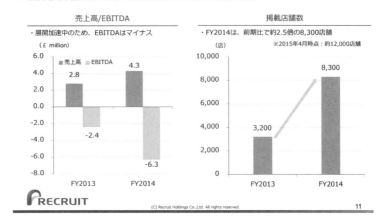

●図7-9：2015年5月1日「Hotspring社の子会社化について」内資料

このケースで、買収後のP&Lへの影響を考察してみましょう。

売上・EBITDA共に、2015年に1.5倍になるとします。すると売上は9億7000万円、EBITDAは14億2000万円の赤字になります。

この資料では簿価がわからないのですが、米メディアのCrunchBaseによると$120 Million（約120億円）調達していることになっていました。ソフトウェア系のスタートアップの場合、簿価≒調達額のことが多いので、ここでは割りきって「簿価＝120億円」として推計を進めます。

この買収の連結処理が完了すると、リクルートへのP&Lインパクトはこんなイメージになります。

・売上：＋9億7000万円
・営業利益：－22億6000万円
・Hotspring社のEBITDA：－14億2000万円
・のれん代の償却（10年償却と仮定）：－8億4000万円（＝(204-120)÷10）

つまり、売上は9億7000万円増えるが、営業利益を22億6000万円減らす

買収に204億円払った、ということになります。

このM&Aを高いと見るか安いと見るかは人それぞれですが、逆の言い方をすると、少なくても短期的にはマイナスのP&Lインパクトがあるのにこれだけの金額を払ったということは、リクルートとしては海外展開のために「この会社を何としても買収したかった」ということなのでしょう。

営業利益が22億6000万円マイナスというのは、リクルート規模の会社であれば、全体の営業利益の1％程度だと思われますので、この推察は「あり得る話」です。リクルートみたいな大企業でなければ、とても手が出せなかったディール・条件だとは思います。

ついでに「おまけ」の解説をします。米国基準の「GAAP」についてです。

アメリカの上場企業の決算を見ていると、「GAAP」という単語が良く出てきます。GAAPとは、Generally Accepted Accounting Principlesの略で、アメリカの会計基準のスタンダードだと思ってください。

実は、IFRSとGAAPはほぼ同じです。IFRSは、アメリカ外の企業が（最大の経済国である）アメリカの投資家にも簡単に比較できるように、GAAPに似せて作られています。

細かいことはさておき、大雑把に言うと、GAAPとIFRSはほぼ同じと覚えておきましょう。

M&A後の「減損リスク」はどう見ればいいのか？

ここまで説明してきた内容を読んだ読者の中には、「仕組みはわかったけれど、『買収した後の企業価値』はどう推し量ればいいのか？」と思われた方もいるでしょう。そこで最後に、楽天の2016年10-12月期決算を参考にしながら、「買収後の価値検証」を進めていきます。

楽天全体のこの期の売上は2226億円で、対前年同期比が＋11.9％、**Non GAAP***営業利益が305億円（前年に発生した株式の評価益を除くと対前年同期比−13.6％）という結果になっていました。

用語解説
Non GAAP……GAAP＝米国会計基準の利益と異なり、為替変動や一時的コストを除外した指標。

内訳としてはインターネットサービスセグメントが増収減益、FinTechセグメントが増収増益となっています。

　インターネットセグメントが減益となっているのは、3章で取り上げた「楽天市場で行っているポイント施策」が原因と考えられ、これらは一時的な要因であるという説明がされています。

　FinTechセグメントに関しては、楽天証券を除くと売上、営業利益共に2桁成長と非常に安定した成長となっています。楽天証券に関しては株式市場の市況の影響が非常に大きく、自社でコントロールできない要素が大きいという点はこれまでの決算でも強調されているところです。

　一方で、Non GAAPの営業利益305億円に対して、IFRS(＝国際会計基準)の営業利益が28億円と非常に差が大きくなっており、その原因として「減損」という項目があります。

　具体的には、前述した動画サービスVikiの評価損として214億円が計上されています。

　実は楽天は2015年の末にも、2010年に買収したフランスのECサイトを運営するPrice Minister社の減損費用を主な要因として381億円を計上しています。楽天はこれまで、アグレッシブなM＆Aで特に海外企業を多数買収してきましたが、IFRSを適用しているため定期的なのれんの減価償却を行っておらず、毎年行う減損テストにて毀損が認められた場合に「のれん代の減損」を行うという形になっています。

　2年連続で数百億円単位の「のれん」の減損を行っているわけですが、過去に買収した企業で他にどのくらい減損が発生する可能性があるのかということをもう少し考えてみましょう。

　楽天の決算資料には「のれん残高の内訳」というスライドがあるので(図7-10)、この資料に載っている「のれんの残高」を1社ごとに吟味していきます。

1. (近い将来)減損の心配が必要ないと考えられる企業

　はじめに、「近い将来減損の心配が必要ないであろう」という企業を挙げていきます。

●図7-10：楽天の「のれん残高」内訳（2016年10-12月期決算）

のれん残高の内訳

(単位：百万円、IFRS)

	2015年12月末		2016年12月末	
	のれん	非償却性 無形資産	のれん	非償却性 無形資産
インターネットサービス	317,194	3,153	305,536	2,938
Rakuten Kobo Inc.	10,374	29	10,289	28
VIKI, Inc.	18,888	–	–	–
Rakuten Marketing Group	14,972	–	14,361	–
Ebates Group	97,211	–	94,810	–
OverDrive Group	37,664	–	36,020	–
Slice Group	13,485	–	14,007	–
Viber Group	100,175	–	96,753	–
その他	24,423	3,125	39,297	2,910
Fintech	52,234		52,895	
楽天証券(株)	10,935	–	10,935	
楽天銀行(株)	32,886		32,886	
その他	8,413	–	9,074	
合計	369,428	3,153	358,432	2,938

®Rakuten

66

　一つ目に電子書籍を扱うRakuten Kobo Inc.ですが、こちらは2015年に減損処理をしているため直近で再度減損処理を行う可能性は低いと考えられます。

　二つ目に動画配信サイトのViki, Inc.ですが、こちらは今回全額減損処理をしていますので、今後は減損が起こる可能性はありません。

　三つ目に主にアフィリエイトを扱うRakuten Marketing Group（旧リンクシェア）ですが、こちらは買収後時間がたっている点と、業績が好調であるため減損の可能性はあまりないと考えられます。

　四つ目に楽天証券ですが、こちらは株式市場の市況に影響されやすいとはいえ、毎年黒字で利益も十分出している企業なので、直近で減損する可能性は低いと考えられます。

　五つ目に楽天銀行ですが、こちらも同じく毎年成長している企業で黒字でもありますので、直近での減損はあまり考えられません。

　楽天証券と楽天銀行の2社に関しては、もし減損が必要であればすでに減損処理を行っているはずで、それがないということは今後も大丈夫なのではないかと考えるのが自然です。

　残っているのはEbates Group、OverDrive Group、Slice Group、Viber Groupの4社になります。

特にEbatesとViberの2社に関しては、のれん残高が900億円以上あり、非常に金額が大きいため、後ほど詳しく個別に見ていきます。

2. 評価が困難な2社：OverDriveとSlice

電子書籍などの貸出ビジネスOverDrive(オーバードライブ)に関しては、360億円分の「のれん」がまだバランスシートに残っています。

ECサイトからユーザーに届くメールを解析し、ECでの購入履歴を集約するアプリを提供しているSliceに関しても、同じく140億円分の「のれん」が残っています。

OverDriveに関しては、書籍の貸出件数は対前年同期比で＋11.4%と2桁成長を続けていると決算資料に明記してあり、買収が2014年と比較的最近であるため、今すぐの減損という話にはならないかもしれません。

一方で、成長率が鈍化している可能性もありますので、中長期的には注意が必要かもしれません。少なくとも現時点では評価が難しいといえるでしょう。

Sliceに関しては、ほとんど情報がないため、140億円分の「のれん」が適正なのかどうかというのが全く判断できません。

3. 1000億円で買収したEbatesは?

キャッシュバックサイトのEbatesに関しては、2014年に約1000億円で買収し、ほぼ全額がのれんとしてまだ残っている状態になっています。

Ebatesの流通総額(図7-11)を見ると、グラフの通り右肩上がりで成長を続けており、買収時点で$2.2 Billion(約2200億円)だった流通総額が、2016年には$6.5 Billion(約6500億円)と約3倍に成長しています。

この成長スピードを見る限り、「のれん」の減損リスクは現時点では非常に小さいといえるでしょう。

●図7-11：キャッシュバックサイトEbatesの流通総額（2016年10-12月期決算）

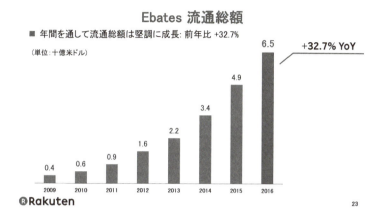

4. 900億円で買収したViberは?

　メッセンジャーアプリのViberは約900億円で買収し、こちらもその全額がほぼのれんとしてまだ残っている状態です。

　Viberに関してはユーザー数で見るか、売上で見るかで多少評価が分かれる可能性があります。一方で売上に関しては、情報が公開されていないため判断が難しいです。ここでは少し細かな指標を見てみましょう。

　Viberにはいくつかの売上ラインがありますが、まずはアプリ内課金についての情報を調べてみました。

　ViberのiOSアプリの、全カテゴリーでの売上ランキングを主要国で見てみる（閲覧にはApp Annieの無料会員登録が必要）と、100位以内に入っているのはイギリスだけという状況でした。

　おそらくこの状況では、アプリ内課金での売上は月間1億円程度かそれ以下ではないかと考えられます。

　Viberには他の収益モデルも存在し、例えば低額通話サービスの「Viber Out」はクレジットカードでの支払いも可能で、それらはアプリ内課金としては計上されません。また「Viber Games」というゲームへの送客ビジネスを展開しており、こちらは広告モデルのビジネスになります。

　従って、売上を推測するのが非常に難しいわけですが、現時点で900億円

●図7-12：メッセンジャーアプリViberのユニークID数（2016年10月-12月期決算）

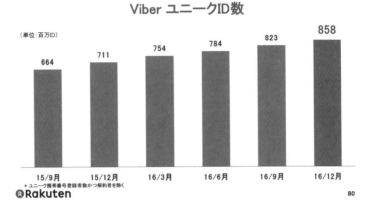

のバリエーションを売上から正当化しようとすると、年間で約100億円程度、月間で10億円程度の売上が必要だと考えるのが普通でしょう。

Viberに関してまとめると、ユーザー数の伸びは図7-12にあるように順調そうに見えますが、売上に関してはまだこれからの伸びを注意してみていく必要があるという段階かと考えられます。

ここまでの内容を改めて整理します。

【減損の心配が必要ないと考えられる企業】
・Rakuten Kobo（のれん残高 103億円）
・Viki（のれん全額減損済み）
・Rakuten Marketing・旧リンクシェア（のれん残高 144億円）
・Ebates（のれん残高 948億円）
・楽天証券（のれん残高 109億円）
・楽天銀行（のれん残高 329億円）

【現時点では判断できないものの、今後注視が必要】
・OverDrive（のれん残高 360億円）
・Slice（のれん残高 140億円）
・Viber（のれん残高 966億円）

第7章　企業買収（M&A）と決算　291

本業はしっかり成長し続けている楽天ですが、過去のM&Aが「資産」となるのか、そうではないのか、今後の決算を注視してみてください。

この節のまとめ

- IFRSと日本基準の違いは、特に「のれん代」の償却ルールに大きな影響を与える
- 「のれん代」とは、「買収金額と買収対象の純資産額の差分」であり、償却ルールはIFRSと日本基準で異なる
- IFRSを適用している企業は、買収後に計画通りに事業が進捗しないと大きな「のれん代」の減損が必要になる場合があるため、買収後も注視が必要

終章

決算を読む習慣を
つける方法

**最後まで読んでくれた読者への
お礼とアドバイス**

本書の「メインディッシュ」となる決算分析は7章までで終わりです。後は、
これまでに紹介した各種ビジネスの「方程式」や、決算を読み解く手法を
使って、日々の生活の中でいろんな決算を読んでみてください。最後に
そのためのアドバイスを記しておきます。

- この章に書いてあること

  決算を読む習慣を身につける3つのアドバイス

- 決算を読む習慣を身につける3Step

  【1】本書の「第1章」を改めて読む
  【2】関心がある業界の決算を「1社15分」で読む
  【3】決算から得た知識を実際の仕事で使ってみる

ここまで本書を読み進めた方は、本書で取り上げたすべての決算とその読み方にひと通り触れたことになります。「決算を読む習慣」を身につけるためのはじめの第一歩が踏み出せましたね。おめでとうございます。

残念ながら、この本を読んだだけでは、「決算を読む習慣」が身についたことにはなりません。決算は3カ月ごとに新しいものが公開されますので、情報と知識をアップデートし続けない限り、あっという間に使えないものになります。よって、習慣化することが何よりも大切です。

では、「決算を読む習慣」を身につけるにはどうしたらいいのでしょうか。やり方は人それぞれで構わないと思いますが、少しでも参考になるように、「決算が読めるようになるノート」の読者の方のやり方を参考にしながら書いておきます。

1.「決算を上手に読むための10カ条」を改めて読む

まずは、1章に記した「決算を上手に読むための10カ条」を再度見直しましょう。ここに再掲します。

―はじめに―

1. 他人の家庭の「家計簿」を覗くつもりで読む
2. 必要なのは四則演算のみ
3. 決算短信ではなく、決算説明会資料から読む
4. 企業の「将来」を予測しようとする前に「過去」を正確に理解する

―初級者編―

5. 各ビジネスの構造を数式で理解する
6. 各ビジネスの主要な数字を暗記する

―中級者編―

7. 徹底的な因数分解で「ユニットエコノミクス」を計算する
8. 成長率（対前年比 / YoY）を必ず確認する

―上級者編―

9. 1社だけではなく、類似企業の決算も分析・比較する
10. 類似企業間の違いを説明できるようになる

終章　決算を読む習慣をつける方法　　295

2. 関心がある業界の決算資料を「1社15分」で読む

　次に、本書で実践したような分析を自ら行ってみてください。大事なポイントは、1社15分（程度）と自分で時間を区切って分析を試みることです。

　会計・財務のプロ以外にとって、決算を読むことが本業ではないはずです。時間を有効活用するためにも、自分自身でタイムリミットを決めましょう。

　「そのくらいなら自分でできる」という方は、ぜひ自分で続けてみてください。自分一人では難しいという方は、私のnoteで連載している「決算が読めるようになるノート」で、この本の続きをご覧ください。

　「決算が読めるようになるノート」では、毎週2記事程度のペースで最新の決算情報やマーケットトレンドを深く読み込んで解説しており、本書の内容も含めて読者からの質問を広く受け付けています。

　「決算が読めるようになるノート」へは、こちらのURL（https://irnote.com）にアクセスしていただくか、本書に添付されているハガキをご覧の上アクセスしてください。

3. 決算から得た知識を実際の仕事で使う

　せっかく身につけた知識も、実際に使えなければ宝の持ち腐れになってしまいます。せっかく身につけたからには、読者の皆さんの実際の仕事に役立ててください。

　一番おススメな方法は、まずは同僚や友人との日頃の会話の中で、決算の話題を提供するという身近なステップから始めることです。最初から、大事な商談などで身につけたばかりの決算の話題を話し、大きなミスをするリスクを取る前に、まずは身近な人との会話の中で試すということです。

　「そういえば、あの会社、最近売上が大きく伸びているんだけど、なぜだかわかる？」

　といった具合に、同僚・友人との日々の会話の中で話題を提供することで、同僚・友人からの評価が上がるだけでなく、あなたの決算を読む際の視点も磨かれることでしょう。

もう少ししっかり準備したいという人は、同僚や友人と「決算を読む」勉強会などを開催するのもいいでしょう。

　そして、十分自信がついた後で、社内のプレゼンテーションやクライアントとの商談などの機会で実戦投入しましょう。

　本番への実戦投入で失敗しないコツは、決算書に書いてある「事実」とあなたの「解釈」をきちんと分けて説明することが大事です。

　ビジネスの世界では、意思決定をするために必要な情報が100％の状態でそろうことは稀ですので、常に不完全な「事実」に基づいて意思決定を行う必要があります。

　従って、同じ「事実」（決算書にある数字）を見ても、異なる「解釈」をする人がいます。そういった際も、「事実」と「解釈」を明確に分離することで、より深い「解釈」に関する議論が盛り上がることもあるでしょうし、正確なデータ（＝事実）を提供したあなたに悪い印象を持つ人は少ないでしょう。

　一人でも多くの読者の方が、「決算を読む習慣」を身につけて、日々の仕事に役立ててくださることを願ってやみません。

あとがき

　最後に、この本がどのようにして生まれたのかを書いておきたいと思います。

　私は、普段はシリコンバレーに住み、共同創業したスタートアップを経営しています。決算に関する本を書いているものの、本業は「ソフトウェアエンジニア」、「プロダクトマネージャー」という職種です。要は理系のエンジニアです。

　そんな私が約1年前に「決算が読めるようになるノート」を書き始めた一番の理由は「日本語のリハビリ」でした。普段、英語圏で生活していると、自らの日本語力がどんどん衰えていきます。どうせ書くなら、ストレスなく長い期間続けられる方がいい、そのためには、たくさんの人に読んでもらえる内容を書こうということで、選んだテーマが「決算」でした。

　こうして趣味のようにして始まった「決算が読めるようになるノート」ですが、こんなに長期に渡って続くものになるとは思っていませんでした。実際に書き始めてみたら、あまりにも反響が大きくて、やめられなくなり現在に至っています。

　書籍化するつもりは全くありませんでしたし、出版社の方からのお話もすべてお断りしていました。

　一方で、「決算が読めるようになるノート」をお金を払ってまで読んでくださる方がこんなにもたくさんいて、複数の出版社の方から書籍化のオファーが届くのはなぜなのだろう、と考えていました。

　唯一考えられる理由は、日々「数字が読めない」と苦しみ、「ファイナンス・リテラシー」を身につけたいと思っている人が多く、「ファイナンス・リテラシー」に関する教育が圧倒的に不足しているということでした。

　例えば、大学でも簿記の授業はあっても、決算の読み方を多くの学生に伝える講義は非常に少ないのが現実だと思います。

　そう考えていくうちに、私を育ててくれた日本のファイナンス・リテラシー向上のお役に立てるなら、「決算が読めるようになるノート」をより広めるためにも、書籍化しようと決断した、という次第です。

　本書は、以下に述べる方々のおかげで成立しました。

　はじめに、典型的な理系学生だった私が初めて「決算書」に触れたのは、大学生時代に遡ります。後に私の指導教官になる恩師・松島克守先生（東京大学

名誉教授・俯瞰工学研究所代表）の「ビジネス概論」という講義を大学2年生の時に受講したのが、「決算書」との最初の出会いでした。

松島先生の「ビジネス概論」は、工学部の学生向けの講義でしたが、「理系の学生でも決算書くらい読めるようになっておいた方がいい」とのお考えで、毎週さまざまな業界の企業分析を学生が自ら発表するというビジネススクール並みのハードな講義であったことを今でも覚えています。

松島先生と「ビジネス概論」との出会いがなければ、私は決算を読めるようになっていなかった可能性も高く、本書も存在しませんでした。

次に、学生時代に学んだ決算の読み方を実践することができたのは、1章に記した楽天時代の経験です。他にも緊急性の高い業務ばかりの中、1万人以上の社員の前で発表する資料を、毎週毎週、数年間に渡って作り続けるという仕事は大変ストレスフルでもありましたが、同時に決算を読む習慣がつき、スキルが大きく向上したのもこれらの経験があったからです。楽天時代の上司・同僚の皆様にも改めて感謝を申し上げたいと思います。

誤解のないように書いておくと、私の楽天時代の主な仕事は、決算を分析することだったわけではありません。決算を分析するという業務はいわば「おまけ」のような仕事でしたが、そんな「おまけ」の仕事を続けていると、こうして本が書けるようにまでなることもあるので、何事もより好みしないで取り組んだ方がいい、ということなのだと思います。

そして、「決算が読めるようになるノート」は、株式会社ピースオブケイクが提供する「note」というサービスがなければ誕生しませんでした。「決算が読めるようになるノート」をプラットフォーム面で支えてくださっている社員の皆様はいつも前向きで、一人の書き手としてとても勇気づけられます。ピースオブケイクの加藤貞顕代表は、大ヒット作を連発した元・書籍編集者でありながら、書籍にとらわれずに、コンテンツ流通のあるべき姿を追求しており、私も加藤代表からいつも多くのことを学んでいます。

「決算が読めるようになるノート」には、2名の編集アシスタントがいます。大雑把でいい加減な性格の私の襟を正すような役割を担ってくれていて、「決算が読めるようになるノート」が読みやすい、わかりやすいと読者に評判なのは、間違いなく彼女たちのおかげです。

最後に、本書の制作にかかわってくださった方々へ。

まず、多忙を極める中、拙著に推薦コメントを寄せてくださったレオス・キャピタルワークスの代表取締役社長、藤野英人さんに厚く御礼申し上げます。素敵な推薦コメントを頂戴し、とてもうれしく思っています。

また、本書の編集を担当してくれた日経BP社の2人がいなければ、本書は存在し得ませんでした。最初に書籍化のお話をいただいてから半年以上「イエス」を言わなかった私を辛抱強く勧誘してくれた中川ヒロミさん、バラバラな記事の集合体である「決算が読めるようになるノート」を見事なまでに構造化してくれた伊藤健吾さんに改めて感謝を申し上げます。

本書が日本の皆様のファイナンス・リテラシーの向上に少しでも役立つことを祈って、筆を置きたいと思います。

2017年6月　シリコンバレーの自宅にて

シバタナオキ

■著者略歴

シバタ ナオキ

元・楽天株式会社執行役員（2009年まで。当時最年少）で、現在はSearchMan
共同創業者。2009年、東京大学工学系研究科博士課程修了（工学博士、
技術経営学専攻）。元・東京大学工学系研究科助教。2009年よりスタンフォー
ド大学客員研究員。2011年、シリコンバレーにてSearchManを創業。スター
トアップを経営する傍ら、Webコンテンツ・プラットフォームの「note」で「決算が
読めるようになるノート」（https://irnote.com/）を連載中。経営者やビジネスパ
ーソン、技術者などに向けて決算分析の独自ノウハウを伝授している。

MBAより簡単で英語より大切な
決算を読む習慣

| 2017年 7月17日 | 第1版第1刷発行 |
| 2017年 7月18日 | 第1版第2刷発行 |

著者	シバタナオキ
発行者	村上広樹
発行	日経BP社
発売	日経BPマーケティング
	〒108-8646　東京都港区白金1-17-3
装幀	竹内雄二
編集	伊藤健吾
制作	株式会社明昌堂
印刷・製本	図書印刷株式会社

本書の無断複写複製（コピー等）は、著作権法上の例外を除き、禁じられています。購入者以外の第三者による電子データ化及び電子書籍化は、私的使用を含め一切認められておりません。
本書籍に関するお問い合わせ、ご連絡は下記にて承ります。
http://nkbp.jp/booksQA

ISBN 978-4-8222-5527-5　　2017 Printed in Japan
©Naoki Shibata 2017